알기 쉽게
풀이한

논어

論語

전병석 역주

문예출판사

머리말

내가 항상 머리맡에 두고 경전經典처럼 읽어 온 책 중의 하나가 《논어論語》이다. 《논어》는 내 인생에 가장 많은 영향을 준 책으로, 삶에서 가장 중요한 가치와 사람이 지켜야 할 도리를 가르쳐 준 책이다. 그리고 내가 팔십 평생 큰 욕심 내지 않고 분수에 만족하며 큰 허물없이 살아올 수 있도록 나를 지켜 준 책이다.

《논어》는 옛사람들이나 읽던 낡은 책이 아니라 오히려 윤리 도덕이 실종된 현대 산업사회에서 살아가는 현대인들이 자신을 반성하고 자신을 바르게 지키기 위하여 읽어야 할 책이라고 생각한다.

《논어》는 중국 노魯나라 시대에 살았던 공자孔子의 언행言行과 공자와 제자 사이의 대화, 공자가 당시 사람들과 주고받은 말, 제자들이 공자에게서 들은 말 그리고 제자들 사이의 대화를 당시 제자들이 각기 기록했던 것을 공자가 세상을 떠난 뒤에 문인門人들이 그 기록을 모아 편찬한 책이다. 또한 《논어》는 공자의 사상과 일상생활의 모습과 가르침을 전하는 가장 확실하고 유일한 문헌이다.

《논어》는 진秦나라 시황제始皇帝 때 분서焚書의 화를 입어 한때 자취를 감추었다가 한漢나라 때 와서 다시 빛을 보게 되었다. 그때 발견된 《논어》가 세 종류 있었는데, 제齊나라에서 발견된 22편으로 된 《제론齊論》과 노魯나라에서 발견된 20편으로 된 《노론魯論》과 공자의 옛집에서 발견된 고문古文으로 씌어진 21편의 《고론古論》이다.

이 세 종류의 《논어》는 발견 후 얼마 동안 각각 그대로 전해 오다가, 한말漢末 때 장우張禹라는 학자가 《제론》과 《노론》을 교합校合하여 《장후론張侯論》이란 《논어》를 만들었고, 뒤에 후한後漢의 정현鄭玄이 《장후론》을 근거로 하여 《제론》과 《고론》을 참고하여 《논어주論語注》를 지었다. 이후 위魏나라의 하안何晏이 여러 학자들의 주석을 종합하고 자기 견해를 붙여서 《논어집해論語集解》라는 주석서註釋書를 저술하였다. 그리고 송대宋代의 유학자 주희朱熹가 《논어》를 《맹자孟子》《중용中庸》《대학大學》과 함께 사서四書로 추존推尊하고, 새로운 철학이론으로 해석한 《논어집주論語集註》를 저술했다. 이것이 오늘날 가장 널리 읽히고 있는 주석서註釋書이다.

《논어》가 우리나라에 전해진 시기는 확실치 않으나, 기록에 의하면 신라 신문왕 때(682년) 국학國學이 설치되어 《논어》를 교재로 가르쳤고 그 뒤 원성왕 때 독서삼품과讀書三品科로 인재를 등용하였는데 《논어》를 필수 과목으로 삼았다.

고려와 조선에 와서는 국가 교육기관으로부터 시골 서당書堂에 이르기까지 《논어》는 가장 중요한 교재로 쓰였고, 조선 중기에 이르러서는 과거 시험의 필수 과목이 되면서 국민 교과서처럼 읽혀 왔다. 이렇게 《논어》는 100년 전까지만 해도 국민 교육의 교재로 우리 정신문화의 한 축을 이루는 데 기여하고, 우리 민족의 정신적 가치관 형성에 밑거름이 된 책이다. 그러나 서구 문물이 들어오면서 우리 교육이 신교육 제도로 바뀌고부터 《논어》는 국민 필독서에서 밀려나 고전 목록 속에 들어가 있을 뿐이다.

《논어》는 낡고 녹슨 고전이 아니다. 《논어》는 오랜 세월이 흘러도 변치 않는 보편적 가치와 진리를 지니고 있기 때문에 지금도 여전히 우리들에게 큰 교훈을 주고 있다.

《논어》는 윤리 도덕의 책이며, 동시에 정치의 책이다. 그리고 내세來世를 말한 책이 아니고 현세現世를 말한 책이며, 신神에 관한 책이 아니고 인간의 도리에 관한 책으로 현대인들이 꼭 읽어야 할 인문학 최고의 고전이며 수양서修養書이다.

오늘날 현대 사회는 산업화 과정을 거쳐 오면서 윤리 도덕이 실종되고 인간성마저 상실된 삭막한 사회로 전락하고, 사람들은 물질적 가치에 매몰되어 정신이 점점 황폐화되고 있다.

또한 높은 학력과 지위를 가진 사람들마저 옳은 일과 옳지 못한 일도 분별 못할 뿐 아니라, 해야 할 일과 해서는 안될 일조차 판단 못하고 물질 앞에 현혹되어 자신을 파멸시키는 슬픈 현실이 바로 우리 사회의 모습이다.

아무리 현대 사회가 물질적 풍요로움과 과학 문명의 혜택을 누리고 산다 하더라도 사람들의 정신이 황폐화되었다면 건강한 사회가 될 수 없다.

이제 우리는 삶의 근본이 무엇이며, 어떻게 사는 것이 사람 사는 도리인가를 자성自省해 보아야 한다.

나는 현대인들이 《논어》를 읽고 공자의 가르침을 마음에 새겨 실천한다면 혼탁한 현대 사회를 살아가는 데 자신을 바르게 지킬 수 있고, 나아가 사회도 건강하게 바로 설 수 있다고 생각하기에, 이미 많은 번역이 나와 있지만 더 많은 사람들이 읽어 주기 바라는 마음에서 많이 부족하지만 성심을 다하여 번역하였다.

번역은 원문原文의 뜻에 충실하면서 요즘 세대들이 이해하기 쉽도록 풀이하였으며, 한문漢文 실력이 어느 정도만 있으면 자전字典을 찾지 않고서도 자습으로 원문을 해독解讀해 볼 수 있도록 자의字義와 주석註釋을 자세히 수록하였다.

그리고 이 책을 번역하는 데, 앞서 나온 선학先學들의 여러 번역서와 주석서들을 참고하고 많은 도움을 받았음을 밝히며 감사의 마음을 전하는 바이다.

앞으로 부족한 점은 보완하고 잘못된 점이 있으면 바로잡도록 하겠으며, 독자 여러분의 아낌없는 질정叱正을 바란다.

소천 小泉 전 병 석 田炳晳

논어

論語

차례

제1편

학 이 學而

1. 공자孔子께서 말씀하셨다.

"배우고 그것을 때때로 익히면 기쁘지 않겠는가? 벗이 먼 곳에서 찾아온다면 즐겁지 않겠는가? 남들이 알아주지 않더라도 노여워하지 않는다면 군자君子답지 않겠는가?"

> **子曰 學而時習之 不亦說乎? 有朋自遠方來 不亦樂乎? 人不知**
> 자 왈 학 이 시 습 지 불 역 열 호   유 붕 자 원 방 래 불 역 락 호   인 부 지
>
> **而不慍 不亦君子乎?**
> 이 불 온 불 역 군 자 호

[주석] 子(자): '선생님'과 같은 뜻. 남자에 대한 존칭으로 성姓 아래에 붙여 쓴다. 여기서는 공자를 가리킨다.

時(시): 때때로. 수시로. 제때에.

習之(습지): 그것을之 익히다習. 배운 것을 복습하다.

不亦…乎(불역…호): …하지 않겠는가?

說(열): 기쁘다. 悅(열)과 통용되며, '기쁘다'는 뜻으로 쓰일 때는 '열'로 읽는다.

自(자): …로부터. …에서.

有朋自遠方來(유붕자원방래): '벗이 있어 먼 곳에서 찾아온다' 또는 '먼 곳에서 찾아오는 벗이 있다'라고 해석하기도 한다.

樂(락): 즐겁다. 說이 마음속의 기쁨이라면, 樂은 밖으로 드러나는 즐거움을 뜻한다.

人不知(인부지): 남들이人 (나를) 알아주지 않다不知.

慍(온): 성내다. 노여워하다.

君子(군자): 학식과 덕을 겸비한 사람을 군자君子라 하고, 그렇지 못한 사람을 소인小人이라 한다.

2. 유자有子가 말했다.

"그 사람됨이 효성스럽고 공순하면서 윗사람을 거스르기를 좋아하는 사람은 드물다. 윗사람을 거스르기를 좋아하지 않으면서 난亂을 일으키기를 좋아하는 사람은 있지 않다. 군자는 근본에 힘쓰니, 근본이 확립되면 올바른 길이 열린다. 효도하고 공순한 것은 인仁을 실천하는 근본일 것이다."

有子曰 其爲人也孝弟 而好犯上者 鮮矣. 不好犯上 而好作亂者
유자왈 기위인야효제 이호범상자 선의 불호범상 이호작란자
未之有也. 君子務本 本立而道生. 孝弟也者 其爲仁之本與!
미지유야 군자무본 본립이도생 효제야자 기위인지본여

[주석] 有子(유자): 공자의 제자. 성은 유有, 이름은 약若이다. 노魯나라 사람. 공자의 제자로서 子(자)의 호칭을 받은 사람은 유자有子, 증자曾子, 염자冉子, 민자閔子 네 사람이다.

爲人(위인): 사람됨. 사람의 됨됨이.

孝弟(효제): 부모에게 효도하고 형이나 윗사람에게 공순한 것. 弟는 悌(제)와 통용됨.

犯上(범상): 윗사람을 범하다. 윗사람을 무시하거나 거스르다.

鮮(선): 드물다. 적다.

作亂(작란): 난을 일으키다. 질서를 문란하게 하다.

未之有也(미지유야): 아직 있은 적이 없다. 있지 않다.

務本(무본): 근본에 힘쓰다. 근본적인 것에 힘쓰다.

道(도): 사람이 지켜야 할 올바른 도리. 올바른 길.

仁(인): 윤리적인 모든 덕德의 기초로 유가儒家에서 추구하는 정치·윤리
　　상의 이상理想을 말한다. 의義·예禮·신信·지知·서恕 등 모든 덕을
　　갖추었을 때 비로소 인仁의 경지에 이르는 것이다.

爲仁(위인): 인을 이룩하다. 인을 실천하다.

其爲仁之本與(기위인지본여): 인을 실천하는 근본일 것이다.

與(여): 추측이나 반문의 뜻을 나타내는 어조사語助辭.

3. 공자孔子께서 말씀하셨다.

"말을 듣기 좋게 하고 얼굴빛을 보기 좋게 꾸미는 사람에게는
인仁함이 드물다."

子曰 巧言令色 鮮矣仁.
자 왈 교 언 영 색 　선 의 인

[주석] 巧言(교언): 듣기 좋게 하는 말. 말을 교묘하게 꾸며대는 것.

令色(영색): 곱게 하는 얼굴빛. 얼굴빛을 보기 좋게 꾸미는 것.

鮮矣仁(선의인): 인함이仁 드물다鮮矣. '仁鮮矣'의 도치형倒置形.

4. 증자曾子가 말했다.

"나는 날마다 나 자신에 대하여 세 가지를 반성한다. 남을 위하
여 일을 도모함에 있어서 충실하지 못한 점은 없는가? 벗들과 사귐
에 있어서 신의를 지키지 못한 일은 없는가? 스승으로부터 배운 것
을 잘 익히지 못한 것은 없는가?"

曾子曰 吾日三省吾身. 爲人謀而不忠乎? 與朋友交而不信乎?
증 자 왈 오 일 삼 성 오 신 위 인 모 이 불 충 호 여 붕 우 교 이 불 신 호

傳不習乎?
전 불 습 호

[주석] 曾子(증자): 공자의 제자. 이름은 삼參, 자는 자여子與이다. 노魯나라 사
람이다. 효성이 뛰어났고 학문에 힘써 공자의 도통道統을 올바로 전수
받은 제자로 알려졌다.

三省(삼성): 세 가지를 반성하다.

謀(모): 일을 도모하다. 일을 꾀하다.

傳(전): 스승에게서 전수傳受한 것. 스승에게서 배운 것.

5. 공자孔子께서 말씀하셨다.

"제후諸侯의 나라를 다스리는 데는 일을 신중히 처리하고 백성들
의 신뢰를 얻어야 하며, 비용을 절약하고 사람들을 사랑해야 하며,
백성들을 부릴 적에는 때에 맞게 해야 한다."

子曰 道千乘之國 敬事而信 節用而愛人 使民以時.
자 왈 도 천 승 지 국 경 사 이 신 절 용 이 애 인 사 민 이 시

[주석] 道(도): 다스리다. 여기서 道는 導(도)와 같은 뜻으로 해석한다.

千乘之國(천승지국): 제후諸侯의 나라. 전쟁 때 동원할 수 있는 병거兵車
를 천 대 정도 가지고 있는 제후의 나라를 말한다.

敬事(경사): 일을 경건히 하다. 일을 신중히 처리한다는 뜻.

節用(절용): 비용을 절약하다. 쓰는 것을 절약하다.

人(인): 여기에서 人은 모든 사람들을 뜻한다. 人과 民을 구별하여 쓸 경
우, 人은 주로 지배계급의 사람들을 말하고, 民은 피지배계급의 사람들
을 가리킨다고 보는 견해도 있다.

以時(이시): 때에 맞게 하다. 백성을 동원하여 부릴 적에는 농번기 같은
때를 피해야 한다는 뜻.

6. 공자孔子께서 말씀하셨다.

"젊은이들은 집에 들어와서는 효도를 하고 밖에 나가서는 윗사람에게 공순하며, 삼가서 행동하고 신의를 지키며, 널리 사람들을 사랑하고 어진 사람과 친근하게 지내야 한다. 이렇게 행하고도 남은 힘이 있으면 곧 글을 배운다."

> 子曰 弟子入則孝 出則弟 謹而信 汎愛衆而親仁. 行有餘力 則
> 자 왈 제 자 입 즉 효 출 즉 제 근 이 신 범 애 중 이 친 인 행 유 여 력 즉
> 以學文.
> 이 학 문

[주석] 弟子(제자): 연소자年少者, 젊은이.

入則孝(입즉효): 집에 들어와서는 효도를 한다. 또는 집 안에서는 효도를 한다.

出則弟(출즉제): 밖에 나가서는 윗사람에게 공순하다.

謹(근): 삼가다. 신중히 행동하다.

親仁(친인): 어진 사람과 친근히 하다. 어진 사람과 가까이하다.

則以學文(즉이학문): '則以之學文'에서 '之'가 생략되었다. 곧 그것(남은 힘)을 가지고서 글을 배운다.

7. 자하子夏가 말했다.

"현명함을 중요시하고 용모를 가볍게 여기며, 부모를 섬기는 데 그 힘을 다할 수 있고, 임금을 섬기는 데 그 몸을 바칠 수 있으며, 벗들과 사귀는 데 말에 신의가 있다면, 비록 그 사람이 배우지 못했다 할지라도 나는 반드시 그를 배운 사람이라 할 것이다."

子夏曰 賢賢易色 事父母 能竭其力 事君 能致其身 與朋友交
자 하 왈 현 현 이 색 사 부 모 능 갈 기 력 사 군 능 치 기 신 여 붕 우 교

言而有信 雖曰未學 吾必謂之學矣.
언 이 유 신 수 왈 미 학 오 필 위 지 학 의

(주석) 子夏(자하): 공자의 제자. 성은 복卜, 이름은 상商, 자字가 자하子夏이다.
공자의 제자 중에서 가장 학문이 뛰어나 유가儒家의 경전經典들을 전
승傳承하는 데 공로를 세웠다.

賢賢(현현): 현명함을 중요시하다. 앞의 賢은 동사이고 뒤의 賢은 명사이
다. '어진 사람을 존중하다'라고 해석하기도 한다.

易色(이색): 용모를 가볍게 여기다. 또는 易을 如의 뜻으로 보고 '여색을
좋아하는 것같이 하다'로 해석하기도 한다.

事(사): 섬기다. 모시어 받들다.

竭(갈): 다하다. 있는 힘을 다하다.

致其身(치기신): 자기 몸을 바치다.

8. 공자孔子께서 말씀하셨다.

"군자君子는 장중莊重하지 않으면 위엄이 없고, 배워도 학문이 견
고해지지 않는다. 충실과 신의를 위주로 하고, 자기보다 못한 사람
을 벗으로 삼지 말며, 잘못이 있으면 고치기를 꺼리지 말아야 한다."

子曰 君子不重則不威 學則不固. 主忠信 無友不如己者 過
자 왈 군 자 부 중 즉 불 위 학 즉 불 고 주 충 신 무 우 불 여 기 자 과

則勿憚改.
즉 물 탄 개

(주석) 不重(부중): 중후하지 않다. 장중하지 않다.

不威(불위): 위엄이 없다. 권위가 없다.

固(고): 견고함. 학문이 견고해지다.

忠信(충신): 충실과 신의

16

主(주): 위주로 하다. 중시하다.

無(무): 毋(무)와 같은 뜻. …하지 마라.

過(과): 잘못. 허물. 과오.

不如己者(불여기자): 자기만 못한 사람. 어질기가 자기만 못한 사람.

勿憚改(물탄개): 고치기를 꺼리지 마라.

9. 증자曾子가 말했다.

"부모의 상喪을 신중히 치르고 조상을 추모하여 제사를 잘 모신다면 백성의 덕德이 두터워질 것이다."

曾子曰 愼終追遠 民德歸厚矣.
증 자 왈　신 종 추 원　민 덕 귀 후 의

주석 愼終(신종): 장례를 신중히 치르다. 終(종)은 죽음을 뜻함.

追遠(추원): 조상을 추모하여 제사를 잘 모시는 것. 遠은 먼 옛날에 돌아가신 조상을 뜻하고, 追는 추모하여 제사를 잘 모시는 것을 뜻한다.

歸厚(귀후): 돈후敦厚하게 되다. 두터워지다.

10. 자금子禽이 자공子貢에게 물었다.

"선생님께서는 어느 나라에 가셔도 반드시 그 나라의 정사政事에 대해 들으시는데, 이는 선생님께서 요구하신 것입니까? 그렇지 않으면 그 나라에서 들려준 것입니까?"

자공子貢이 말했다.

"선생님께서는 온화하고 선량하고 공손하고 검소하고 겸양하신 인품 때문에 그 나라의 정사를 듣게 되신 것입니다. 선생님께서 그것을 듣고자 요구하셨더라도 그것은 다른 사람들이 듣고자 요구하는 것과는 다를 것입니다."

子禽問於子貢曰 夫子至於是邦也 必聞其政 求之與 抑與之與?
자 금 문 어 자 공 왈 부 자 지 어 시 방 야 필 문 기 정 구 지 여 억 여 지 여

子貢曰 夫子溫良恭儉讓以得之. 夫子之求之也 其諸異乎人之
자 공 왈 부 자 온 량 공 검 양 이 득 지   부 자 지 구 지 야 기 저 이 호 인 지

求之與.
구 지 여

주석 子禽(자금): 공자의 제자. 성은 진陳, 이름은 항亢, 자가 자금子禽이다. 자
공子貢의 제자라는 설도 있다.

子貢(자공): 공자의 제자. 성은 단목端木, 이름은 사賜이며 자가 자공子貢
이다. 특히 외교에 뛰어난 재능을 발휘하였다.

夫子(부자): 선생님. 여기서는 공자를 가리킨다.

是邦(시방): 어느 나라. 여기서는 공자가 방문한 나라를 가리킨다.

求之與(구지여): 그것을 요구한 것입니까? 정사政事를 듣고자 한 것입니
까? 與는 의문을 나타내는 조사.

抑(억) 그렇지 않으면.

與之與(여지여): 그것을 들려준 것입니까? 정사政事를 들려준 것입니까?

得之(득지): 그것을 얻게 되다. 정사를 듣게 되다.

其諸(기저): 어세語勢를 강조하기 위한 어조사.

異乎(이호): 여기서 乎는 於와 같아서, …과는 다르다. …과는 틀리다.

11. 공자孔子께서 말씀하셨다.

"아버지가 살아 계실 적에는 그분의 뜻을 잘 살피고, 아버지가
돌아가신 뒤에는 그분의 행적을 잘 살펴서, 3년 동안 아버지가 하
시던 법도를 바꾸지 않는다면 효자라 말할 수 있다."

子曰 父在觀其志 父沒觀其行. 三年無改於父之道 可謂孝矣.
자 왈 부 재 관 기 지 부 몰 관 기 행   삼 년 무 개 어 부 지 도 가 위 효 의

주석 在(재): 살아 계시다. 생존해 계시다.

觀其志(관기지): 아버지의 뜻을 살피어 잘 받드는 것.

沒(몰): 죽다. 별세하다. 沒은 歿(몰)과 통용됨.

父之道(부지도): 아버지가 생전에 하시던 법도.

12. 유자有子가 말했다.

"예禮의 적용에는 조화가 귀중하다. 선왕先王들의 도道는 이것을 아름답게 여겨 작은 일이든 큰일이든 이에 따랐다. 그러나 제대로 행해지지 못하는 경우가 있는데, 조화의 귀중함을 알고 조화를 시키려고만 하고 예禮로써 그것을 절제하지 않는다면 또한 제대로 행해질 수가 없는 것이다."

有子曰 禮之用 和爲貴. 先王之道 斯爲美 小大由之. 有所不行
유 자 왈   예 지 용   화 위 귀   선 왕 지 도   사 위 미   소 대 유 지   유 소 불 행

知和而和 不以禮節之 亦不可行也.
지 화 이 화   불 이 예 절 지   역 불 가 행 야

주석　用(용): 쓰임. 적용適用. 운용運用. 실생활에 적용함을 뜻함.

和(화): 조화. 화합.

先王(선왕): 옛날의 임금들.

斯(사): 이것. 여기서는 조화를 말함.

由之(유지): 그것으로 말미암다. 조화에 따라 행하다.

有所不行(유소불행): 행하여지지 않는 바가 있다. 제대로 행해지지 못하는 일이 있다는 뜻.

知和而和(지화이화): 조화를 알고 조화를 시키려 하다. 조화의 귀중함을 알고 조화를 시키려고만 하는 것.

節之(절지): 그것을 절제하다. 조화를 잘 절제하다.

13. 유자有子가 말했다.

"약속이 의義에 가까우면 그 말은 실천할 수 있다. 공손함이 예禮에 가까우면 치욕을 멀리할 수 있다. 친근히 하는 사람에게 그의 친근함을 잃지 않는다면 또한 존경할 수 있다."

有子曰 信近於義 言可復也. 恭近於禮 遠恥辱也. 因不失其
유 자 왈 신 근 어 의 언 가 복 야 공 근 어 예 원 치 욕 야 인 불 실 기
親 亦可宗也.
친 역 가 종 야

주석 信(신): 약속. 신약信約. 언약言約.

義(의): 의리. 도의道義. 사람이 행해야 할 올바른 도리.

復(복): 되풀이하다. 말한 대로 실천하다.

因(인): 친근히 하는 사람. 또는 '의지하는 사람'이라고 해석하기도 한다.

不失其親(불실기친): 그의 친근함을 잃지 않다. 또는 '그 친근한 관계를 잃지 않다'라고 해석하기도 한다.

宗(종): 존경하다. 높이다.

可宗也(가종야): 존경할 수 있다. 또는 宗을 主의 뜻으로 보고 '주도자主導者가 될 수 있다'라고 해석하기도 한다.

14. 공자孔子께서 말씀하셨다.

"군자는 먹는 데 있어 배부른 것을 추구하지 않고, 거처하는 데 있어 편안한 것을 추구하지 않으며, 일을 하는 데는 민첩하게 하고, 말을 하는 데는 신중하며, 학문과 덕행이 높은 사람을 찾아가서 자신을 바로잡는다면, 배우기를 좋아한다고 말할 만하다."

子曰 君子食無求飽 居無求安 敏於事而愼於言 就有道而正
자 왈 군 자 식 무 구 포 거 무 구 안 민 어 사 이 신 어 언 취 유 도 이 정

焉 可謂好學也已.
언 가위 호 학 야 이

求飽(구포): 배부른 것을 추구하다.
　　居(거): 거처하다. 살아가다. 생활하고 거처하는 것.
　　就(취): 나아가다. 따르다. 찾아가다.
　　有道(유도): '有道之人(유도지인)'의 생략. 학문과 덕행이 높은 사람을 뜻함.
　　正(정): 자신을 바로잡다. 자신을 올바르게 하는 것.
　　也已(야이): …일 뿐이다. 강조의 뜻으로 쓰임.

15. 자공子貢이 말했다.

"가난해도 아첨하지 않고, 부유해도 교만하지 않다면 어떻습니까?"

공자孔子께서 말씀하셨다.

"괜찮기는 하나, 가난하면서도 즐겁게 살고, 부유하면서도 예禮를 좋아하는 것만은 못하다."

자공子貢이 말했다.

"《시경詩經》에서 이르기를 '깎은 듯 다듬은 듯하고, 쪼은 듯 갈은 듯하다'고 했는데, 아마 이를 말한 것이겠지요?"

공자께서 말씀하셨다.

"사賜(자공)야, 비로소 너와 함께 시詩를 이야기할 수 있게 되었구나! 지나간 일을 말해 주니 아직 알려 주지 않은 것까지 아는구나."

子貢曰 貧而無諂 富而無驕 何如? 子曰 可也 未若貧而樂 富而
자 공 왈 빈 이 무 첨 부 이 무 교 하 여　자 왈 가 야 미 약 빈 이 락 부 이

好禮者也. 子貢曰 詩云 如切如磋 如琢如磨 其斯之謂與? 子曰
호 례 자 야　자 공 왈 시 운 여 절 여 차 여 탁 여 마 기 사 지 위 여　자 왈

賜也 始可與言詩已矣! 告諸往而知來者.
사 야　시 가 여 언 시 이 의　　고 저 왕 이 지 래 자

주석　諂(첨): 아첨하다. 아부하다.

驕(교): 교만하다. 잘난 체하다.

未若(미약): 같지 못하다. …만 못하다.

樂(락): 즐기다. 즐겁게 사는 것. 樂을 樂道(락도)로 보기도 한다.

詩(시): 《시경詩經》을 뜻함.

如切如磋(여절여차): 칼로 깎은 듯하고 줄로 다듬은 듯하다.

如琢如磨(여탁여마): 징으로 쪼은 듯하고 숫돌로 갈은 듯하다.

其斯之謂與(기사지위여): 아마 이를 말한 것이겠지요? 여기서 與는 의문
    을 나타내는 조사이다.

諸(저): 之於(지어)와 뜻이 같은 어조사이다.

往(왕): 이미 지나간 것. 이미 이야기한 것을 뜻함.

來(래): 앞으로 올 것. 아직 알려 주지 않은 것을 뜻함.

16. 공자孔子께서 말씀하셨다.

"남이 자기를 알아주지 않는 것을 걱정하지 말고, 내가 남을 제
대로 알지 못함을 걱정해야 한다."

子曰 不患人之不己知 患不知人也.
자 왈　불 환 인 지 불 기 지　환 부 지 인 야

주석　患(환): 근심하다. 걱정하다.

不己知(불기지): 자기를 알아주지 않다. 자기를 이해해 주지 않다. '不知
    己'가 도치倒置된 형태이다.

知人(지인): 남을 알다. 남을 이해하다.

22

제 2 편

위 정爲政

1. 공자孔子께서 말씀하셨다.

"덕德으로 정치를 하는 것은, 비유하자면 북극성北極星은 제자리에 머물러 있고 뭇 별들이 그것을 떠받들고 있는 것과 같다."

子曰 爲政以德 譬如北辰 居其所而衆星共之.
자왈 위정이덕 비여북신 거기소이중성공지

주석 爲政(위정): 정치를 하다. 나라를 다스리는 것.
譬如(비여): 비유하자면 …와 같다.
北辰(북신): 북극성.
居其所(거기소): 그 자리에 있다. 움직이지 않고 그 자리에 머물러 있다.
共(공): 拱(공)과 같은 뜻으로, 두 손으로 떠받드는 것.
衆星共之(중성공지): 뭇 별들이 그것(북극성)을 떠받들다.

2. 공자孔子께서 말씀하셨다.

"《시경詩經》에 있는 삼백 편의 시詩를 한마디로 개괄하면, '생각에 사악邪惡함이 없다'는 것이다."

子曰 詩三百 一言以蔽之 曰思無邪.
자왈 시삼백 일언이폐지 왈사무사

[주석] 詩(시):《시경詩經》을 뜻함.

詩三百(시삼백):《시경》에는 305편의 시詩가 수록되어 있어, 흔히 시 삼백
詩三百이라 말한다.

蔽(폐): 덮다. 개괄하다.

邪(사): 사악함. 거짓됨.

思無邪(사무사): 생각에 사악邪惡함이 없다.《시경》노송魯頌 경편駉篇의
한 구절이다.

3. 공자孔子께서 말씀하셨다.

"백성을 정령政令으로 이끌고 형벌로 다스리면 백성은 형벌은 면
하나 염치를 모르게 된다. 백성을 덕德으로 이끌고 예禮로 다스린다
면 염치를 알게 되고 또한 바르게 된다."

子曰 道之以政 齊之以刑 民免而無恥. 道之以德 齊之以禮 有
자왈 도지이정 제지이형 민면이무치 도지이덕 제지이례 유

恥且格.
치 차 적

[주석] 道(도): 導(도)와 같은 뜻으로, 인도하다. 이끌다.

政(정): 정령政令. 정치적 명령 또는 법령.

齊(제): 가지런히 하다. 사회질서를 다스린다는 뜻.

無恥(무치): 염치가 없다. 염치를 모르다.

格(격): 바르게 되다. 잘못을 바로잡게 되다.

4. 공자孔子께서 말씀하셨다.

"나는 열다섯 살에 배움에 뜻을 두었고, 서른 살에는 자립할 수

있었고, 마흔 살에는 미혹되지 않게 되었고, 쉰 살에는 천명天命을 알게 되었고, 예순 살에는 귀로 듣는 것은 모두 순조롭게 이해하게 되었고, 일흔 살에는 마음내키는 대로 따라 해도 법도에 어긋나지 않게 되었다."

子曰 吾十有五而志于學 三十而立 四十而不惑 五十而知天命
자왈 오십유오이지우학 삼십이립 사십이불혹 오십이지천명
六十而耳順 七十而從心所欲 不踰矩.
육십이이순 칠십이종심소욕 불유구

[주석] 十有五(십유오): 십오 세. 열다섯 살.
志于學(지우학): 배움에 뜻을 두다. 志는 동사로, '뜻을 두다'. 여기서 于
  는 於(어)와 같다.
立(립): 자립自立하다. 학문이나 수양을 쌓아 사회적으로 혼자 설 수 있다
  는 뜻.
不惑(불혹): 미혹되지 않다. 사리를 알게 되어 미혹迷惑에 빠지지 않는다
  는 뜻.
知天命(지천명): 천명을 알다. 하늘의 뜻 또는 자연의 이치를 알게 되었다
  는 뜻.
耳順(이순): 순조롭게 듣다. 무슨 말이든 들으면 그 뜻을 이해할 수 있다
  는 뜻.
從心所欲(종심소욕): 마음이 하고자 하는 대로 따르다. 마음내키는 대로
  따라 한다는 뜻.
踰(유): 벗어나다. 어긋나다.
矩(구): 법칙. 법도.
不踰矩(불유구): 법도에 어긋나지 않다. 법도法道 또는 정도正道를 벗어
  나지 않는다는 뜻.

5. 맹의자孟懿子가 효도에 대해서 묻자, 공자孔子께서 말씀하셨다.

"어기지 않는 것이다."

번지樊遲가 수레를 몰고 있을 때, 공자께서 그에게 말씀하셨다.

"맹손孟孫이 나에게 효도에 대해서 묻기에 '어기지 않는 것'이라고 대답하였다."

번지樊遲가 물었다. "무슨 뜻으로 말씀하신 것입니까?"

공자께서 말씀하셨다.

"부모가 살아 계실 때에는 예禮를 갖추어 섬기고, 돌아가시면 예에 따라 장사 지내고 예에 따라 제사를 지내야 한다는 것이다."

> 孟懿子問孝 子曰 無違. 樊遲御 子告之曰 孟孫問孝於我 我
> 맹 의 자 문 효   자 왈 무 위   번 지 어   자 고 지 왈   맹 손 문 효 어 아   아
> 對曰 無違. 樊遲曰 何謂也? 子曰 生事之以禮 死葬之以禮 祭
> 대 왈 무 위   번 지 왈 하 위 야   자 왈   생 사 지 이 례   사 장 지 이 례   제
> 之以禮.
> 지 이 례

주석 孟懿子(맹의자): 노魯나라 대부大夫. 성은 중손仲孫, 이름은 하기何忌, 의懿는 시호이다. 공자에게 예를 배운 일이 있다. 숙손叔孫, 계손季孫과 더불어 맹손孟孫은 노나라의 삼대三大 권세가였다.

孝(효): 효도. 부모를 잘 섬기는 일.

無違(무위): 어기지 않다. 도리 또는 예禮를 어기지 않는 것.

樊遲(번지): 공자의 제자. 이름은 수須, 자는 자지子遲이다. 제齊나라 사람이며, 공자보다 36세 연하이다.

御(어): 수레를 모는 것. 어거馭車.

孟孫(맹손): 맹의자. 중손仲孫씨를 맹손孟孫씨로 부르기도 한다.

6. 맹무백孟武伯이 효도에 대해서 묻자, 공자孔子께서 말씀하셨다.

"부모는 오직 자식이 병날까만을 걱정한다."

孟武伯問孝 子曰 父母唯其疾之憂.
맹 무 백 문 효 자 왈 부 모 유 기 질 지 우

주석 孟武伯(맹무백): 맹의자의 아들. 무武는 시호이고, 백伯은 맏형을 말함.
　　唯其疾之憂(유기질지우): 오직 자식의 병만을 걱정한다. 즉 부모에게는
　　자식이 건강한 것이 가장 큰 효도라는 뜻이다. '唯憂其子之疾'이 전도
　　된 것이다.

7. 자유子游가 효도에 대해서 묻자, 공자孔子께서 말씀하셨다.

"요즘의 효도란 것은 부모를 봉양하는 것만을 말하는데, 개와
말이라 하더라도 모두 먹여 주고 있다. 공경하지 않는다면 무엇으
로 구별하겠는가?"

子游問孝 子曰 今之孝者 是謂能養. 至於犬馬 皆能有養. 不敬
자 유 문 효 자 왈 금 지 효 자 시 위 능 양 　 지 어 견 마 개 능 유 양 　 불 경

何以別乎?
하 이 별 호

주석 子游(자유): 공자의 제자. 성은 언言, 이름은 언偃, 자字가 자유子游이다.
　　공자보다 45세 연하이다.
　　養(양): 부양하다. 봉양하다. 먹여 살리다.
　　至於(지어): … 까지도. …이라 하더라도.
　　不敬(불경): 공경하지 않다. 공경하는 마음이 없다.

8. 자하子夏가 효도에 대해서 묻자, 공자孔子께서 말씀하셨다.

"항상 즐거운 얼굴로 부모를 모시기가 어렵다. 일이 있을 때 젊은이들이 그 수고를 맡아서 하고, 술이나 음식이 있을 때 어른들이 먼저 드시게 한다고 해서 이것만으로 효도라고 할 수 있겠는가?"

子夏問孝 子曰 色難. 有事 弟子服其勞 有酒食 先生饌 曾是
자 하 문 효　자 왈　색 난　유 사　제 자 복 기 로　유 주 사　선 생 찬　증 시
以爲孝乎?
이 위 효 호

주석 色難(색난): 얼굴 표정 갖기가 어렵다. 두 가지 해석이 있는데 ①은 '부모의 안색을 잘 살펴 받들어 모시기가 어렵다'로 해석하고, ②는 '항상 부드럽고 즐거운 안색으로 부모를 모시기가 어렵다'로 해석하고 있다.

弟子(제자): 젊은이들. 제자들.

服其勞(복기로): 그 수고를 대신하다.

先生(선생): 여기서는 '어른들'을 가리킨다.

饌(찬): 식사하다. 먹다.

先生饌(선생찬): 이 문장은 '與先生饌之'의 뜻으로, '술이나 음식이 있을 때 윗사람에게 먼저 드시게 하다'.

曾是(증시): 곧. 이것만으로.

9. 공자孔子께서 말씀하셨다.

"내가 안회顏回와 함께 온종일 얘기를 해도 내 말을 어기지 않아 그는 어리석은 사람같이 보였다. 그러나 물러간 다음 그의 개인 생활을 살펴보니, 역시 나의 가르침을 충분히 실천하고 있었다. 안회는 어리석지 않다."

子曰 吾與回言終日 不違如愚. 退而省其私 亦足以發. 回也
자 왈　오 여 회 언 종 일　불 위 여 우　퇴 이 성 기 사　역 족 이 발　회 야

不愚.
불 우

回(회): 공자가 가장 아끼던 제자. 성은 안顔, 이름은 회回, 자는 자연子淵,
또는 안연顔淵이라고도 한다. 공자보다 30세 연하였으나 41세의 젊은
나이에 죽어 공자를 비통하게 하였다.

不違(불위): 어기지 않다. 공자의 말씀에 반문反問이나 이의를 제기하지
않는다는 뜻임.

省其私(성기사): 그의 사적인 생활을 살피다. 그의 개인 생활을 살피다.

亦(역): 역시. 매우. 강조의 의미로 쓰였음.

發(발): 발휘하다. 실천하다.

足以發(족이발): 공자의 가르침을 충분히 실천하다.

10. 공자孔子께서 말씀하셨다.

"그 사람이 하는 짓을 보고, 그 행위의 동기를 살펴보고, 그가 편
안하게 여기고 행하는 것을 잘 관찰해 본다면, 사람들이 어떻게 자
신을 숨기겠는가, 사람들이 어떻게 자신을 숨기겠는가?"

子曰 視其所以 觀其所由 察其所安, 人焉廋哉 人焉廋哉?
자 왈 시 기 소 이 관 기 소 유 찰 기 소 안 인 언 수 재 인 언 수 재

주석 所以(소이): 하는 짓. 以는 爲와 통하며, 所爲(소위)와 같은 뜻으로 겉으
로 나타나는 행위를 가리킨다.

視(시): 눈에 보이는 대로 본다는 뜻이고, 觀(관): 좀 더 자세히 살펴본다
는 뜻이고, 察(찰): 더욱더 깊이 살펴보는 것을 뜻한다.

所由(소유): 말미암는 바. 행위의 동기를 뜻함.

所安(소안): 편안히 여기는 것. 편안히 여기고 행하는 습관을 뜻함.

焉(언): 어찌. 어떻게.

廋(수): 숨기다. 감추다.

人焉廋哉(인언수재): 사람들이 어떻게 자신을 숨기겠는가.

11. 공자孔子께서 말씀하셨다.

"옛것을 잘 익히고 새로운 것을 알게 되면 스승이 될 수 있다."

子曰 溫故而知新 可以爲師矣.
자 왈 온 고 이 지 신 가 이 위 사 의

(주석) 溫故(온고): 옛것을 잘 익히다. 옛일 또는 옛사람들의 학문을 잘 익히다.
故는 古와 같은 뜻임.

知新(지신): 새로운 것을 알다. 새로운 이치를 터득하다.

爲師(위사): 스승이 되다.

可以爲師矣(가이위사의): 옛사람들의 학문을 잘 익히고 새로운 이치를 터
득하면 '스승이 될 수 있다'의 뜻임.

12. 공자孔子께서 말씀하셨다.

"군자는 (한 가지 용도로만 쓰이는) 그릇과 같지 않다."

子曰 君子不器.
자 왈 군 자 불 기

(주석) 君子不器(군자불기): 군자는 한 가지 특정 용도로만 쓰이는 그릇과 같은
존재가 아니라 덕을 닦고 세상의 이치와 도리를 터득하여 여러 가지 일
에 통용되는 것임을 말한다. 《예기禮記》에도 '大道不器'(대도불기)란 말
이 있다.

13. 자공子貢이 군자에 대해서 묻자, 공자孔子께서 말씀하셨다.

"말할 것을 먼저 실천하고, 그런 뒤에 그에 대해 말한다."

子貢問君子 子曰 先行其言 而後從之.
자 공 문 군 자 자 왈 선 행 기 언 이 후 종 지

주석 先行其言(선행기언): 그 말을 먼저 행하다. 말하기 전에 먼저 실천부터 한
다는 뜻.
而後從之(이후종지): 그런 뒤에 그것을 따른다. 실천한 뒤에 그에 대해 말
한다는 뜻.

14. 공자孔子께서 말씀하셨다.

"군자는 두루 어울리고 편당적이지 아니하며, 소인은 편당적이
고 두루 어울리지 못한다."

子曰 君子周而不比 小人比而不周.
자 왈 군 자 주 이 불 비 소 인 비 이 부 주

주석 周(주): 두루. 널리. 개인의 이해관계를 초월하여 여러 사람들과 두루 어
울리는 것.
比(비): 편당적인 것. 개인의 이해관계에 따라 편당을 짓는 것.
小人(소인): 학식과 덕德을 겸비한 사람을 군자君子라고 말하고, 그렇지
못한 사람을 소인小人이라 한다. 또는 신분이 낮은 사람을 가리킬 때
도 있다.

15. 공자孔子께서 말씀하셨다.

"배우기만 하고 생각하지 않으면 멍청해지고, 생각만 하고 배우
지 않으면 정신이 위태로워진다."

子曰 學而不思則罔 思而不學則殆.
자 왈 학 이 불 사 즉 망 사 이 불 학 즉 태

罔(망): 흐리다. 멍청하다. '망연해져 얻는 게 없는 것'으로 해석하기도 함.

殆(태): 위태롭다. 정신이 헛갈리어 위태로워지는 것. 또는 정신이 위태로와 불안해지는 것.

16. 공자孔子께서 말씀하셨다.

"이단異端을 공부하는 것은 해가 될 뿐이다."

子曰 攻乎異端 斯害也已.
자 왈 공 호 이 단 사 해 야 이

攻(공): 공격하다. 다스리다. 여기서는 '공부하다'라는 뜻이다.

異端(이단): 서로 다른 학문이나 사상. 인仁의 정신을 추구하는 공자의 사상과 배치되는 다른 사상을 말함.

攻乎異端(공호이단)을 '다른 학설이나 사상을 공격하다'로 해석하기도 한다.

斯(사): 이것. 그것. 이단異端을 공부하는 것을 가리킴.

也已(야이): …일 뿐이다. …일 따름이다. 강조의 뜻으로 쓰임.

斯害也已(사해야이): 그것은 해로울 뿐이다.

17. 공자孔子께서 말씀하셨다.

"유由야, 너에게 안다는 것에 대해서 가르쳐 주랴? 아는 것을 안다 하고, 모르는 것을 모른다 하는 것, 이것이 바로 아는 것이다."

子曰 由 誨女知之乎? 知之爲知之 不知爲不知 是知也.
자 왈 유 회 여 지 지 호   지 지 위 지 지   부 지 위 부 지   시 지 야

由(유): 공자의 제자. 성은 중仲, 자는 자로子路 또는 계로季路, 이름이 유由다. 공자보다 9세 연하이다. 노나라 사람이며, 성격이 직선적이고

용맹한 인물로 알려져 있다.

誨(회): 가르치다. 깨우치다.

女(여): 너. 당신. 汝(여)와 같은 뜻.

18. 자장子張이 녹봉祿俸을 얻는 방법에 대해서 배우고자 하자, 공자께서 말씀하셨다.

"많이 들어 보고 의심스러운 것은 빼놓고 그 나머지를 신중히 말하면 허물이 적을 것이다. 많이 보고 위태로운 것은 빼놓고 그 나머지를 신중히 행한다면 후회하는 일이 적을 것이다. 말에 허물이 적고 행동에 후회하는 일이 적으면 녹봉은 그 가운데에 있는 것이다."

子張學干祿 子曰 多聞闕疑 愼言其餘 則寡尤. 多見闕殆 愼行
자 장 학 간 록 자 왈 다 문 궐 의 신 언 기 여 즉 과 우 　 다 견 궐 태 신 행

其餘 則寡悔. 言寡尤 行寡悔 祿在其中矣.
기 여 　 즉 과 회 　 언 과 우 　 행 과 회 　 녹 재 기 중 의

주석 子張(자장): 공자의 제자. 성은 전손顓孫, 이름은 사師, 자가 자장子張이다. 진陳나라 사람.

干(간): 구하다. 추구하다.

祿(록): 녹봉. 관직에 나아가 받는 봉급.

學干祿(학간록): 녹봉을 구하는 것을 배우다. 관직에 나아가 녹봉을 얻는 방법을 배운다는 뜻.

闕疑(궐의): 의심스러운 것은 빼놓다. 의심스러운 것은 빼놓고 말하지 않는다는 뜻.

其餘(기여): 그 나머지. 의심스럽지 않은 것들을 말함.

殆(태): 위태로운 것. 위험한 것. 불안한 것.

闕殆(궐태): 위태로운 것은 빼놓다.

寡尤(과우): 허물이 적다.

悔(회): 뉘우침. 후회.

在其中矣(재기중의): 그 가운데에 있다. 저절로 이루어진다는 뜻.

19. 애공哀公이 물었다.

"어떻게 하면 백성들이 따르게 됩니까?"

공자孔子께서 대답하셨다.

"곧은 사람을 천거해서 그릇된 사람 위에 놓으면 백성들이 따르게 되고, 그릇된 사람을 천거해서 곧은 사람 위에 놓으면 백성들이 따르지 않습니다."

哀公問曰 何爲則民服? 孔子對曰 擧直錯諸枉 則民服 擧枉錯
애 공 문 왈　하 위 즉 민 복　공 자 대 왈　거 직 조 저 왕　즉 민 복　거 왕 조

諸直 則民不服.
저 직　즉 민 불 복

주석 哀公(애공): 노나라 임금. 성은 희姬, 이름은 장蔣, 애공哀公은 시호이다. 춘추春秋 말엽에 27년간 노나라를 다스렸다.

何爲(하위): 어떻게 하면. 무엇을 하면.

服(복): 복종하다. 여기서는 '따르다'는 뜻임.

擧直(거직): 곧은 사람을 천거하다. 올바른 사람을 등용하다.

錯(조): 措(조)와 같은 뜻으로, 두다. 놓다.

諸(저): 之於(지어)와 같은 뜻.

枉(왕): 굽다. 그릇된 사람을 뜻함.

錯諸枉(조저왕): 措之於枉者(조지어왕자)와 같은 뜻으로, 곧은 사람을之 그릇된 사람枉者 위에於 놓다措.

20. 계강자季康子가 물었다.

"백성들이 공경스럽고 충성되며 부지런히 일하게 하려면 어떻게 하면 됩니까?"

공자孔子께서 말씀하셨다.

"백성을 위엄 있게 대하면 공경하게 되고, 효성스럽고 자애로우면 충성하게 되고, 훌륭한 사람을 등용해서 능력 없는 사람을 가르치면 백성들은 부지런히 일하게 될 것입니다."

季康子問 使民敬忠以勸 如之何? 子曰 臨之以莊則敬 孝慈
계 강 자 문　사 민 경 충 이 권　여 지 하　　자 왈 임 지 이 장 즉 경　효 자
則忠 擧善而教不能則勸.
즉 충　거 선 이 교 불 능 즉 권

주석 季康子(계강자): 노나라 대부 계손씨季孫氏. 이름은 비肥, 강康은 시호이
　　　다. 당시 노나라의 세도가 삼대 가문家門 중 하나의 인물이다.

　　敬忠(경충): 임금을 공경하고 나라에 충성하는 것.

　　以(이): 여기서 以는 與 또는 而와 같은 접속사이다.

　　勸(권): 일에 힘쓰다. 부지런히 일하다.

　　臨之(임지): 그들에게 임하다. 백성들을 대하다.

　　莊(장): 장중하다. 위엄이 있다.

　　孝慈(효자): 효성스럽고 자애롭다. 임금이 부모에게 효성스럽고 사람들에
　　　게 자애롭게 대하는 것을 말한다.

　　擧善(거선): 선한 사람을 천거하다. 훌륭한 사람을 등용하다.

21. 어떤 사람이 공자孔子에게 말했다.

"선생님께서는 왜 정치를 하지 않으십니까?"

공자께서 말씀하셨다.

"《서경書經》에 이르기를 '효도하라! 오직 효도하고 형제 간에 우애함으로써 이를 정사政事에 반영시켜라'라고 하였소. 이 또한 정치를 하는 것인데, 어찌 관직에 나아가는 것만이 정치를 한다고 하겠소?"

> 或謂孔子曰 子奚不爲政? 子曰 書云 孝乎! 惟孝 友于兄弟 施於
> 혹 위 공 자 왈　자 해 불 위 정　자 왈　서 운　효 호　유 효　우 우 형 제　시 어
> 有政. 是亦爲政 奚其爲爲政?
> 유 정　시 역 위 정　해 기 위 위 정

주석 或(혹): 혹자或者. 어떤 사람.

奚(해): 어째서. 왜.

書(서): 여기서는 《서경書經》을 말한다.

友(우): 우애를 하다. 우애 있다.

施(시): 베풀다. 시행하다. 반영하다.

奚其爲爲政(해기위위정): 어찌奚 그것(관직에 나아가는 것)만이其 정치를 한다고爲政 하겠는가爲.

22. 공자孔子께서 말씀하셨다.

"사람이 신의가 없으면 그의 쓸모를 알 수가 없다. 큰 수레에 멍에를 거는 예輗가 없고, 작은 수레에 멍에를 거는 월軏이 없다면 어떻게 그것을 끌고 갈 수 있겠는가?"

> 子曰 人而無信 不知其可也. 大車無輗 小車無軏 其何以行
> 자 왈　인 이 무 신　부 지 기 가 야　대 거 무 예　소 거 무 월　기 하 이 행
> 之哉?
> 지 재

주석 不知其可也(부지기가야): 그 가함을 알 수 없다. 그의 쓸모를 알 수 없다

는 뜻.

大車(대거): 짐을 실어 나르는 큰 수레.

輗(예): 수레를 끄는 소의 멍에를 걸 수 있게 수레채 끝에 가로 댄 나무.

小車(소거): 사람이 타는 작은 수레. 또는 말이 끄는 작은 병거兵車.

軏(월): 끌채 끝에 수레를 끄는 말의 멍에를 걸 수 있게 되어 있는 것.

23. 자장子張이 물었다. "십 대十代 뒤의 일을 알 수 있습니까?"

공자孔子께서 말씀하셨다.

"은殷나라는 하夏나라의 예禮를 따랐으니 하나라의 예를 빼거나 더 보탠 것들을 알 수가 있고, 주周나라는 은나라의 예를 따랐으니 은나라의 예를 빼거나 더 보탠 것들을 알 수가 있다. 그 누가 주나라를 계승하는 자가 있다면, 비록 백 대百代 뒤의 일이라도 알 수가 있을 것이다."

子張問 十世可知也? 子曰 殷因於夏禮 所損益可知也, 周因
자 장 문 십 세 가 지 야   자 왈 은 인 어 하 례 소 손 익 가 지 야   주 인
於殷禮 所損益可知也. 其或繼周者 雖百世可知也.
어 은 례 소 손 익 가 지 야   기 혹 계 주 자 수 백 세 가 지 야

주석 世(세): 30년을 1세대로 보거나, 왕조王朝의 성이 바뀌는 것을 1대代라고
도 보고, 부자父子의 세대 교체를 1대로 보기도 한다.

因(인): 근거로 하여 따르다.

禮(예): 여기에서 예禮는 단순한 예절만이 아니고 사회의 문물제도文物制
度 전반을 말한다.

所損益(소손익): 빼고 보탠 것. 앞 왕조의 예禮를 근거로 하여 빼거나 보
태는 개변改變을 뜻한다.

其或(기혹): 그 누가. 어느 나라가.

繼周者(계주자): 주周나라를 계승하는 자.

24. 공자孔子께서 말씀하셨다.

"자기가 모셔야 할 귀신이 아닌데도 그를 제사 지내는 것은 아첨하는 것이다. 의로운 일을 보고도 행하지 않는 것은 용기가 없는 것이다."

子曰 非其鬼而祭之 諂也. 見義不爲 無勇也.
자왈 비기귀이제지 첨야   견의불위 무용야

주석 其鬼(기귀): 제 귀신. 자기가 모셔야 할 귀신. 자기 조상의 신을 말한다.
諂(첨): 아첨. 아부.
見(견): 보다. 알다.
義(의): 의로운 일. 올바른 일. 또는 마땅히 해야 할 일.
見義不爲(견의불위): '마땅히 해야 할 바를 알면서도 하지 않다'로 해석하기도 한다.

제3편

팔 일 八佾

1. 공자孔子께서 계씨季氏에 대해서 말씀하셨다.

"자기 집 뜰에서 팔일무八佾舞를 추게 하였는데, 이런 자를 용인할 수 있다면 누구인들 용인하지 못하겠느냐?"

孔子謂季氏 八佾舞於庭 是可忍也 孰不可忍?
공 자 위 계 씨 팔 일 무 어 정 시 가 인 야 숙 불 가 인

주석 孔子(공자): 그 당시 공자의 신분은 계씨季氏보다 낮았기 때문에 '子'라고 하지 않고 '孔子'라고 했다.

季氏(계씨): 노나라의 세도가인 대부大夫 계손씨季孫氏를 말한다.

八佾舞(팔일무): 한 줄에 여덟 명이 여덟 줄로 서서 64명이 추는 춤으로 천자天子가 사용하는 의식이다. 제후諸侯는 육일六佾로 36명, 대부大夫는 사일四佾로 16명, 사士는 이일二佾로 4명이 하게 되었다. 공자는 대부인 계씨의 집에서 천자의 의식에만 사용하는 팔일무를 추게 한 것을 지적한 것이다.

是(시): 이런 것. 이런 자.

忍(인): 참다. 용인하다. 참고 보아주다.

是可忍(시가인): '이런 자를是 참고 보아줄 수 있다면可忍'이라고 해석하는가 하면, 忍을 '차마 …을 하다'로 보고 '차마 이런 짓을 한다면'으로

해석하기도 한다.

孰(숙): 누구. 또는 앞의 是를 '이런 짓'으로 보고, 孰을 '무슨 짓'으로 해석하기도 한다.

2. 세 대부大夫 집안에서 옹雍을 노래하며 제기祭器를 거두었다. 이에 대하여 공자孔子께서 말씀하셨다.

"(옹雍에) '제사를 도와주는 제후諸侯들이 있으니, 천자天子의 모습 근엄하시도다' 하였거늘, 어떻게 세 대부 집안의 사당祠堂에서 이런 노래를 쓰는가?"

三家者 以雍徹. 子曰 '相維辟公 天子穆穆', 奚取於三家之堂?
삼 가 자 이 옹 철 자 왈 상 유 벽 공 천 자 목 목 해 취 어 삼 가 지 당

주석 三家者(삼가자): 세 대부大夫 집안. 노나라 세도가였던 세 대부 맹손씨孟孫氏, 숙손씨叔孫氏, 계손씨季孫氏의 집안을 말한다.

雍(옹): 《시경》 주송周頌 편에 나오는 시詩이다. 천자天子가 종묘宗廟에서 제사를 지낸 뒤 제기를 거둘 때 부르는 노래이다.

徹(철): 제사를 마치고 제기를 거두는 것.

相(상): 助(조)와 같은 뜻으로, 도우다. 돕다. 여기서는 제사를 돕는 것을 뜻함.

維(유): 여기서는 어조사語助辭로 쓰였다. 唯(유)와 통용되는 자로 보고 '오직'의 의미로 해석하기도 한다.

辟公(벽공): 제후諸侯를 말한다.

穆穆(목목): 근엄하고 의젓한 천자의 모습을 묘사하는 말.

奚(해): 어떻게. 어찌.

奚取(해취): 어떻게 가져다 쓰는가.

堂(당): 조상께 제사를 지내는 사당祠堂.

3. 공자孔子께서 말씀하셨다.

"사람으로서 인仁하지 못하다면 예禮가 있은들 무엇하겠는가? 사람으로서 인仁하지 못하다면 음악이 있은들 무엇하겠는가?"

子曰 人而不仁 如禮何? 人而不仁 如樂何?
자 왈 인 이 불 인 여 례 하   인 이 불 인 여 악 하

[주석] 仁(인): 인간 또는 인간 사회의 바탕을 이루는 윤리적인 모든 덕德의 기초
가 되는 것이 인仁이다.

不仁(불인): 인仁하지 못하다.

如禮何(여례하): 예禮를 무엇할 것인가. 예가 있은들 무엇하겠는가. '如
何禮'가 도치된 형태.

4. 임방林放이 예禮의 근본에 대해서 물어보자, 공자孔子께서 말씀하
셨다.

"훌륭한 질문이로다! 예禮는 사치스럽기보다는 차라리 검소한 것
이 낫고, 상사喪事는 형식을 잘 갖추기보다는 차라리 슬퍼하는 것이
낫다."

林放問禮之本. 子曰 大哉問! 禮 與其奢也 寧儉, 喪 與其易也
임 방 문 례 지 본 자 왈 대 재 문   예 여 기 사 야 녕 검 상 여 기 이 야
寧戚.
녕 척

[주석] 林放(임방): 노나라 사람이라는 것 외는 알려져 있지 않다.

奢(사): 사치하다.

儉(검): 검소하다.

與其…寧(여기…녕): …하기보다는 차라리 …하겠다. …보다는 차라리

…이 낫다.

喪(상): 상사喪事. 장례를 치르는 일.

易(이): 다스리다. 여기서는 '형식을 잘 갖추다'의 의미이다.

戚(척): 슬퍼하다.

5. 공자孔子께서 말씀하셨다.

"오랑캐 나라에 임금이 있는 것이 중원의 여러 나라에 임금이 없
는 것만도 못하다."

子曰 夷狄之有君 不如諸夏之亡也.
자 왈 이 적 지 유 군 불 여 제 하 지 무 야

주석 夷狄(이적): 오랑캐. 夷는 동쪽 오랑캐. 狄은 북쪽 오랑캐. 여기서는 문화
　　　수준이 낮은 미개한 종족을 가리킨다.

　　不如(불여): … 만 같지 못하다. … 만도 못하다.

　　諸夏(제하): 중원의 여러 나라. 夏는 고대 한족漢族이 세운 나라로 화하華
　　　夏, 중하中夏, 중원中原을 뜻하므로 제하諸夏는 중원의 여러 제후국을
　　　말한다.

　　亡(무): 없다. 無와 통용됨. 여기서는 임금이 없는 것을 뜻함.

6. 계손씨季孫氏가 태산泰山에 제사를 지내려고 하자, 공자孔子께서
염유冉有에게 말했다.

"자네가 그것을 막을 수 없겠는가?"

"불가능합니다"라고 대답하자,

공자께서 말씀하셨다.

"아아! 어찌 태산泰山의 신神이 예禮에 대해서 임방林放만도 못하다

고 하겠는가?"

季氏旅於泰山 子謂冉有曰 女弗能救與? 對曰 不能. 子曰 嗚呼!
계 씨 여 어 태 산 자 위 염 유 왈 여 불 능 구 여 대 왈 불 능 자 왈 오 호

曾謂泰山不如林放乎?
증 위 태 산 불 여 임 방 호

[주석] 季氏(계씨): 노나라의 세도가인 계손씨季孫氏.

旅(여): 산에 지내는 제사 이름. 옛날에는 천자天子만이 천하天下의 명산名
山에 제사를 지내고, 제후諸侯는 자기 나라의 산에만 제사를 지냈는데
대부에 불과한 계손씨가 이를 어겼다.

泰山(태산): 노나라 북쪽에 있는 명산名山.

冉有(염유): 공자의 제자. 성은 염冉, 이름은 구求, 자는 자유子有인데, 염
유冉有라고도 부른다.

弗(불): 不과 같이 씀.

救(구): 구해 주다. 막다.

曾謂 …乎(증위…호): …라 말하는가. …라 하겠는가. 여기서 曾은 어조사
이다.

林放(임방): 임방은 앞의 4장에서 예禮의 근본에 대해 질문한 사람이다.

曾謂泰山不如林放乎(증위태산불여임방호): '태산의 신神이 예禮에 대하여
임방만도 못하겠는가'라는 뜻으로, 태산의 신은 예에 어긋나는 계씨가
지내려는 제사를 받아들이지 않을 것이라는 뜻을 가지고 있다.

7. 공자孔子께서 말씀하셨다.

"군자는 다투는 일이 없으나, 꼭 있다면 그것은 활쏘기를 하는
경우이다. (이 경우에도) 서로 절하고 사양하며 활 쏘는 자리에 오
르고, 내려와서는 진 사람이 벌주를 마시니, 그 다투는 모습이 군
자답다."

子曰 君子無所爭 必也射乎. 揖讓而升 下而飮 其爭也君子.
자왈 군자무소쟁 필야사호 읍양이승 하이음 기쟁야군자

[주석] 必也射乎(필야사호): '반드시 다투어야만 하는 일이 있다면 그것은 활쏘기 시합이다'의 뜻.

揖讓而升(읍양이승): 앞가슴 위에 두 손을 마주 잡고 고개를 숙이는 절을 하고揖 서로 사양하며讓而 활 쏘는 자리에 오른다升.

下而飮(하이음): 활쏘기를 마친 후 활 쏘는 자리에서 내려와下而 진 사람이 벌로 술을 마신다飮.

其爭也君子(기쟁야군자): 그 다투는 모습이 군자답다.

8. 자하子夏가 물었다.

"(시詩에서) '귀엽게 웃으면 보조개가 생기고, 아름다운 눈은 또렷하니, 흰 바탕에 고운 무늬 이루었네'라 한 것은 무엇을 뜻합니까?"

공자孔子께서 말씀하셨다.

"그림을 그리는 일은 흰 바탕이 마련된 뒤에 하는 것이다."

자하가 다시 물었다.

"예禮는 뒤에 있다는 뜻입니까?"

공자께서 말씀하셨다.

"나를 일깨워 주는 자는 상商(자하)이로다! 비로소 너와 함께 시詩를 말할 수가 있게 되었구나."

子夏問曰 '巧笑倩兮 美目盼兮 素以爲絢兮' 何謂也? 子曰 繪
자하문왈 교소천혜 미목반혜 소이위현혜 하위야 자왈 회
事後素. 曰 禮後乎? 子曰 起予者商也! 始可與言詩已矣.
사후소 왈 예후호 자왈 기여자상야 시가여언시이의

子夏(자하): 공자의 제자. 성은 복ト, 이름은 상商, 자가 자하子夏이다. (學
而편 7장 참조)

巧笑(교소): 곱게 웃다.

倩(천): 볼우물이 패이는 것. 보조개가 생기는 것.

盼(반): 검은 눈동자와 흰자위가 또렷이 구분되는 것. 눈이 또렷한 것.

素以爲絢(소이위현): 흰 바탕에 고운 무늬를 이루다.

繪事後素(회사후소): 그림 그리는 일은繪事 흰 바탕이素 있은 뒤에 한다後.

禮後乎(예후호): 예禮는 뒤에 있는 것이다. 예는 그다음이다. 그림을 그리
는 데 먼저 흰 바탕이 마련된 뒤에 하는 것과 같은 뜻이다.

起予(기여): 나를 일으키다. 나를 일깨워 주다. 나를 계발해 주다.

商(상): 자하子夏의 이름.

9. 공자孔子께서 말씀하셨다.

"하夏나라의 예禮는 내가 말할 수 있으나 기杞나라에서는 그것을
증명하기에 부족하고, 은殷나라의 예는 내가 말할 수가 있으나 송宋
나라에서는 그것을 증명하기에 부족하다. 그 문서와 현명한 사람이
부족하기 때문이니, 이것만 충분하다면 내가 그것을 증명할 수가
있다."

> 子曰 夏禮吾能言之 杞不足徵也, 殷禮吾能言之 宋不足徵也.
> 자왈 하례오능언지 기부족징야 은례오능언지 송부족징야
> 文獻不足故也 足則吾能徵之矣.
> 문헌부족고야 족즉오능징지의

夏(하): 순舜임금으로부터 왕위를 물려받은 우禹임금이 세운 나라.

杞(기): 나라 이름. 하夏나라가 망하고 은殷나라가 세워지면서 하왕조夏王
朝의 후손이 봉封해진 나라.

徵(징): 실증하다. 증명하다.

殷(은): 하나라의 걸桀왕을 몰아내고 탕湯왕이 세운 나라.

宋(송): 은나라가 망하고 주周나라가 세워지면서 은왕조의 후손이 봉해진 나라.

文獻(문헌): 文은 문서를 뜻하고, 獻은 賢과 통용되어 현명한 사람 또는 옛일을 잘 아는 사람을 뜻한다.

10. 공자孔子께서 말씀하셨다.

"체禘 제사를 지낼 때, 술을 땅에 부어 강신降神을 비는 절차 다음부터는 나는 보고 싶지 않다."

子曰 禘 自旣灌而往者 吾不欲觀之矣.
자 왈 체 자 기 관 이 왕 자 오 불 욕 관 지 의

[주석] 禘(체): 임금이 자기 나라 시조始祖의 묘廟에 그 시조의 조상들을 함께 제사를 지내는 큰 제사.

灌(관): 제사를 시작할 때 울창주鬱鬯酒란 술을 땅에 부어 강신降神을 비는 절차. 예禮가 문란해져서 당시 노나라에서 지내던 큰 제사가 예에 어긋나고, 제사를 지내는 사람들도 강신을 빈 다음부터는 성의가 없는 태도였으므로 공자는 이를 보지 않으려 했다.

11. 어떤 사람이 체禘 제사의 뜻을 묻자, 공자孔子께서 말씀하셨다.

"알지 못하오. 그 뜻을 아는 사람이라면 천하天下를 다스리는 일에 있어서도 마치 이것을 들여다보는 것과 같을 것이오"라고 하면서 자신의 손바닥을 가리켰다.

或問禘之說 子曰 不知也. 知其說者之於天下也 其如示諸斯
혹 문 체 지 설 자 왈 부 지 야 지 기 설 자 지 어 천 하 야 기 여 시 저 사

乎! 指其掌.
호   지 기 장

주석 禘之說(체지설): 체 제사에 대한 설명. 제사의 뜻.

不知(부지): 알지 못한다. 공자는 노나라에서 예에 어긋나는 제사를 지내
고 있는 것을 못마땅하게 생각하여 알지 못한다고 답한 것이다.

知其說者(지기설자): 제사의 뜻을 아는 사람. 여기서는 천자天子를 가리킨다.

於天下(어천하): 천하를 다스리는 일에 있어서도.

指其掌(지기장): 자신의 손바닥을 가리킨다.

12. 조상에게 제사 지낼 때는 조상이 실제 계신 것처럼 하고, 다른
신神에게 제사 지낼 때도 신神이 계신 것처럼 하셨다.

공자孔子께서 말씀하셨다.

"내가 제사에 참여하지 못하면 제사를 지내지 않은 것과 같다."

祭如在 祭神如神在. 子曰 吾不與祭 如不祭.
제 여 재 제 신 여 신 재   자 왈 오 불 여 제 여 부 제

주석 祭(제): 제사. 조상들에 대한 제사.

如在(여재): 실제 계신 것처럼 하다.

祭神(제신): 조상 이외의 다른 신에 대한 제사.

不與祭(불여제): 제사에 참여하지 못하다.

如不祭(여불제): 제사를 지내지 않는 것과 같다.

13. 왕손가王孫賈가 물었다.

"'안방 아랫목에 아첨하기보다는 차라리 부엌 아궁이에 잘 보이
라' 하는데, 무슨 말입니까?"

공자孔子께서 말씀하셨다.

"그렇지 않소. 하늘에 죄를 지으면 빌 곳이 없소."

王孫賈問曰 與其媚於奧 寧媚於竈 何謂也? 子曰 不然. 獲罪
왕 손 가 문 왈 여 기 미 어 오 영 미 어 조 하 위 야   자 왈 불 연. 획 죄

於天 無所禱也.
어 천 무 소 도 야

[주석] 王孫賈(왕손가): 衛衛나라 영공靈公 때의 권신權臣. 성은 왕손王孫, 이름은
가賈이다.

媚(미): 아첨하다. 가까이하다.

奧(오): 안방 아랫목. 가장 윗사람이 자리하는 곳. 안방 아랫목을 군왕에
비유한 것.

竈(조): 부엌 아궁이. 부뚜막. 부엌 아궁이를 권신에 비유한 것.

與其媚於奧…: 군왕君王에 아부하기보다 권신權臣에 아부하는 것이 차라
리 낫다는 뜻.

왕손가가 군왕君王에 가까이하기보다는 차라리 자기와 같은 권신에게
가까이하는 것이 낫다고 비유하여 말한 데 대해, 공자는 군왕을 하늘에
비유해서 군왕의 권위를 무시하는 것은 하늘에 죄를 지은 것과 같아서
용서를 빌 곳이 없다고 답하고 있다.

獲罪於天…: 군왕을 하늘에 비유해서 군왕을 존중하라는 뜻을 나타낸
것이다.

14. 공자孔子께서 말씀하셨다.

"주周나라는 하夏, 은殷 두 왕조를 본받아 그 문화가 매우 찬란하
다! 나는 주周나라를 따르겠다."

子曰 周監於二代 郁郁乎文哉! 吾從周.
자 왈 주 감 어 이 대 욱 욱 호 문 재   오 종 주

二代(이대): 주周나라 앞의 하夏, 은殷 두 왕조.

郁郁(욱욱): 찬란하다. 빛나다.

文(문): 문화. 문물제도文物制度.

15. 공자孔子께서 태묘大廟에 들어가시면 모든 일에 대하여 물으셨다.
어떤 사람이 말했다.

"누가 추인鄹人의 아들이 예禮를 안다고 했는가? 태묘에 들어와
서 매사를 묻는데."

공자께서 이 말을 들으시고 말씀하셨다.

"그렇게 하는 것이 바로 예禮이다."

子入大廟 每事問. 或曰 孰謂鄹人之子 知禮乎? 入大廟 每事問.
자 입 태 묘 매 사 문   혹 왈 숙 위 추 인 지 자 지 례 호   입 태 묘 매 사 문

子聞之曰 是禮也.
자 문 지 왈 시 례 야

주석 大廟(태묘): 천자天子나 제후諸侯들의 시조始祖를 모신 묘廟. 여기서 '大
廟'는 '태묘'로 읽는다.

鄹(추): 노魯나라의 고을 이름.

鄹人之子(추인지자): 추인의 아들. 공자孔子를 가리키는 말이다. 공자가
노나라 추읍鄹邑의 대부大夫였던 숙량흘叔梁紇의 아들이기 때문에 그렇
게 말한 것이다.

16. 공자孔子께서 말씀하셨다.

"활쏘기에 과녁을 뚫는데 주력하지 않는 것은 사람의 힘씀이 같
지 않기 때문이니, 이것이 옛날의 활쏘기 도道이다."

子曰 射不主皮 爲力不同科 古之道也.
자 왈 사 부 주 피 위 력 부 동 과 고 지 도 야

주석 不主皮(부주피): 과녁의 가죽을 뚫는데 주력하지 않는다. 즉 과녁을 뚫지
못하더라도 과녁을 맞히기만 하면 된다는 뜻이다. 또는 '과녁을 맞히기
에 주력하지 않는다'. 즉 과녁을 맞히는 것보다 활을 쏘는 자세나 예禮
에 주력한다고 해석하기도 한다.

爲力(위력): 힘을 쓰다.

爲力不同科(위력부동과): 힘을 쓰는爲力 정도科가 같지 않다不同.

17. 자공子貢이 곡삭告朔의 예禮에 제물로 쓰는 살아 있는 양羊을 바
치는 것을 그만두기로 하자, 공자孔子께서 말씀하셨다.

"사賜야! 너는 그 양羊을 아끼고 있지만, 나는 그 예禮를 아끼고
있다."

子貢 欲去告朔之餼羊 子曰 賜也! 爾愛其羊 我愛其禮.
자 공 욕 거 곡 삭 지 희 양 자 왈 사 야 이 애 기 양 아 애 기 례

주석 告朔(곡삭): 천자天子가 연말이 되면 다음 1년간의 달력을 제후諸侯에게
나누어 주고, 제후는 이것을 조상의 묘廟에 보관해 두었다가 매월 초하
룻날에 제물로 살아 있는 양羊을 바치고, 달력을 보고 그 내용을 백성
들에게 알려 주었으니, 이것이 곡삭告朔의 예이다. 告는 '알리다'는 뜻
일 때는 '고'로 읽고, '청하다'는 뜻일 때는 '곡'으로 읽는다.

餼羊(희양): 제물로 쓰는 살아 있는 양羊.

賜(사): 자공子貢의 이름. (學而편 10장 참조)

爾(이): 너. 그대.

愛(애): 아끼다. 아깝게 여기다.

欲去告朔之餼羊: 그 당시 노魯나라에서는 곡삭의 예는 실제로는 행해지
지 않게 되었으므로 양만 헛되이 희생시킬 필요가 없다는 뜻이다.

爾愛其羊 我愛其禮: 공자孔子는 예禮가 문란하게 된 것을 애석하게 여
긴다는 뜻이다.

18. 공자孔子께서 말씀하셨다.

"임금을 섬기는 데 예禮를 다하는 것을, 사람들은 아첨하는 것으
로 여긴다."

子曰 事君盡禮 人以爲諂也.
자 왈 사 군 진 례 인 이 위 첨 야

주석 事(사): 섬기다 奉也.
以爲(이위): …라고 여기다. …라고 생각하다.
諂(첨): 아첨하다.

19. 정공定公이 물었다.

"임금이 신하를 부리고 신하가 임금을 섬기는 데, 어떻게 해야
합니까?"

공자孔子께서 대답하셨다.

"임금은 신하를 예禮로써 부리고, 신하는 임금을 충성忠誠으로써
섬겨야 합니다."

定公問 君使臣 臣事君 如之何? 孔子對曰 君使臣以禮 臣事
정 공 문 군 사 신 신 사 군 여 지 하   공 자 대 왈 군 사 신 이 례 신 사
君以忠.
군 이 충

주석 定公(정공): 노나라의 임금. 이름은 송宋이다. 양공襄公의 아들로 형 소공

昭公에 이어 15년간 나라를 다스렸다. 공자가 56세 때 정공定公에게 중용重用된 일이 있다.

如之何(여지하): '如何之'의 도치. 어찌해야 될까. 어떻게 해야 할까.

20. 공자孔子께서 말씀하셨다.

"《시경》의 관저關雎는 즐거우면서도 지나치지 않고, 슬프면서도 마음을 상하게 하지 않는다."

子曰 關雎樂而不淫 哀而不傷.
자 왈 관 저 낙 이 불 음 애 이 불 상

주석 關雎(관저):《시경》주남周南의 첫머리 나오는 시詩.

淫(음): 정도가 지나치다. 과도하다.

傷(상): 상처를 입다.

樂而不淫(낙이불음): 즐거워하되 지나치게 즐거움에 빠지지 않는다는 뜻.

哀而不傷(애이불상): 슬퍼하되 지나치게 슬픔에 빠져 마음에 상처를 입지 않는다는 뜻.

21. 애공哀公이 재아宰我에게 사社에 대해서 물어보자, 재아宰我가 대답하였다.

"하夏나라의 임금은 소나무를 심었고, 은殷나라 사람들은 잣나무를 심었고, 주周나라 사람들은 밤나무를 심었는데, 밤나무를 심은 것은 백성들로 하여금 두려워 떨게 하려는 것이었다 합니다."

공자孔子께서 이를 들으시고 말씀하셨다.

"다 되어진 일은 말하지 말고, 다 끝난 일은 간諫하지 말며, 지나간 일은 탓하지 말아야 한다."

哀公問社於宰我 宰我對曰 夏后氏以松 殷人以柏 周人以栗 曰
애공문사어재아 재아대왈 하후씨이송 은인이백 주인이률 왈
使民戰栗. 子聞之曰 成事不說 遂事不諫 旣往不咎.
사민전률 자문지왈 성사불설 수사불간 기왕불구

(주석) 社(사): 임금이 토지의 신神을 제사 지내는 사직단社稷壇. 제단祭壇 주위에
그 땅土地을 상징하는 나무를 심어 놓았다.

宰我(재아): 공자의 제자. 성은 재宰, 이름은 여予, 자는 자아子我이다. 노
나라 사람으로 언변이 능했다고 한다.

戰栗(전율): 두려워 떨다. 栗은 慄(율)과 같이 씀.

說(설): 말하다. 평가하여 말한다는 뜻.

成事(성사): 다 되어진 일. 이미 결과가 나와 있는 일.

遂事(수사): 다 끝난 일. 이미 돌이킬 수 없이 되어 버린 일.

諫(간): 윗사람에게 잘못을 고치도록 말하는 것.

旣往(기왕): 이미 지나간 일. 과거의 일.

咎(구): 탓하다. 잘못된 일을 원망하다.

22. 공자孔子께서 말씀하셨다.

"관중管仲의 그릇은 작았다!"

어떤 사람이 말했다.

"관중管仲은 검소했습니까?"

공자께서 말씀하셨다.

"관씨管氏에게는 세 집이 있었고, 가신家臣들의 일을 겸직시키지
않았으니, 어찌 검소했다고 할 수가 있겠는가?"

"그러면 관중은 예禮를 알았습니까?"

공자께서 말씀하셨다.

"나라의 임금이 병장屛牆을 만들어 대문을 가리는 법인데, 관씨管

氏 또한 병장을 만들어 대문을 가렸고, 나라의 임금이라야 두 임금이 우호友好를 위해 연회를 가질 때 마신 술잔을 올려놓는 대臺를 만들어 놓는데, 관씨 또한 술잔을 올려놓는 대를 만들었으니, 관씨가 예禮를 안다면 누가 예를 모른다고 하겠느냐?"

子曰 管仲之器小哉! 或曰 管仲儉乎? 曰 管氏有三歸 官事不攝
자왈 관중지기소재 혹왈 관중검호 왈 관씨유삼귀 관사불섭

焉得儉? 然則管仲知禮乎? 曰 邦君樹塞門 管氏亦樹塞門 邦君
언득검 연즉관중지례호 왈 방군수새문 관씨역수새문 방군

爲兩君之好 有反坫 管氏亦有反坫. 管氏而知禮 孰不知禮?
위양군지호 유반점 관씨역유반점 관씨이지례 숙부지례

주석 管仲(관중): 춘추시대 제齊나라 대부. 성은 관管, 이름은 이오夷吾, 자는 중仲이다. 제나라 환공桓公을 도와 패자霸者가 되게 한 사람.

器(기): 그릇. 기량器量. 도량度量.

三歸(삼귀): 돌아가 쉴 수 있는 세 곳의 집. '성姓이 다른 세 여자를 부인으로 두었다'고 해석하기도 한다.

官事(관사): 맡은 일. 여기서는 관중 집안의 가신家臣들이 맡은 일을 말한다.

不攝(불섭): 겸직하지 않다. 여러 가지 일을 겸해서 하지 않다.

官事不攝(관사불섭): 한 사람이 몇 가지 일을 겸해서 할 수도 있는데, 관중은 한 사람에게 한 가지 일만 맡겨서 여러 명의 가신家臣을 두었다는 것이다.

焉得(언득): 어찌 …할 수 있겠는가?

邦君(방군): 나라의 임금.

樹塞門(수새문): 밖에서 안을 들여다보지 못하도록 병장屛牆을 세워 문 앞을 가리는 것.

兩君之好(양군지호): 두 임금이 우호友好를 위해 연회宴會를 갖다.

反坫(반점): 두 임금이 만나 술을 마실 때 술을 들고 나서 빈 술잔을 올려 놓는 대臺.

23. 공자孔子께서 노魯나라의 태사太師에게 음악에 대하여 말씀하셨다.

"음악에 대해서도 알 수 있지요. 처음 연주가 시작할 때에는 여러 소리가 합쳐서 나오고, 연주가 진행됨에 따라 조화를 이루고, 각 음音이 분명해지고, 계속 이어져 나가 한 장이 완성되는 것이지요."

子語魯大師樂曰 樂其可知也. 始作 翕如也 從之 純如也 皦如
자 어 노 태 사 악 왈   악 기 가 지 야   시 작   흡 여 야   종 지   순 여 야   교 여
也 繹如也 以成.
야   역 여 야   이 성

(주석) 大師(태사): 음악을 관장하는 벼슬 이름. 여기서 大는 太(태)와 동일하게 '태'로 읽는다.

始作(시작): 음악을 처음 연주할 때.

翕如(흡여): 여러 가지 소리가 합쳐 나오는 듯한.

從之(종지): 그것을 따르다. 연주가 진행됨에 따라서.

純(순): 여러 소리가 조화를 이루는 것.

皦(교): 음音이 분명해지는 것.

繹(역): 계속 이어지는 것.

成(성): 음악의 한 장이 완성된다는 뜻.

24. 의儀 땅의 봉인封人이 공자孔子님 뵙기를 청하며 말하였다.

"군자가 이곳에 오시면 내가 만나 뵙지 못한 적이 없었습니다."

공자를 모시던 제자들이 선생님을 뵙게 해 주었더니, 뵙고 나와서 말하였다.

"여러분은 어찌하여 선생님께서 벼슬이 없음을 걱정하십니까? 세상에 도리가 없어진 지 오래되었습니다. 하늘은 장차 선생님을 이 세상의 목탁木鐸으로 삼을 것입니다."

儀封人請見曰 君子之至於斯也 吾未嘗不得見也. 從者見之 出
의 봉 인 청 현 왈 군 자 지 지 어 사 야 오 미 상 부 득 현 야 종 자 현 지 출

曰 二三子何患於喪乎? 天下之無道也久矣 天將以夫子爲木鐸.
왈 이 삼 자 하 환 어 상 호   천 하 지 무 도 야 구 의 천 장 이 부 자 위 목 탁

주석 儀(의): 위衛나라의 고을 이름.

封人(봉인): 봉지封地의 경계를 관리하는 관직의 이름.

請見(청현): 뵙기를 요청하다. 見은 '뵙다'의 뜻으로 쓰일 때는 '현'으로
읽는다.

斯(사): 이곳.

未嘗(미상): 일찍이 …한 적이 없다. 일찍이 …한 일이 없다.

從者(종자): 공자를 모시며 따라다니는 제자들.

見之(현지): 그를 뵙게 하다. 공자를 뵙도록 하다.

二三子(이삼자): 여러분. 그대들.

喪(상): 벼슬을 잃다. 벼슬이 없음을 뜻함. '공자가 덕德을 점차 잃어 가고
있다'는 뜻으로 해석하기도 한다.

無道(무도): 도리가 없어지다.

木鐸(목탁): 나무를 둥글넓적하게 깎아 다듬어 속을 파서 만든 불교에서
쓰는 도구. 세상 사람들을 깨우쳐 바르게 인도할 만한 지도자를 가리
키는 말. 옛날 관원官員들이 목탁을 치며 나라의 정령政令이나 교령敎令
을 백성들에게 알렸다고 한다.

25. 공자孔子께서 소韶의 음악에 대해서는 "아름다움을 다 갖추었
고 또 훌륭함도 다 갖추었다"고 하시고, 무武의 음악에 대해서는
"아름다움은 다 갖추었으나 훌륭함은 다 갖추지 못했다"고 하셨다.

子謂韶 盡美矣 又盡善也. 謂武 盡美矣 未盡善也.
자 위 소 진 미 의 우 진 선 야   위 무 진 미 의 미 진 선 야

주석 韶(소): 순舜임금을 찬양하는 음악.

武(무): 주周나라 무왕을 찬양하는 음악.

盡美(진미): 아름다움을 다하다. 음악의 소리나 형식에 있어 아름다움을
다 갖추었다는 뜻.

盡善(진선): 훌륭함을 다하다. 음악의 내용이나 품격이 훌륭함을 다 갖추
었다는 뜻.

26. 공자孔子께서 말씀하셨다.

"윗자리에 있으면서 너그럽지 못하고, 예禮를 행하는 데도 공경
스럽지 않고, 상喪을 당하여도 슬퍼하지 않는다면, 내 무엇으로 그
런 사람을 알아주겠는가?"

子曰 居上不寬 爲禮不敬 臨喪不哀 吾何以觀之哉?
자 왈 거 상 불 관 위 례 불 경 임 상 불 애 오 하 이 관 지 재

주석 居上(거상): 윗자리에 있다.

寬(관): 관대하다. 너그럽다.

爲禮(위례): 예禮를 행하다. 예를 실천하다.

臨喪(임상): 상喪을 당하다. 상사喪事에 임臨하다.

觀之(관지): 그를 보아주다. 그를 알아주다. 그를 인정해 주다.

吾何以觀之哉(오하이관지재): 내가吾 무엇으로何以 그런 사람을之 알아주
겠는가觀…哉.

제 4 편

이 인里仁

1. 공자孔子께서 말씀하셨다.

"사는 마을은 풍습이 인仁한 곳이 좋다. 가려서 인仁한 곳에 살지
않는다면 어찌 지혜롭다 하겠는가?"

子曰 里仁爲美. 擇不處仁 焉得知?
자 왈 이 인 위 미   택 불 처 인 언 득 지

주석 里(이): 사는 마을. 里를 동사로 보아 "마을에 살다"로 해석하기도 한다.

仁(인): 여기서는 사람들이 후덕하고 화목하게 지내는 것을 말한다.

擇不處仁(택불처인): 가려서 인한 곳에 살지 않는다면.

焉(언): 어찌.

知(지): 지혜롭다. 智(지)와 통용됨.

2. 공자孔子께서 말씀하셨다.

"인仁하지 않은 사람은 오랫동안 곤궁하게 지내지 못하고, 오래
도록 안락하게 지내지도 못한다. 인仁한 사람은 인仁을 편안히 여기
고, 지혜로운 사람은 인仁을 이롭게 여긴다."

子曰 不仁者 不可以久處約 不可以長處樂. 仁者安仁 知者利仁.
자 왈 불 인 자 불 가 이 구 처 약 불 가 이 장 처 락 인 자 안 인 지 자 이 인

(주석) 約(약): 곤궁하다. 궁핍하다.

處約(처약): 곤궁함에 처하다. 곤궁하게 지내다.

處樂(처락): 안락함에 처하다. 안락하게 지내다.

安仁(안인): 인을 편안히 여기다. 인에 안주安住하다.

利仁(이인): 인을 이롭게 여기다. 인을 이로운 것이라 생각하다.

3. 공자孔子께서 말씀하셨다.

"오직 인仁한 사람만이 남을 좋아할 수도 있고, 남을 미워할 수
도 있다."

子曰 唯仁者 能好人 能惡人.
자 왈 유 인 자 능 호 인 능 오 인

(주석) 唯(유): 오직. 다만.

能好人(능호인): 남을人 좋아할 수 있다能好.

惡(오): 미워하다. 惡은 '미워하다'의 뜻으로 쓰일 때는 '오'로 읽는다.

能惡人(능오인): 남을人 미워할 수 있다能惡.

4. 공자孔子께서 말씀하셨다.

"진실로 인仁에 뜻을 두면 악한 것이 없을 것이다."

子曰 苟志於仁矣 無惡也.
자 왈 구 지 어 인 의 무 악 야

(주석) 苟(구): 진실로.

惡(악): 악함. 악한 것.

無惡(무악): 악함이 없다. 악한 것이 없다.

5. 공자孔子께서 말씀하셨다.

　"부유함과 귀함은 사람들이 바라는 것이지만, 정당한 방법으로 얻지 않았으면 누려서는 안 된다. 가난함과 천함은 사람들이 싫어하는 것이지만, 정당한 방법으로 얻지 않았더라도 버려서는 안 된다. 군자가 인仁을 버린다면 어찌 명성을 이루겠는가? 군자는 밥을 다 먹는 동안에도 인을 어기지 말아야 하며, 다급한 때에도 반드시 인에 의지해야 하고, 위태로운 순간에도 반드시 인에 의지해야 한다."

子曰 富與貴 是人之所欲也 不以其道得之 不處也. 貧與賤
자왈 부여귀 시인지소욕야 불이기도득지 불처야　빈여천
是人之所惡也 不以其道得之 不去也. 君子去仁 惡乎成名?
시인지소오야　불이기도득지 불거야　군자거인　오호성명
君子無終食之間違仁 造次必於是 顚沛必於是.
군자무종식지간위인 조차필어시 전패필어시

주석　富與貴(부여귀): 부유함과 귀함.
　其道(기도): 올바른 도리. 정당한 방법.
　不以其道得之: 올바른 도리로써以其道 그것을之 얻은 것이 아니다不得.
　處(처): 거처하다. 누리다.
　惡也(오야): 미워하다. 싫어하다.
　去(거): 떠나다. 버리다. 벗어나다.
　惡乎(오호): 어떻게. 어찌.
　惡乎成名(오호성명): 어떻게 명성을 이루겠는가.
　終食之間(종식지간): 밥을 다 먹는 동안. 식사를 마칠 때까지의 시간.
　造次(조차): 급박한 때. 다급한 때.

必於是(필어시): 반드시 이것에 의지하다. 반드시 인仁을 지켜야 한다.
顚沛(전패): 넘어지는 순간. 위태로운 순간.

6. 공자孔子께서 말씀하셨다.

"나는 아직 인仁함을 좋아하는 사람과 인하지 않음을 미워하는 사람을 보지 못했다. 인함을 좋아하는 사람은 더할 나위가 없지만, 인하지 않음을 미워하는 사람은 그가 인을 실천함에 있어서 인하지 않는 것이 자기에게 영향이 미치지 않도록 한다. 하루라도 인을 위해 그의 힘을 쓴 사람이 있는가? 나는 아직 그렇게 하는데 힘이 부족한 사람을 보지 못했다. 혹시 그런 사람이 있기는 하겠지만, 나는 아직 그런 사람을 보지 못했다."

子曰 我未見好仁者 惡不仁者. 好仁者 無以尙之 惡不仁者
자왈 아미견호인자 오불인자   호인자 무이상지 오불인자
其爲仁矣 不使不仁者加乎其身. 有能一日用其力於仁矣乎.
기위인의 불사불인자가호기신   유능일일용기력어인의호
我未見力不足者. 蓋有之矣 我未之見也.
아미견력부족자 개유지의 아미지견야

주석 無以尙之(무이상지): 그것에之 더 나을 것이以尙 없다無. 더할 나위가 없다.
加乎其身(가호기신): 그其 자신身에게乎 가해지다加. 자기에게 영향을 미치다.
蓋(개): 혹시. 아마도.
我未之見也는 긍정형의 我未見之也가 부정문이 되면서 之가 동사(見) 앞으로 갔다.

7. 공자孔子께서 말씀하셨다.

"사람의 허물은 각기 그가 속한 무리를 따른다. 그 허물을 보면,

곧 그가 인仁한가를 알 수 있다."

子曰 人之過也 各於其黨. 觀過 斯知仁矣.
자 왈 인 지 과 야 각 어 기 당 관 과 사 지 인 의

[주석] 過(과): 잘못. 허물. 과오.

黨(당): 부류. 무리. 집단.

各於其黨(각어기당): 각기 그가 속한 무리를 따른다. 그가 어떤 무리에
속하느냐에 따라 각각 그 유형이 다르다는 뜻.

斯(사): 곧. 즉.

8. 공자孔子께서 말씀하셨다.

"아침에 도道를 들어 알게 된다면 저녁에 죽어도 괜찮다."

子曰 朝聞道 夕死可矣.
자 왈 조 문 도 석 사 가 의

[주석] 道(도): 올바른 도리. 또는 진리를 뜻함.

朝聞道(조문도): 아침에 도를 들어 알게 된다면.

9. 공자孔子께서 말씀하셨다.

"선비로서 도道에 뜻을 두고도 허름한 옷과 거친 음식을 부끄럽
게 여기는 사람과는 함께 도를 의논할 수 없다.

子曰 士志於道 而恥惡衣惡食者 未足與議也.
자 왈 사 지 어 도 이 치 악 의 악 식 자 미 족 여 의 야

[주석] 恥惡衣惡食者(치악의악식자): 허름한 옷을 입고 거친 음식을 먹는 것을
부끄럽게 여기는 사람.

未足與議也는 '未足與之議也'에서 '之'가 생략되었다. 그와 더불어 의논하기에 충분치 않다. 그런 사람과는 함께 도를 의논할 수 없다.

10. 공자孔子께서 말씀하셨다.

"군자는 천하의 일에 있어 꼭 그래야 한다는 것도 없고, 절대로 안 된다는 것도 없으며, 다만 의로움을 따를 뿐이다."

子曰 君子之於天下也 無適也 無莫也 義之與比.
자왈 군자지어천하야 무적야 무막야 의지여비

[주석] 適(적): 주장하다. 꼭 그래야 한다.
　　　莫(막): 안 되다. 절대로 안 된다.
　　　與(여): 함께. 더불어.
　　　比(비): 따르다. 쫓다.

11. 공자孔子께서 말씀하셨다.

"군자는 덕德을 생각하고 소인小人은 편안히 살 곳을 생각하며, 군자는 법도을 생각하고 소인은 혜택만을 생각한다."

子曰 君子懷德 小人懷土, 君子懷刑 小人懷惠.
자왈 군자회덕 소인회토 군자회형 소인회혜

[주석] 懷(회): 마음에 품다. 생각하다.
　　　土(토): 머물 곳. 편안히 살 곳.
　　　刑(형): 법도. 법.
　　　惠(혜): 혜택. 혜택을 받는 것.

12. 공자孔子께서 말씀하셨다.

"이익에 따라 행동하면 원망을 사는 일이 많다."

子曰 放於利而行 多怨.
자 왈 방 어 리 이 행 다 원

주석 放(방): 의존하다. 따르다. 倣(방)과 같은 뜻.

放於利(방어리): 이익에 放利 따르다放.

怨(원): 원망. 원한. 원망을 사는 일.

13. 공자孔子께서 말씀하셨다.

"예의와 겸양으로써 나라를 다스릴 수 있다면 무슨 어려움이 있겠는가? 예의와 겸양으로써 나라를 다스릴 수 없다면 예禮는 있어 무엇하겠는가?"

子曰 能以禮讓爲國乎 何有? 不能以禮讓爲國 如禮何?
자 왈 능 이 례 양 위 국 호 하 유   불 능 이 례 양 위 국 여 례 하

주석 禮讓(예양): 예의와 겸양.

爲國(위국): 나라를 다스리다.

何有(하유): 무엇이 있겠는가. 무슨 어려움이 있겠는가. '何難之有'의 생략.

如禮何(여예하): 예禮는 무엇하겠는가. 예는 있어 무엇하겠는가. '如何禮' 가 도치된 형태.

14. 공자孔子께서 말씀하셨다.

"지위가 없음을 걱정하지 말고 그 자리에 설 수 있는 능력을 갖추었는지를 걱정해야 하며, 자기를 알아주지 않는 것을 걱정하지

말고 남이 알아주게 되도록 노력해야 한다."

子曰 不患無位 患所以立, 不患莫己知 求爲可知也.
자왈 불환무위 환소이립 불환막기지 구위가지야

주석 無位(무위): 벼슬자리가 없는 것. 지위가 없는 것.

所以立(소이립): 설 수 있는 방법. 지위에 설 수 있는 능력.

莫己知(막기지): 자기를 알아주지 않다. '莫知己'가 도치된 형태.

求爲可知(구위가지): 알아줄 수 있게可知 되기를爲 추구하다求. 여기에서
求는 '힘쓰다', '노력하다'의 뜻임.

15. 공자孔子께서 말씀하셨다.

"삼參아! 나의 도道는 하나로 모든 것을 꿰고 있다."

증자曾子가 대답했다.

"그렇습니다."

공자께서 나가시자 제자들이 물었다.

"그게 무슨 말씀이신가요?"

증자曾子가 말했다.

"선생님의 도道는 충忠과 서恕일 뿐이다."

子曰 參乎! 吾道一以貫之. 曾子曰 唯. 子出 門人問曰 何謂也?
자왈 삼호 오도일이관지 증자왈 유 자출 문인문왈 하위야
曾子曰 夫子之道 忠恕而已矣.
증자왈 부자지도 충서이이의

주석 參(삼): 증자曾子의 이름. 자는 자여子輿이다. 공자의 제자 중 가장 나이
가 어려 공자께서 돌아가실 때 29세였다.

一以貫之(일이관지): 하나로써一以 모든 것을之 꿰고 있다貫. 충서忠恕라

는 하나의 이치로써 모든 것을 꿰고 있다는 뜻.

唯(유): 예. 그렇습니다.

忠(충): 자신의 정성을 다하는 것.

恕(서): 남의 처지나 마음을 이해하여 주는 것.

16. 공자孔子께서 말씀하셨다.

"군자는 의로움에 밝고, 소인은 이익에 밝다."

子曰 君子喩於義 小人喩於利.
자왈 군자유어의 소인유어리

[주석] 喩(유): 밝다. 훤히 잘 알다.

義(의): 의로움. 사람으로서 행하여야 할 바른 도리.

利(리): 이익. 이득.

17. 공자孔子께서 말씀하셨다.

"현명한 사람을 보면 그와 같아지기를 생각하고, 현명하지 못한 사람을 보면 마음속으로 자신을 반성해야 한다.

子曰 見賢思齊焉 見不賢而內自省也.
자왈 견현사제언 견불현이내자성야

[주석] 賢(현): 어진 사람. 현명한 사람.

齊(제): 가지런하다. 같아지다.

思齊(사제): 같아질 것을 생각하다.

不賢(불현): 현명하지 못한 사람.

內自省(내자성): 마음속으로 자신을 반성하다.

18. 공자孔子께서 말씀하셨다.

"부모를 섬김에 있어서는 조심스럽게 잘못하신 것을 말씀드려야 하며, 말을 따르지 않을 뜻이 보이더라도, 더욱 공경하며 부모의 뜻을 어겨서는 안 되며, 힘들더라도 원망해서는 안 된다."

子曰 事父母幾諫 見志不從 又敬不違 勞而不怨.
자 왈 사 부 모 기 간   견 지 부 종   우 경 불 위   노 이 불 원

(주석) 事(사): 섬기다. 모시어 받들다.
　　　幾諫(기간): 조심스럽게 간하다. 조심스럽게 부모의 잘못을 말씀드리는 것.
　　　見志不從(견지부종): 부모가 드리는 말을 따르지 않을 뜻이 보이다.
　　　不違(불위): 어기지 않다. 부모의 뜻을 어기지 않다.
　　　勞(노): 힘들다. 憂(우)의 뜻으로 보아 부모가 잘못을 고치지 않음을 '걱정하다'로 해석하기도 한다.

19. 공자孔子께서 말씀하셨다.

"부모가 생존해 계시면 먼 곳에 놀러 가서는 안 되며, 놀러 갈 적에는 반드시 가는 곳이 있어야 한다."

子曰 父母在 不遠遊 遊必有方.
자 왈 부 모 재   불 원 유   유 필 유 방

(주석) 在(재): 생존해 계신 것을 뜻함.
　　　遠遊(원유): 먼 곳에 놀러 가다. 또는 먼 곳으로 여행을 떠나는 것을 뜻한다고 보기도 한다.
　　　方(방): 방향. 놀러 가는 곳을 말함.

20. 공자孔子께서 말씀하셨다.

"아버지가 돌아가신 뒤에도 3년 동안 아버지가 해 오던 법도를 바꾸지 않아야 효성스럽다고 말할 수 있다."

子曰 三年無改於父之道 可謂孝矣.
자 왈 삼 년 무 개 어 부 지 도 가 위 효 의

[주석] 三年(삼년): 아버지가 돌아가신 후 3년 상喪 동안을 말한다.

父之道(부지도): 아버지가 생전에 하시던 법도.

이 20장은 앞에 있는 학이學而편 11장에도 있는 구절이다.

21. 공자孔子께서 말씀하셨다.

"부모의 연세는 알고 있지 않으면 안 된다. 한편으로는 수壽하시는 것이 기쁘고, 한편으로는 노쇠하시는 것이 두렵기 때문이다."

子曰 父母之年 不可不知也. 一則以喜 一則以懼.
자 왈 부 모 지 년 불 가 부 지 야 일 즉 이 희 일 즉 이 구

[주석] 以喜(이희): 부모님이 수壽하시는 것이 기쁘기 때문에. 一則以喜는 '一則 以父母之年喜'가 생략된 것이다.

以懼(이구): 부모님이 노쇠하시는 것이 두렵기 때문에.

22. 공자孔子께서 말씀하셨다.

"옛사람들이 말을 함부로 하지 않은 것은 자신의 행실이 말을 따르지 못함을 부끄러워했기 때문이다."

子曰 古者言之不出 恥躬之不逮也.
자 왈 고 자 언 지 불 출 치 궁 지 불 체 야

주석 古者(고자): 옛사람들.

言之不出(언지불출): 말을 함부로 입 밖에 내지 않다. 말을 함부로 하지
않다.

躬之不逮(궁지불체): 몸소 실천함이 미치지 못하다. 자신의 행실이 말을
따르지 못하다.

23. 공자孔子께서 말씀하셨다.

"검약함으로써 실패하는 사람은 드물다."

子曰 以約失之者 鮮矣.
자 왈 이 약 실 지 자 선 의

주석 約(약): 검약하다. 절제하다.

失(실): 실패하다. 실수하다.

24. 공자孔子께서 말씀하셨다.

"군자는 말에는 어눌하지만 행동은 민첩하게 하려고 한다."

子曰 君子欲訥於言而敏於行.
자 왈 군 자 욕 눌 어 언 이 민 어 행

주석 訥(눌): 말을 더듬다. 어눌하다.

敏(민): 민첩하다.

25. 공자孔子께서 말씀하셨다.

"덕德이 있는 사람은 외롭지 않고 반드시 따르는 이웃이 있다."

子曰 德不孤 必有鄰.
자왈 덕불고 필유린

[주석] 德不孤(덕불고): 덕이 있는 사람은 언제나 사람들이 따라서 외롭지가 않
다는 뜻.

26. 자유子游가 말했다.

"임금을 섬김에 있어 자주 간諫하면 욕을 보게 되고, 친구에게 자
주 충고하면 사이가 멀어진다."

子游曰 事君數 斯辱矣, 朋友數 斯疏矣.
자유왈 사군삭 사욕의 붕우삭 사소의

[주석] 子游(자유): 공자의 제자. 성은 언言, 이름은 언偃, 자유子游는 자이다. (爲
政편 7장 참조)

數(수): 자주. 빈번히. 즉 '자주 간諫하다'.

斯(사): 곧. 이에.

辱(욕): 욕을 보다. 치욕을 당하다.

疏(소): 소원해지다. 멀어지다.

70

제5편
공야장 公冶長

1. 공자孔子께서 공야장公冶長에 대해서 말씀하시기를, "사위로 삼을 만하다. 비록 감옥에 갇힌 적은 있으나 그것은 그의 죄 때문이 아니다"고 하시고, 자기의 따님을 그에게 시집보냈다.

공자께서는 남용南容에 대해서 말씀하시기를, "나라에 도道가 행해지고 있다면 버림받지 않을 것이고, 나라에 도가 없다 해도 형벌은 면할 것이다"고 하시고, 자기 형의 딸을 그에게 시집보냈다.

子謂公冶長 可妻也. 雖在縲絏之中 非其罪也. 以其子妻之.
자 위 공 야 장 가 처 야 수 재 누 설 지 중 비 기 죄 야 이 기 자 처 지

子謂南容 邦有道 不廢 邦無道 免於刑戮. 以其兄之子妻之.
자 위 남 용 방 유 도 불 폐 방 무 도 면 어 형 륙 이 기 형 지 자 처 지

[주석] 公冶長(공야장): 공자의 제자. 성은 공야公冶, 이름은 장長, 자는 자장子長 이다.

妻(처): 시집보내다. 여기서는 '아내'라는 뜻의 명사가 아니라 '시집보내다'라는 뜻의 동사로 쓰였다.

可妻(가처): '可妻之'의 생략. 그에게之 시집보낼 만하다可妻. 즉, 사위로 삼을 만하다.

縲絏(누설): 포승으로縲 묶다絏. 여기서는 '감옥'을 가리킨다.

其子(기자): 그의 자식. 공자의 딸을 말한다.

妻之(처지): 그에게 시집보내다.

南容(남용): 공자의 제자. 성은 남궁南宮, 이름은 괄适 또는 도縚, 자는 자
용子容이며, 남용南容은 남궁자용南宮子容을 약해서 부른 것이다. 노나
라 사람.

邦有道(방유도): 나라에 도가 있다. 나라에 도가 행해지다.

廢(폐): 버림받다. 쫓겨나다.

刑戮(형륙): 처형을 당하다. 형벌을 받다.

2. 공자孔子께서 자천子賤에 대해서 말씀하셨다.

"군자君子로다. 이런 사람은! 노魯나라에 군자가 없었다면 이 사
람이 어디서 이런 덕德을 갖게 되었겠는가?"

子謂子賤 君子哉 若人! 魯無君子者 斯焉取斯?
자 위 자 천　군 자 재　약 인　　노 무 군 자 자　사 언 취 사

[주석] 子賤(자천): 공자의 제자. 성은 복宓, 이름은 부제不齊, 자가 자천子賤이다.
노나라 사람.

若人(약인): 이와 같은 사람. 이런 사람.

斯焉取斯(사언취사): 이 사람이(앞의 斯) 어디서焉 이런 덕德을(뒤의 斯) 갖
게 되었겠는가取.

3. 자공子貢이 물었다.

"저는 어떻습니까?"

공자孔子께서 말씀하셨다.

"너는 그릇이다."

72

자공이 말했다.

"무슨 그릇입니까?"

공자께서 말씀하셨다.

"(종묘 제사 때 쓰는) 호련瑚璉이란 그릇이다."

子貢問曰 賜也何如. 子曰 女器也. 曰 何器也? 曰 瑚璉也.
자공문왈 사야하여 자왈 여기야 왈 하기야 왈 호련야

(주석) 賜(사): 자공子貢의 이름. (學而편 10장 참조)

女(여): 너. 당신. 汝(여)와 서로 통용된다.

瑚璉(호련): 종묘 제사 때 기장밥을 담아 놓는 옥玉으로 만든 귀중한 그릇. 여기에서는 '매우 중요하게 쓰일 인물'을 뜻한다.

4. 어떤 사람이 말했다 .

"옹雍은 인仁하기는 하지만 말재주가 없습니다."

공자孔子께서 말씀하셨다.

"말재주를 어디에 쓰겠는가? 구변口辯만으로 사람들을 응대하면 남에게 자주 미움을 사게 된다. 그가 인仁한지는 알 수 없으나, 말재주를 어디에 쓰겠는가?"

或曰 雍也仁而不佞. 子曰 焉用佞? 禦人以口給 屢憎於人.
혹왈 옹야인이불녕 자왈 언용녕 어인이구급 누증어인
不知其仁 焉用佞?
부지기인 언용녕

(주석) 雍(옹): 공자의 제자. 성은 염冉, 이름이 옹雍이며, 자는 중궁仲弓이다. 노나라 사람.

佞(녕): 말재주가 있다. 말을 잘하다.

焉用(언용): 어디에 쓰겠는가. 무슨 소용 있겠는가.

禦(어): 응대하다. 대하다.

口給(구급): 구변口辯. 말재주가 좋은 것.

屢憎(누증): 자주 미움을 받다. 노상 미움을 사다.

5. 공자孔子께서 칠조개漆雕開에게 벼슬살이를 시키려 하자, 그가 대답하였다.

"저는 아직 그런 일에 자신이 없습니다."

이에 공자께서 기뻐하셨다.

子使漆雕開仕 對曰 吾斯之未能信. 子說.
<small>자 사 칠 조 개 사   대 왈   오 사 지 미 능 신   자 열</small>

주석 漆雕開(칠조개): 공자의 제자. 성은 칠조漆雕, 이름은 계啓, 자는 자개子開
이다. 노나라 사람.

仕(사): 벼슬하다. 벼슬살이하다.

斯(사): 그 일. 벼슬살이.

未能信(미능신): 아직 자신이 없다.

說(열): 기뻐하다. 悅(열)과 통용된다.

6. 공자孔子께서 말씀하셨다.

"도道가 행해지지 않아 뗏목을 타고 바다로 떠나가게 되면, 나를 따를 사람은 아마도 유由(자로)뿐일 것이다."

자로子路가 이 말을 듣고 기뻐하자, 공자께서 말씀하셨다.

"유由는 용맹을 좋아하는 점은 나보다 낫지만, 사리를 분별할 줄 모른다."

74

子曰 道不行 乘桴浮于海 從我者 其由與. 子路聞之喜. 子曰
자왈 도불행 승부부우해 종아자 기유여 자로문지희 자왈
由也 好勇過我 無所取材.
유야 호용과아 무소취재

[주석] 桴(부): 떼. 뗏목.

　　浮于海(부우해): 바다로于海 떠나다浮. 혼란한 세상을 피하여 도道가 행
　　　해지고 있는 곳을 찾아 떠난다는 뜻.

　　由(유): 공자의 제자. 자로子路의 이름. (爲政편 17장 참조)

　　無所取材(무소취재): 材에 대해서는 해석이 분분하다. 材를 裁(재량하다)
　　　와 통한다고 보아 '일에 있어 사리를 재량할 줄 모른다'라고 하기도 하
　　　고, '뗏목 만들 재료材를 구할 바所取 없다無'라고 하기도 하고, 材를
　　　어조사語助辭인 哉와 통한다고 보고 '자로子路에게서는 취할 바가所取
　　　없다無'라고 해석하기도 한다.

7. 맹무백孟武伯이 물었다.

"자로子路는 인仁합니까?"

공자孔子께서 말씀하셨다.

"모르겠습니다."

또 물어보자, 공자께서 말씀하셨다.

"유由(자로)는 제후의 나라에서 그 군사의 일을 맡아보게 할 만
은 하나, 그가 인仁한지는 모르겠습니다."

"구求는 어떻습니까?"라고 묻자, 공자께서 말씀하셨다.

"구求는 천호千戶 되는 읍邑이나 경대부卿大夫의 집안을 다스리는 우
두머리 노릇은 하게 할 만은 하나, 그가 인仁한지는 모르겠습니다."

"적赤은 어떻습니까?"라고 묻자, 공자께서 말씀하셨다.

"적赤은 관복을 입고 조정에 서서 손님들을 접대하게 할 만은 하
나, 그가 인仁한지는 모르겠습니다."

孟武伯問 子路仁乎? 子曰 不知也. 又問 子曰 由也 千乘之國
맹 무 백 문 자 로 인 호   자 왈 부 지 야   우 문 자 왈 유 야 천 승 지 국

可使治其賦也 不知其仁也. 求也何如? 子曰 求也 千室之邑
가 사 치 기 부 야 부 지 기 인 야   구 야 하 여   자 왈 구 야 천 실 지 읍

百乘之家 可使爲之宰也 不知其仁也. 赤也何如? 子曰 赤也
백 승 지 가 가 사 위 지 재 야 부 지 기 인 야   적 야 하 여   자 왈 적 야

束帶立於朝 可使與賓客言也 不知其仁也.
속 대 립 어 조 가 사 여 빈 객 언 야 부 지 기 인 야

[주석] 孟武伯(맹무백): 노나라 대부. (爲政편 6장 참조)

由(유): 공자의 제자. 자로子路의 이름. (爲政편 17장 참조)

千乘之國(천승지국): 제후諸侯의 나라. (學而편 5장 참조)

賦(부): 군부軍賦. 군대를 다스리고 운영하는 일.

求(구): 공자의 제자. 염구冉求. (八佾편 6장 참조)

千室之邑(천실지읍): 천 호戶 정도의 집이 있는 고을. 즉 경대부卿大夫의
고을을 가리킴.

百乘之家(백승지가): 백 량의 군사용 수레를 가진 경대부의 집안. 제후가
다스리는 지역을 국國, 경대부가 다스리는 지역을 가家라 불렀다.

宰(재): 일을 총괄하는 우두머리. 경대부의 고을을 다스리는 우두머리를
읍재邑宰, 경대부의 집안을 다스리는 우두머리를 가재家宰라 하였다.

赤(적): 공자의 제자. 성은 공서公西, 이름이 적赤이고, 자는 자화子華이
다. 노나라 사람. 공자보다 42세 연하이다.

束帶立於朝(속대입어조): 관복에 큰 띠를帶 두르고束 조정에於朝 서다立.
즉 관복을 입고 조정에 서다.

與賓客言(여빈객언): 손님과 더불어 이야기하다. 여기서는 나라의 손님을
접대하는 것을 뜻함.

8. 공자孔子께서 자공子貢에게 물으셨다.

"너와 안회顏回는 누가 나은가?"

이에 자공이 대답했다.

"제가 어찌 감히 안회를 바라볼 수가 있겠습니까? 안회는 하나를 들으면 열을 아는데, 저는 하나를 들으면 둘을 알 뿐입니다."

공자께서 말씀하셨다.

"안회만 못할 거다. 나도 네가 안회만 못할 거라고 생각한다."

子謂子貢曰 女與回也 孰愈? 對曰 賜也 何敢望回? 回也聞一
자 위 자 공 왈 여 여 회 야 숙 유   대 왈 사 야   하 감 망 회   회 야 문 일

以知十 賜也聞一以知二. 子曰 弗如也. 吾與女弗如也.
이 지 십 사 야 문 일 이 지 이   자 왈 불 여 야   오 여 녀 불 여 야

[주석] 回(회): 안회顏回. (爲政편 9장 참조)

　　孰愈(숙유): 누가孰 더 나은가愈. 누가 더 뛰어난가.

　　賜(사): 자공子貢의 이름. (學而편 10장 참조)

　　何敢望回(하감망회): 어찌何 감히敢 회를回 바라볼 수 있는가望.

　　吾與女(오여녀): 나도 너의 생각에 찬동한다. 여기서 與는 '허여許與하다'
　　　의 뜻으로 해석한다.

　　弗如(불여): 같지 못하다. '안회만 못하다'는 뜻이다.

9. 재여宰予가 낮잠을 자자, 공자孔子께서 말씀하셨다.

"썩은 나무로는 조각을 할 수 없고, 더러운 흙으로 쌓은 담장은 흙손질을 할 수가 없다. 재여에게 무엇을 나무랄 것인가?"

공자께서 또 말씀하셨다.

"처음에 나는 사람을 대하면서 그의 말을 듣고 그의 행실을 믿었

는데, 이제 나는 사람을 대하면서 그의 말을 듣고도 그의 행실을 살펴보게 되었다. 재여로 인하여 사람 보는 방식을 바꾸게 되었다."

宰予晝寢 子曰 朽木不可雕也 糞土之牆 不可杇也. 於予與
재 여 주 침　자 왈　후 목 불 가 조 야　분 토 지 장　불 가 오 야　어 여 여

何誅? 子曰 始吾於人也 聽其言而信其行 今吾於人也 聽其
하 주　자 왈　시 오 어 인 야　청 기 언 이 신 기 행　금 오 어 인 야　청 기

言而觀其行. 於予與改是.
언 이 관 기 행　어 여 여 개 시

주석 宰予(재여): 공자의 제자. 성은 재宰, 이름은 여予이다. (八佾편 21장 참조)

朽木(후목): 썩은 나무.

雕(조): 조각하다. 새기다.

糞土(분토): 거름 흙. 더러운 흙.

杇(오): 흙손으로 곱게 다듬다. 흙손으로 바르다.

於予與(어여여): 재여에게서. 재여로 인하여. 여기서 與는 어조사이다.

誅(주): 책하다. 나무라다. 벌주다.

改是(개시): 이것을 바꾸다. 사람을 보는 방식을 바꾸다.

10. 공자孔子께서 말씀하셨다.

"나는 아직 강직한 사람을 보지 못했다."

어떤 사람이 대답했다.

"신정申棖이 있습니다."

공자께서 말씀하셨다.

"신정에게는 욕심이 있으니 어찌 강직하다고 하겠는가?"

子曰 吾未見剛者. 或對曰 申棖. 子曰 棖也慾 焉得剛?
자 왈　오 미 견 강 자　혹 대 왈　신 정　자 왈　정 야 욕　언 득 강

剛(강): 강직한. 마음이 꿋꿋한.

申棖(신정): 공자의 제자. 《사기》에는 신당申黨이라고 기록되어 있다.

焉得剛(언득강): 어찌焉 강직하다고 하겠는가得剛.

11. 자공子貢이 말했다.

"저는 남이 저에게 공격하는 것을 바라지 않듯이, 저 또한 남에게 공격을 하지 않으려고 합니다."

공자孔子께서 말씀하셨다.

"사賜(자공)야, 그것은 네가 해낼 수 있는 일이 아니다."

子貢曰 我不欲人之加諸我也 吾亦欲無加諸人. 子曰 賜也非
자 공 왈 아 불 욕 인 지 가 저 아 야   오 역 욕 무 가 저 인   자 왈 사 야 비

爾所及也.
이 소 급 야

加諸我(가제아): 나에게 공격하다. 나를 업신여기다.

吾亦欲無加諸人은 '내가 바라지 않는 일은 남에게 하지 않는다'는 '서恕'
의 정신을 뜻함. (里仁편 15장 참조)

所及(소급): 미칠 바. 해낼 수 있는 일.

12. 자공子貢이 말했다.

"선생님의 문장에 대해서는 들을 수가 있었으나, 선생님께서 사람의 본성이나 자연의 이치에 대해서 말씀하시는 것은 들을 수가 없었다."

子貢曰 夫子之文章 可得而聞也, 夫子之言性與天道 不可得
자 공 왈 부 자 지 문 장 가 득 이 문 야   부 자 지 언 성 여 천 도   불 가 득

而聞也.
이 문 야

夫子(부자): 선생님. 학식과 덕행이 높은 사람에 대한 경칭. 여기서는 공
　　자를 말한다.

　文章(문장): 위의威儀와 문사文辭. 여러 가지 해석이 분분하지만, 여기서
　　는 '말이나 글 또는 예법에 맞는 몸가짐에 대한 가르침'을 뜻함.

　性與天道(성여천도): 사람의 본성과 자연의 이치. 현실적인 것이 아닌 형
　　이상학적인 문제들을 가리킨다.

13. 자로子路는 가르침을 듣고 아직 그것을 실천하지 못했다면,
다른 가르침을 또 듣는 것을 두려워하였다.

　　子路有聞 未之能行 唯恐有聞.
　　자 로 유 문　미 지 능 행　유 공 유 문

有聞(유문): 스승의 가르침을 듣다. 좋은 말을 듣다.

　行(행): 실천하다.

　唯恐(유공): 오직 두려워하다.

14. 자공子貢이 물었다.

　"공문자孔文子는 어떻게 문文이라는 시호로 불리게 되었습니까?"

　공자孔子께서 말씀하셨다.

　"명민하면서도 배우기를 좋아하고, 아랫사람에게 묻기를 부끄러
워하지 않았으므로 시호를 문文이라고 한 것이다."

　　子貢問曰 孔文子 何以謂之文也. 子曰 敏而好學 不恥下問 是
　　자 공 문 왈　공 문 자　하 이 위 지 문 야　자 왈　민 이 호 학　불 치 하 문　시
　　以謂之文也.
　　이 위 지 문 야

孔文子(공문자): 衛위나라 대부. 성은 공孔, 이름은 어圉. 중숙어仲叔圉라
고도 불렸으며, 시호가 문文이다.

謂之文(위지문): 그를之 문이라文 부르다謂. 즉 '문文이라는 시호로 불리
게 되다'라는 뜻.

敏(민): 민첩하다. 영민하다.

不恥下問(불치하문): 아랫사람에게下 묻기를問 부끄러워하지 않다不恥.

15. 공자孔子께서 자산子産에 대해서 말씀하셨다.

"그는 군자君子의 도道를 네 가지 지니고 있었으니, 자기 처신에
는 공손하였고, 윗사람을 섬김에는 공경스러웠고, 백성을 돌보아
줌에는 은혜로웠고, 백성을 부림에는 의로왔다."

子謂子産 有君子之道四焉 其行己也恭 其事上也敬 其養民
자 위 자 산 유 군 자 지 도 사 언 기 행 기 야 공 기 사 상 야 경 기 양 민
也惠 其使民也義.
야 혜 기 사 민 야 의

子産(자산): 鄭정나라 대부. 성은 공손公孫, 이름은 교僑, 자가 자산子産이
다. 정나라의 재상으로 있으면서 나라를 부강하게 만든 뛰어난 정치가
였다.

行己(행기): 자기의 행실. 자기의 처신.

事上(사상): 윗사람을 섬기다.

養民(양민): 백성을 보살피다. 백성을 돌보아 주다.

使民(사민): 백성을 부리다. 백성에게 일을 시키다.

16. 공자孔子께서 말씀하셨다.

"안평중晏平仲은 사람들과 사귀기를 잘하였으니, 오래되어도 사
람들은 그를 존경하였다."

子曰 晏平仲 善與人交 久而敬之.
자 왈 안 평 중 선 여 인 교 구 이 경 지

(주석) **晏平仲**(안평중): 제齊나라 대부. 성은 안晏, 이름은 영嬰, 자는 중仲이고,
시호가 평平이다. 제나라의 명재상名宰相으로 알려졌으며,《안자춘추晏
子春秋》란 저서를 남겼다.

善與人交(선여인교): 사람들과 더불어與人 사귀기를交 잘하다善.

久而敬之(구이경지): '오래도록久而 그를之 존경하였다敬'라고 해석하기
도 하지만, 황간皇侃의 해석대로 而 다음에 人자를 넣어서 '久而人敬
之'로 '오래되어도久而 사람들이人 그를之 더욱 존경하였다敬'라고 함이
좋을 것 같다.

17. 공자孔子께서 말씀하셨다.

"장문중臧文仲은 점치는 데 쓰는 큰 거북을 지니고 있었고, 기둥
머리 나무에 산 무늬를 새기고 동자기둥에 수초水草 무늬를 그렸으
니, 어찌 그를 지혜롭다 하겠는가?"

子曰 臧文仲居蔡 山節藻梲 何如其知也?
자 왈 장 문 중 거 채 산 절 조 절 하 여 기 지 야

(주석) **臧文仲**(장문중): 노나라의 대부. 성은 장손臧孫, 이름은 신辰, 자는 중仲,
시호가 문文이다.

居(거): 藏(장)과 같은 뜻. 숨겨 두다. 지니다.

蔡(채): 채蔡나라에서 나는 큰 거북. 임금만이 큰 거북 껍질을 종묘에 보
관해 두었다가 점占을 칠 수 있었다.

山節(산절): 기둥머리 나무에 산 모양을 새기다. 節은 기둥머리 나무.

藻梲(조절): 동자기둥에 수초水草 무늬를 그리다. 藻는 수초를 뜻하고,
梲은 동자기둥을 가리킨다.

18. 자장子張이 물었다.

"영윤令尹 자문子文은 세 번이나 벼슬에 나아가 영윤이 되었으나 기뻐하는 기색이 없었고, 세 번이나 그 벼슬을 그만두게 되었으나 서운해하는 기색이 없이, 전임前任 영윤이 하던 정사政事를 반드시 신임新任 영윤에게 알려 주었습니다. 이 사람은 어떻습니까?"

공자孔子께서 말씀하셨다.

"충성스럽구나."

자장이 물었다.

"인仁하다고 하겠습니까?"

공자께서 말씀하셨다.

"모르기는 하지만, 어찌 인仁하다고 할 수 있겠느냐?"

"최자崔子가 제齊나라의 임금을 시해하자, 진문자陳文子는 40마리의 말을 갖고 있었으나 그것을 버리고 제나라를 떠났습니다. 그는 다른 나라에 이르러 말하기를 '이 사람도 우리 나라의 대부大夫 최자崔子와 같다'고 하면서 그곳을 떠났고, 다시 다른 나라에 가서도 또 말하기를 '이 사람도 우리 나라의 대부 최자와 같다'고 하면서 그곳을 떠났습니다. 진문자는 어떻습니까?"

공자께서 말씀하셨다.

"청렴하구나."

자장이 물었다.

"인仁하다고 하겠습니까?"

공자께서 말씀하셨다.

"모르기는 하지만, 어찌 인하다고 할 수 있겠느냐?"

子張問曰 令尹子文 三仕爲令尹 無喜色 三已之 無慍色 舊令
자 장 문 왈 영 윤 자 문 삼 사 위 영 윤 무 희 색 삼 이 지 무 온 색 구 영

尹之政 必以告新令尹. 何如? 子曰 忠矣. 曰 仁矣乎? 曰 未知 焉
윤 지 정 필 이 고 신 영 윤 하 여 자 왈 충 의 왈 인 의 호 왈 미 지 언

得仁? 崔子弑齊君 陳文子有馬十乘 棄而違之. 至於他邦 則曰
득 인 최 자 시 제 군 진 문 자 유 마 십 승 기 이 위 지 지 어 타 방 즉 왈

猶吾大夫崔子也. 違之. 之一邦 則又曰 猶吾大夫崔子也. 違之.
유 오 대 부 최 자 야 위 지 지 일 방 즉 우 왈 유 오 대 부 최 자 야 위 지

何如? 子曰 淸矣. 曰 仁矣乎? 曰 未知 焉得仁?
하 여 자 왈 청 의 왈 인 의 호 왈 미 지 언 득 인

[주석] 子張(자장): 공자의 제자. (爲政편 18장 참조)

令尹子文(영윤자문): 令尹은 초楚나라 재상을 말하고, 子文은 초나라 대
부로 성은 투鬪, 이름은 곡穀, 자가 어토於菟이다.

三仕(삼사): 세 번 벼슬하다. 세 번 관직에 나아가다.

已之(이지): 그것을 그만두다. 벼슬을 그만두다.

崔子(최자): 제齊나라 대부. 성은 최崔, 이름은 저杼이다.

陳文子(진문자): 제나라 대부. 성은 최崔, 이름은 수무須無, 시호가 문文이다.

馬十乘(마십승): 수레 일승一乘이 말 네 마리가 끌었으므로, 말 40마리를
말한다.

違之(위지): 그곳을之 떠나다違. 제 나라를 떠나다.

猶(유): …과 같다.

之一邦(지일방): 한 나라에一邦 가다之.

焉得仁(언득인): 인하다고 할 수 있겠는가.

19. 계문자季文子가 세 번 생각한 뒤에야 행한다고 하니, 공자孔子께
서 그 말을 들으시고 말씀하셨다.

"두 번이면 된다."

季文子 三思而後行. 子聞之 曰 再斯可矣.
계 문 자 삼 사 이 후 행 자 문 지 왈 재 사 가 의

주석 季文子(계문자): 노나라 대부. 성은 계손季孫, 이름은 행부行父, 시호가
　　문文이다.
　　再斯可(재사가): 두 번이면 된다.

20. 공자孔子께서 말씀하셨다.

"영무자甯武子는 나라에 도道가 있을 때에는 지혜롭게 행동하고,
나라에 도가 없을 때는 어리석은 듯이 행동했다. 그의 지혜로움
은 누구나 따를 수 있으나, 그의 어리석은 듯한 처신은 따를 수가
없다."

子曰 甯武子 邦有道則知 邦無道則愚. 其知可及也 其愚不
자 왈　영 무 자　방 유 도 즉 지　방 무 도 즉 우　 기 지 가 급 야　 기 우 불
可及也.
가 급 야

주석 甯武子(영무자): 위衛나라 대부. 성은 영甯, 이름은 유兪, 시호가 무武이다.
　　知(지): 지혜로움. 知는 智와 통용됨.
　　其愚不可及(기우불가급): 그의 어리석은 듯한 처신은 따를 수 없다.

21. 공자孔子께서 진陳나라에 계실 때 말씀하셨다.

"돌아가야겠다, 돌아가야겠다! 내 고장의 젊은이들은 뜻은 크지
만 일에 미숙하고, 훌륭하게 겉모양은 이루었지만 일을 재량하는
법을 알지 못한다."

子在陳 曰 歸與 歸與! 吾黨之小子狂簡 斐然成章 不知所以
자 재 진　왈　귀 여　귀 여　 오 당 지 소 자 광 간　비 연 성 장　부 지 소 이
裁之.
재 지

주석 吾黨(오당): 나의 고장. 나의 고향.

　　小子(소자): 젊은이들. 제자들.

　　狂(광): 뜻이 지나치게 큰 것.

　　簡(간): 일에 미숙한 것. 일에 경험이 부족한 것.

　　斐然(비연): 모습이 아름다운 모양.

　　成章(성장): 겉모양을 이루다.

　　所以裁之(소이재지): 일을 헤아려서 처리하는 법. 일을 재량裁量하는 법.

22. 공자孔子께서 말씀하셨다.

"백이伯夷와 숙제叔齊는 남의 지난날 잘못을 마음에 두지 않았으므로, 이들을 원망하는 사람이 드물었다."

子曰 伯夷叔齊 不念舊惡 怨是用希.
　　자 왈 백 이 숙 제 불 념 구 악 원 시 용 희

주석 伯夷叔齊(백이숙제): 백이와 숙제는 은殷나라 고죽군孤竹君의 두 왕자였는데, 아버지가 죽자 서로 임금 자리를 사양하였다. 후에 은나라가 망하고 주周나라가 들어서자 두 임금을 섬길 수 없다고 수양산首陽山으로 들어가 고사리를 뜯어 먹고 살다가 굶어 죽었다고 전해지고 있다.

　　舊惡(구악): 옛날의 악행. 지난날의 잘못.

　　是用(시용): 是以와 같은 뜻으로, 이 때문에. 이로 인하여.

　　怨是用希(원시용희): 이로 인하여是用 원망하는 이가怨 드물다希.

23. 공자孔子께서 말씀하셨다.

"누가 미생고微生高를 정직하다고 했는가? 어떤 사람이 그에게 식초를 얻으러 오자, 그의 이웃집에서 얻어다가 주었다 한다."

子曰 孰謂微生高直? 或乞醯焉 乞諸其鄰而與之.
자왈 숙위미생고직 혹걸혜언 걸저기린이여지

(주석) 微生高(미생고): 성은 미생微生, 이름은 고高이다. 노나라 사람.

直(직): 정직하다. 거짓되지 않다.

醯(혜): 식초.

乞諸其鄰而與之(걸저기린이여지): 그의 이웃집에서 얻어다 그에게 주다.
식초가 없으면 없다고 하지 않고 얻어다 주고, 있는 체했으니 미생고는
정직하지 않다는 뜻이다.

24. 공자孔子께서 말씀하셨다.

"말을 듣기 좋게 하고, 얼굴빛을 보기 좋게 꾸미고, 지나치게 공
손한 것을 좌구명左丘明은 부끄럽게 여겼다 하는데, 나 또한 그것을
부끄럽게 여긴다. 원한을 숨기고 그 사람과 벗하는 것을 좌구명은
부끄럽게 여겼다 하는데, 나 또한 그것을 부끄럽게 여긴다."

子曰 巧言令色足恭 左丘明恥之 丘亦恥之. 匿怨而友其人 左
자왈 교언영색주공 좌구명치지 구역치지 익원이우기인 좌

丘明恥之 丘亦恥之.
구명치지 구역치지

(주석) 巧言令色(교언영색): 말을 듣기 좋게 하고, 얼굴빛을 보기 좋게 꾸미다.
(學而편 3장 참조)

足恭(주공): 足은 過와 통하여, 지나치게 공손하다. 足는 '지나치다'의 뜻
일 때는 '주'로 읽는다.

左丘明(좌구명): 공자의 제자. 성은 좌구左丘이고, 이름은 명明이다.

丘(구): 공자의 이름. 공자가 자기를 일컬을 때 구丘라고 쓴다.

匿怨而友其人(익원이우기인): 원한을怨 숨기고匿 그其 사람과人 벗하다友.

25. 안연顏淵과 계로季路가 공자를 모시고 있을 때, 공자孔子께서 말씀하셨다.

"너희들의 뜻을 각기 말해 보지 않겠느냐?"

자로子路가 말했다.

"수레와 말과 옷과 가벼운 갖옷를 벗들과 함께 사용하다가 그것들이 못쓰게 망가져도 서운함이 없게 되기를 바랍니다."

안연顏淵이 말했다.

"자신의 잘한 것을 자랑하지 않고 자신의 공로를 과시함이 없게 되기를 바랍니다."

자로가 말했다.

"선생님의 뜻을 듣고 싶습니다."

공자께서 말씀하셨다.

"노인들을 편안하게 해 주고, 벗들에게는 믿게 해 주고, 젊은이들을 품어 주고 싶다."

顏淵季路侍 子曰 盍各言爾志? 子路曰 願車馬衣輕裘 與朋
안 연 계 로 시 자 왈 합 각 언 이 지 　 자 로 왈 원 거 마 의 경 구 　여 붕
友共 敝之而無憾. 顏淵曰 願無伐善 無施勞. 子路曰 願聞子
우 공 폐 지 이 무 감 　안 연 왈 원 무 벌 선 　무 시 로 　자 로 왈 원 문 자
之志? 子曰 老者安之 朋友信之 少者懷之.
지 지 　 자 왈 　노 자 안 지 　붕 우 신 지 　소 자 회 지

[주석] 顏淵(안연): 안회顏回. 공자의 제자. (爲政편 9장 참조)

季路(계로): 자로子路. 공자의 제자. (爲政편 17장 참조)

侍(시): 시중하다. 윗사람을 곁에서 모시는 것.

盍(합): 어찌 …하지 않겠는가? 何不과 같은 뜻.

爾志(이지): 너의 뜻. 너의 소망.

輕裘(경구): 가벼운 갖옷.

與朋友共(여붕우공): 벗들과 함께 공유하다. 벗들과 함께 사용하다.

敝(폐): 헤지다. 못쓰게 되다. 망가지다.

憾(감): 서운함. 섭섭함.

伐善(벌선): 자신이 잘한 일을善 자랑하다伐. 나의 장점을 자랑하다.

施勞(시로): 자신의 공로를勞 과시하다施. 또는 수고로운 일을勞 남에게
돌리다施로 해석하기도 한다.

懷(회): 품어 주다. 또는 '그리워서 따르게 하다'로 해석하기도 한다.

26. 공자孔子께서 말씀하셨다.

"끝났구나! 나는 아직 자기의 잘못을 보고 속으로 자기 자신을
책망하는 사람을 보지 못했다."

子曰 已矣乎. 吾未見能見其過而内自訟者也.
자 왈 이 의 호   오 미 견 능 견 기 과 이 내 자 송 자 야

[주석] 已矣乎(이의호): 다되었구나. 끝났구나. 已는 止의 뜻이고, 矣乎는 실망
을 나타내는 감탄사이다.

訟(송): 책망하다. 따지다.

內自訟(내자송): 마음속으로內 자기 자신을自 책망하다訟.

27. 공자孔子께서 말씀하셨다.

"열 집이 있는 작은 마을에도 반드시 나처럼 성실과 신의가 있는
사람은 있겠지만, 나처럼 배우기를 좋아하지는 못할 것이다."

子曰 十室之邑 必有忠信如丘者焉 不如丘之好學也.
자 왈 십 실 지 읍 필 유 충 신 여 구 자 언 불 여 구 지 호 학 야

十室之邑(십실지읍): 열 집이 있는 작은 마을. 열 집 정도 있는 고장.

丘(구): 공자의 이름. 공자가 자기를 일컬을 때 구丘라고 쓴다.

忠信(충신): 성실과 신의. 성실하고 믿음이 있는 것.

好學(호학): 배우기를學 좋아하다好.

제6편

옹 야雍也

1. 공자孔子께서 말씀하셨다.

"염옹冉雍(중궁)은 임금의 자리에 앉을 만하다."

중궁仲弓이 자상백자子桑伯子에 대하여 묻자,

공자께서 말씀하셨다.

"괜찮다. 사람이 소탈해서."

중궁이 말했다.

"마음가짐은 경건히 하고 행동은 소탈하게 하여 백성들을 대한다면 좋지 않겠습니까? 마음가짐도 소탈하고 행동도 소탈하다면 지나치게 소탈한 게 아니겠습니까?"

공자께서 말씀하셨다.

"염옹의 말이 옳다."

子曰 雍也 可使南面. 仲弓問子桑伯子 子曰 可也 簡. 仲弓曰
자왈 옹야 가사남면 중궁문자상백자 자왈 가야 간 중궁왈
居敬而行簡 以臨其民 不亦可乎? 居簡而行簡 無乃大簡乎?
거경이행간 이림기민 불역가호 거간이행간 무내태간호
子曰 雍之言 然.
자왈 옹지언 연

雍(옹): 공자의 제자 염옹冉雍. 중궁仲弓은 염옹의 자이다. (公治長편 5장 참조)

南面(남면): 임금의 자리에 앉는 것. 임금 노릇을 하는 것. 임금은 남쪽을 향해 앉아 신하들을 앞에 놓고 정사政事를 처리했기 때문에 임금 노릇을 하는 것을 남면南面이라 한다.

簡(간): 소탈하다. 대범하다. 까다롭지 않다.

居敬(거경): 경건하게 처신하다. 마음가짐을 경건히 하다.

大(태): 太(태)와 통용. 지나치게. 너무.

無乃…乎(무내…호): …하지 않은가?

子桑伯子(자상백자): 주희朱熹는 노나라 사람이라고 하였으나 확실치 않다.

2. 애공哀公이 물었다.

"제자 중에서 누가 배우기를 좋아합니까?"

공자孔子께서 대답하셨다.

"안회顔回라는 사람이 배우기를 좋아하고 노여움을 남에게 옮기지 않고 잘못을 두 번 저지르지 않았는데, 불행하게도 단명短命하여 죽었습니다. 지금은 그런 사람이 없으니, 아직 배우기를 좋아한다는 사람을 들어 보지 못했습니다."

哀公問 弟子孰爲好學? 孔子對曰 有顔回者好學 不遷怒 不貳
애공문 제자숙위호학 공자대왈 유안회자호학 불천노 불이

過 不幸短命死矣. 今也則亡 未聞好學者也.
과 불행단명사의 금야즉무 미문호학자야

哀公(애공): 노나라 임금. (爲政편 19장 참조)

不遷怒(불천노): 노여움을 남에게 옮기지 않다. 자신의 분노를 다른 사람에게 풀지 않는다는 뜻.

不貳過(불이과): 잘못을 두 번 저지르지 않다. 잘못을 되풀이하지 않다.

亡(무): 無와 통용되어, '없다'의 뜻.

3. 자화子華가 제齊나라에 사신으로 가자, 염자冉子가 자화의 어머니를 위해서 곡식을 보내 주기를 청했다.

공자孔子께서 말씀하셨다.

"여섯 말 넉 되를 주어라."

조금 더 주기를 청하자,

"열여섯 말을 주어라"고 말씀하셨다.

염자冉子가 그에게 곡식 여든 섬을 주자, 공자께서 말씀하셨다.

"적赤(자화)이 제齊나라에 갈 때, 그는 살찐 말을 타고 가벼운 갖옷을 입고 있었다. 내가 듣기로는 '군자는 다급한 자는 도와주지만 부자는 더 보태 주지 않는다'고 하였다."

원사原思가 가재家宰가 되었을 때, 그에게 곡식 구백 말을 주었으나 사양하였다.

공자께서 말씀하셨다.

"사양하지 마라. 그것을 너의 마을이나 고을 사람들에게 주기라도 해라!"

子華使於齊 冉子爲其母請粟. 子曰 與之釜. 請益 曰 與之庾.
자 화 사 어 제 염 자 위 기 모 청 속 자 왈 여 지 부 청 익 왈 여 지 유

冉子與之粟五秉. 子曰 赤之適齊也 乘肥馬 衣輕裘. 吾聞之
염 자 여 지 속 오 병 자 왈 적 지 적 제 야 승 비 마 의 경 구 오 문 지

也 君子周急 不繼富. 原思爲之宰 與之粟九百 辭. 子曰 毋 以
야 군 자 주 급 불 계 부 원 사 위 지 재 여 지 속 구 백 사 자 왈 무 이

與爾鄰里鄕黨乎!
여 이 인 리 향 당 호

주석 子華(자화): 공자의 제자. 성은 공서公西, 이름은 적赤이며, 자가 자화子華
이다. (公冶長편 7장 참조)

冉子(염자): 공자의 제자. 성은 염冉, 이름은 구求이며, 자는 자유子有이다.

請粟(청속): 곡식을 청하다.

釜·庾·秉(부·유·병): 옛날 중국에서 사용한 양量을 헤아리는 단위. 釜
는 여섯 말 넉 되六斗四升, 庾는 열여섯 말十六斗, 秉은 십육 곡斛, 일
곡斛은 열 말十斗로 지금의 섬石과 비슷하다. 옛 도량형에 대해서는 여
러 논란이 있으나 주희의 설에 따랐다.

五秉(오병): 秉은 십육 곡斛이므로 오 병五秉은 팔십 곡이다. 일 곡이 열
말(지금의 한 섬 정도)이므로 오 병은 팔십 섬 정도이다.

適齊(적제): 제나라에 가다.

周急(주급): 다급한 것을急 구제하다周.

繼富(계부): 부를 이어 주다. 부자에게 보태 주다.

原思(원사): 공자의 제자. 성은 원原, 이름은 헌憲, 자는 자사子思이다. 공
자가 노나라에서 사구司寇란 벼슬을 할 때 가재家宰를 하였다.

爲之宰(위지재): 그의之 가재가宰 되다爲.

九百(구백): 공안국孔安國의《주소注疏》에서 구백 두斗라 하였으나 확실하
지는 않다.

辭(사): 사양하다. 사양하고 받지 않았다는 뜻.

鄰里鄕黨(인리향당): 옛날 행정구역 단위. 鄰은 다섯 집家, 里는 다섯 인
鄰, 鄕은 만 이천 오백 집家, 黨은 오백 집家에 해당한다. 즉 그가 사는
마을이나 고을을 뜻한다.

4. 공자孔子께서 중궁仲弓에 대해서 말씀하셨다.

"얼룩소의 새끼라도 털이 붉고 뿔이 반듯하다면, 비록 제물로 쓰
지 않으려 한들 산천山川의 신神이 그것을 버려두겠는가?"

94

子謂仲弓曰 犁牛之子 騂且角 雖欲勿用 山川其舍諸?
자 위 중 궁 왈 이 우 지 자 성 차 각 수 욕 물 용 산 천 기 사 저

주석 犁(리): 얼룩소. 털이 잡색인 소.

騂(성): 소 털이 붉은 것.

角(각): 여기서는 반듯하게 자란 뿔을 가리킨다.

舍(사): 捨(사)와 같은 뜻. 버리다.

用(용): 쓰다. 제물로 쓰다.

諸(저): 之乎와 같은 뜻. 의문이나 감탄을 나타낸다.

5. 공자孔子께서 말씀하셨다.

"안회顔回는 그 마음이 석 달 동안 인仁에서 벗어나지 않지만, 그 나머지 제자들은 하루나 한 달에 한 번 인仁에 이를 뿐이다."

子曰 回也 其心三月不違仁. 其餘則日月至焉而已矣.
자 왈 회 야 기 심 삼 월 불 위 인 기 여 즉 일 월 지 언 이 이 의

주석 回(회): 공자의 제자. 안회顔回. (爲政편 9장 참조)

違仁(위인): 인을 어기다. 인에서 벗어나다. 떠나다.

至焉而已矣(지언이이의): 거기에焉 이르렀다가至 그러고는而 그뿐이다已
矣. '인仁에 이를 뿐이다'를 뜻함.

6. 계강자季康子가 물었다.

"중유仲由는 정치에 종사케 할 만합니까?"

공자孔子께서 답하셨다.

"중유는 과단성이 있으니 정치에 종사하는 데 무슨 어려움이 있 겠습니까."

계강자가 물었다.

"사賜(자공)는 정치에 종사케 할 만합니까?"

공자께서 답하셨다.

"사는 사리事理에 통달했으니 정치에 종사하는 데 무슨 어려움이 있겠습니까."

계강자가 물었다.

"구求(염유)는 정치에 종사케 할 만합니까?"

공자께서 답하셨다.

"구는 재능이 많으니 정치에 종사하는 데 무슨 어려움이 있겠습니까?"

季康子問 仲由可使從政也與? 子曰 由也果 於從政乎何有?
계 강 자 문 중 유 가 사 종 정 야 여 자 왈 유 야 과 어 종 정 호 하 유

曰 賜也可使從政也與? 曰 賜也達 於從政乎何有? 曰 求也可
왈 사 야 가 사 종 정 야 여 왈 사 야 달 어 종 정 호 하 유 왈 구 야 가

使從政也與? 曰 求也藝 於從政乎何有?
사 종 정 야 여 왈 구 야 예 어 종 정 호 하 유

[주석] 季康子(계강자): 노나라의 세도가인 대부. (爲政편 20장 참조)

仲由(중유): 공자의 제자. 자로子路의 이름. (爲政편 17장 참조)

從政(종정): 정치에 종사하다.

果(과): 과단성이 있는 것.

何有(하유): 무슨 어려움이 있겠는가? 무슨 문제가 있겠는가?

賜(사): 자공子貢의 이름. (學而편 10장 참조)

達(달): 사리에 통달하다. 세상사에 통달하다.

求(구): 염유冉有의 이름. (八佾편 6장 참조)

藝(예): 재주. 재능이 많은 것.

7. 계씨季氏가 민자건閔子騫을 비費의 읍재邑宰로 삼으려 하자, 민자건이 말했다.

"나를 위해서 잘 좀 거절하여 주십시오. 만약 다시 나를 찾는 일이 있다면 나는 반드시 문수汶水 강가에 가 있을 것입니다."

季氏使閔子騫爲費宰 閔子騫曰 善爲我辭焉. 如有復我者 則
계 씨 사 민 자 건 위 비 재 민 자 건 왈 선 위 아 사 언   여 유 부 아 자 즉

吾必在汶上矣.
오 필 재 문 상 의

주석　季氏(계씨): 노나라 세도가인 계손씨季孫氏.

　　閔子騫(민자건): 공자의 제자. 성은 민閔, 이름은 손損이고, 자가 자건子騫
　　　이다. 공자보다 15세 연하이며, 효행과 덕행으로 유명하다.

　　宰(재): 읍재邑宰. 읍장. 읍의 일을 관장하는 우두머리 직책.

　　善(선): 잘. 제발. 여기서 善은 부사의 의미로 쓰였다.

　　復我(부아): 나를 다시 찾다. 나를 다시 부르다.

　　汶上(문상): 문수汶水가上. 제나라에 있는 문수 강가.

8. 백우伯牛가 병이 나자, 공자孔子께서 문병을 가시어, 창문 너머로 그의 손을 잡고 말씀하셨다.

"이럴 수가 없다, 운명인가 보다! 이런 사람이 이런 병에 걸리다니! 이런 사람이 이런 병에 걸리다니!"

伯牛有疾 子問之 自牖執其手曰 亡之! 命矣夫! 斯人也 而有
백 우 유 질 자 문 지 자 유 집 기 수 왈 무 지 명 의 부 사 인 야 이 유

斯疾也! 斯人也 而有斯疾也!
사 질 야   사 인 야 이 유 사 질 야

주석　伯牛(백우): 공자의 제자. 성은 염冉, 이름은 경耕, 자가 백우伯牛이다. 노

나라 사람.

問(문): 문병. 병문안하다.

自牖(자유): 창문에서. 창문 너머로. 전염병이라서 방에 못 들어가고 창문
너머에서 문병을 한 듯하다.

亡之(무지): 이럴 수가 없다. 또는 '희망이 없다'로 해석하기도 한다. 亡은
'없다'는 뜻일 때는 '무'로 읽는다.

9. 공자孔子께서 말씀하셨다.

"현명하도다, 안회顔回는! 한 그릇의 밥을 먹고 한 쪽박의 물을
마시며 누추한 동네에 산다면, 다른 사람들은 그 괴로움을 견뎌 내
지 못할 터인데, 안회는 그 즐거움이 변하지 않는구나. 현명하도다,
안회는!"

子曰 賢哉回也! 一簞食 一瓢飮 在陋巷 人不堪其憂 回也不
자 왈 현 재 회 야   일 단 사 일 표 음 재 누 항 인 불 감 기 우 회 야 불

改其樂. 賢哉回也!
개 기 락   현 재 회 야

(주석) 簞(단): 대나무로 만든 둥근 그릇.

一簞食(일단사): 한 그릇의 밥. 食은 '밥'이라는 뜻일 때는 '사'로 읽는다.

瓢(표): 표주박. 쪽박.

一瓢飮(일표음): 한 쪽박의 물.

陋巷(누항): 누추한 거리. 누추한 동네.

堪(감): 감당하다. 견뎌 내다.

憂(우): 걱정. 괴로움.

10. 염구冉求가 말했다.

"선생님의 도道를 기뻐하지 않는 것은 아닙니다만, 제 힘이 부족합니다."

공자孔子께서 말씀하셨다.

"힘이 부족한 사람은 도중에 그만두게 마련인데, 지금 너는 미리 선을 긋고 머물러 있는 것이다."

冉求曰 非不說子之道 力不足也. 子曰 力不足者 中道而廢 今
염 구 왈 비 불 열 자 지 도 역 부 족 야   자 왈 역 부 족 자 중 도 이 폐 금
女畫.
녀 획

주석 冉求(염구): 공자의 제자. 자는 자유子有이나 흔히 염유冉有라 부르기도
한다. (八佾편 6장 참조)

說(열): 기뻐하다. 悅(열)과 같은 뜻. 說은 '기쁘다'는 뜻일 때는 '열'로 읽
는다.

廢(폐): 폐지하다. 그만두다. 포기하다.

畫(획): 선을 긋다. 선을 긋고 머물러 있는 것.

今女畫(금여획): 지금今 너는女 미리 선을 긋고 머물러 있다畫.

11. 공자孔子께서 자하子夏에게 말씀하셨다.

"너는 군자다운 선비가 되어야지 소인 같은 선비가 되지 마라."

子謂子夏曰 女爲君子儒 無爲小人儒.
자 위 자 하 왈 여 위 군 자 유 무 위 소 인 유

주석 子夏(자하): 공자의 제자. 복상卜商의 자字가 자하子夏이다. (學而편 7장 참조)
君子儒(군자유): 군자다운 선비. 학식과 덕망을 겸비한 선비를 뜻함.
無爲(무위): 되지 마라. 되어서는 안 된다. 여기서 無는 금지의 뜻.

12. 자유子游가 무성武城의 읍재邑宰가 되었을 때, 공자孔子께서 말씀하셨다.

"너는 인재를 얻었느냐?"

자유子游가 대답했다.

"담대멸명澹臺滅明이라는 사람이 있는데, 그는 길을 갈 때 지름길로 가지 않고, 공무公務가 아니면 아직 저의 집에 온 적이 없습니다."

> 子遊爲武城宰 子曰 女得人焉爾乎? 曰 有澹臺滅明者 行不由
> 자 유 위 무 성 재 자 왈 여 득 인 언 이 호   왈 유 담 대 멸 명 자 행 불 유
> 徑 非公事未嘗至於偃之室也.
> 경 비 공 사 미 상 지 어 언 지 실 야

(주석) 子游(자유): 공자의 제자. 언언言偃의 자字가 자유子游이다. (爲政 7장 참조)

武城(무성): 노나라 고을 이름.

得人(득인): 인재人材를 얻다. 훌륭한 인물을 얻다.

焉爾乎(언이호): 어조사語助辭.

澹臺滅明(담대멸명): 공자의 제자. 성이 담대澹臺이고, 이름이 멸명滅明이며, 자는 자우子羽이다.

由徑(유경): 지름길을徑 따르다由.

偃(언): 자유子游의 이름.

13. 공자孔子께서 말씀하셨다.

"맹지반孟之反은 자기의 공功을 자랑하지 않는 사람이다. 전투에 패하여 달아날 때는 뒤에서 적을 막고는, 성문으로 들어올 무렵에는 그의 말에 채찍질하면서 말하기를, '감히 뒤에 처지려 한 것이 아니라, 말馬이 빨리 나아가지 못했기 때문이오'라고 했다."

子曰 孟之反不伐. 奔而殿 將入門 策其馬曰 非敢後也 馬不
자왈 맹지반불벌 분이전 장입문 책기마왈 비감후야 마부
進也.
진 야

[주석] 孟之反(맹지반): 노나라 대부. 성은 맹孟, 이름은 측側, 자가 지반之反이다.

伐(벌): 자랑하다. 뽐내다. 자기의 공을 자랑하다.

奔(분): 달아나다. 전쟁에 패하여 도망가다.

殿(전): 군대가 이동할 때 후방에서 적을 막는 것.

策(책): 채찍. 채찍질하다.

非敢後(비감후): 감히敢 뒤에 처지려 한 것이後 아니다非.

14. 공자孔子께서 말씀하셨다.

"축타祝鮀와 같은 말재주나 송조宋朝와 같은 미모美貌를 갖고 있
지 않다면, 지금 세상에서 화를 면하기는 어려울 것이다."

子曰 不有祝鮀之佞 而有宋朝之美 難乎免於今之世矣.
자왈 부유축타지녕 이유송조지미 난호면어금지세의

[주석] 祝鮀(축타): 위衛나라 대부. 자는 자어子魚이다.

佞(영): 말재주. 구변口辯이 좋은 것.

宋朝(송조): 송宋나라 공자公子. 이름이 조朝이다. 인물이 잘 생겨서 위영
공衛靈公이 부인 남자南子를 위해 불러와 부인의 사랑을 받았다고 한다.

而(이): 而가 與(여)와 통하는 것으로 보는 학자의 견해에 따랐음.

免(면): 면하다. 화禍 또는 재앙을 면하는 것을 뜻함.

15. 공자孔子께서 말씀하셨다.

"누가 문을 통하지 않고 밖으로 나갈 수 있겠는가? 사람들은 어

찌하여 이 올바른 도道를 따르지 않는가?"

子曰 誰能出不由戶? 何莫由斯道也?
자 왈 수 능 출 불 유 호   하 막 유 사 도 야

주석 由戶(유호): 문을 통하다. 문을 통하여 지나가다.
　　由斯道(유사도): 이斯 올바른 도를道 따르다由.

16. 공자孔子께서 말씀하셨다.

"바탕이 겉모습을 이기면 촌스럽고, 겉모습이 바탕을 이기면 형식적인 것이 된다. 겉모습과 바탕이 잘 어울려야 군자이다."

子曰 質勝文則野 文勝質則史. 文質彬彬然後君子.
자 왈 질 승 문 즉 야   문 승 질 즉 사   문 질 빈 빈 연 후 군 자

주석 質勝文(질승문): 바탕이質 겉모습을文 이기다勝. 바탕이 겉모습보다 두드
　　러지다.
　　野(야): 촌스럽다. 거칠다. 품위가 없어 상스럽다.
　　史(사): 사관史官처럼 내용보다 문사文辭만 화려하게 늘어놓는 것. 형식적
　　인 것을 뜻함.
　　彬彬(빈빈): 잘 어울리다. 조화를 이루다.

17. 공자孔子께서 말씀하셨다.

"사람의 삶은 정직해야 한다. 정직함이 없이 사는 것은 요행히 죽음이나 면하고 있는 것이다."

子曰 人之生也直. 罔之生也 幸而免.
자 왈 인 지 생 야 직   망 지 생 야   행 이 면

直(직): 정직. 곧음. 바름.
　　　罔(망): 정직함이 없는 것. 無와 같이 씀.
　　　幸而免(행이면): 요행이 면하다. '요행이 죽음이나 면하고 있다'는 뜻.

18. 공자孔子께서 말씀하셨다.

"어떤 것을 알기만 하는 것은 그것을 좋아하는 것만 못하고, 그
것을 좋아하는 것은 그것을 즐기는 것만 못하다."

子曰 知之者 不如好之者, 好之者 不如樂之者.
자 왈 지 지 자 불 여 호 지 자 　 호 지 자 불 여 락 지 자

[주석] 知之(지지): 그것을之 알다知. '之'는 구체적으로 무엇을 가리키지 않고
　　　있지만, 여러 학자들은 도道 또는 학문을 가리킨다고 보고 있다. 그러
　　　나 도나 학문만이 아니라 모든 일이 다 그러하다고 보는 것이 좋다.

19. 공자孔子께서 말씀하셨다.

"중간 이상의 사람에게는 높은 수준의 것을 말해 줄 수 있으나,
중간 이하의 사람에게는 높은 수준의 것을 말해 줄 수가 없다."

子曰 中人以上 可以語上也 中人以下 不可以語上也.
자 왈 중 인 이 상 가 이 어 상 야 중 인 이 하 불 가 이 어 상 야

[주석] 中人(중인): 중간 수준의 사람. 지혜나 학문이 중간 수준에 속하는 사람
　　　을 뜻함.
　　　上(상): 높은 수준의 것. 높은 수준의 학문이나 이론.

20. 번지樊遲가 지혜에 대해서 물어보자, 공자孔子께서 말씀하셨다.

"사람이 지켜야 할 도리에 힘쓰고, 귀신을 공경하되 멀리한다면 지혜롭다고 할 수 있다."

인仁에 대해서 물어보자, 공자께서 말씀하셨다.

"인한 사람은 어려운 일을 남보다 먼저 하고 이득을 보는 일을 남보다 뒤에 하니, 인하다고 할 수 있다."

樊遲問知 子曰 務民之義 敬鬼神而遠之 可謂知矣. 問仁 曰
번 지 문 지 자 왈 무 민 지 의 경 귀 신 이 원 지 가 위 지 의 문 인 왈
仁者先難而後獲 可謂仁矣.
인 자 선 난 이 후 획 가 위 인 의

주석 樊遲(번지): 공자의 제자. (爲政편 5장 참조)

民之義(민지의): 사람이 지켜야 할 바른 도리. 民은 人과 같은 뜻으로 쓰임.

先難(선난): 어려운 일에는 남보다 먼저 한다는 뜻.

後獲(후획): 이득을 보는 일에는 남보다 뒤에 한다는 뜻. 獲은 得(득)과 같이 쓰임.

21. 공자孔子께서 말씀하셨다.

"지혜로운 사람은 물을 좋아하고 인仁한 사람은 산山을 좋아하며, 지혜로운 사람은 동적이고 인仁한 사람은 정적이며, 지혜로운 사람은 즐겁게 살고 인仁한 사람은 장수長壽한다."

子曰 知者樂水 仁者樂山, 知者動 仁者靜, 知者樂 仁者壽.
자 왈 지 자 요 수 인 자 요 산 지 자 동 인 자 정 지 자 락 인 자 수

주석 樂水(요수): 물을 좋아하다. 樂은 '좋아하다'의 뜻일 때는 '요'로 읽는다.

知者樂(지자락): 지혜로운 사람은 즐겁게 산다. 樂이 '즐거워하다'의 뜻일 때는 '락'으로 읽는다.

22. 공자孔子께서 말씀하셨다.

"제齊나라가 한 번 변하게 되면 노魯나라의 문화 수준에 이를 것이고, 노나라가 한 번 변하게 되면 도道가 실현되는 세상에 이르게 될 것이다."

> **子曰 齊一變 至於魯, 魯一變 至於道.**
> 자 왈 제 일 변 지 어 노 노 일 변 지 어 도

주석 齊(제): 제齊나라. 중국 춘추시대에 산동성山東省 일대에 있던 나라.
　　　魯(노): 노魯나라. 주周나라 무왕武王이 아우인 주공周公 단旦에게 내린 봉토를 그의 아들인 백금伯禽에게 다스리게 하던 제후국으로 주나라의 혈족국가이다. 공자의 출신지이기도 하다.

23. 공자孔子께서 말씀하셨다.

"고觚라는 술잔이 고觚처럼 모가 나 있지 않다면, 이것을 어찌 고觚라고 하겠는가, 어찌 고觚라고 하겠는가?"

> **子曰 觚不觚 觚哉 觚哉?**
> 자 왈 고 불 고 고 재 고 재

주석 觚(고): 모가 난 술잔 이름.
　　　不觚(불고): 고처럼 모가 나 있지 않다.
　　　觚不觚(고불고): 앞의 觚는 명사이고, 뒤의 觚는 형용사이다.

24. 재아宰我가 물었다.

"인仁한 사람은 누가 그에게 '우물 속에 사람이 있다'고 하면, 그 말을 따라 우물로 들어갑니까?"

공자孔子께서 말씀하셨다.

"어찌 그렇게야 하겠느냐? 군자는 우물까지 가게 할 수는 있어도 그 속에 빠지게 할 수는 없으며, 그를 속일 수는 있으나 판단을 흐리게 할 수는 없다."

宰我問曰 仁者 雖告之曰 井有仁焉 其從之也? 子曰 何爲其
재 아 문 왈 인 자 수 고 지 왈 정 유 인 언 기 종 지 야   자 왈 하 위 기

然也? 君子可逝也 不可陷也, 可欺也 不可罔也.
연 야   군 자 가 서 야 불 가 함 야   가 기 야 불 가 망 야

주석 宰我(재아): 공자의 제자. (八佾편 21장 참조)

井有仁(정유인): 여기서는 仁을 人으로 보고 '우물 속에 사람이 있다'로 해석한 주희朱熹를 따랐다. 혹은 '우물 속에 인자仁者가 있다'로 해석하기도 한다.

從之(종지): 그 말을之 따르다從. 그 말을 따라 우물 속으로 들어간다는 뜻임.

逝(서): 가다. 우물에 가다.

陷(함): 빠지다. 우물 속에 빠지다.

欺(기): 속이다. 기만하다.

罔(망): 사리 분별을 못하다. 판단이 흐리다.

25. 공자孔子께서 말씀하셨다.

"군자는 학문을 널리 배우고 예禮로써 단속한다면, 또한 도리에 어긋나지 않을 것이다."

子曰 君子博學於文 約之以禮 亦可以弗畔矣夫.
자 왈 군 자 박 학 어 문 약 지 이 례 역 가 이 불 반 의 부

주석 文(문): 글. 넓은 의미에서의 학문.

約(약): 단속하다. 단단히 다잡다.

弗畔(불반): 어긋나지 않다. 배반되지 않다. 弗은 不(불)과 통하고, 畔은
叛(반)과 통한다.

26. 공자孔子께서 남자南子를 만나 보셨는데, 자로子路가 좋아하지
않았다. 이에 선생님께서 맹세하시며 말씀하셨다.

"내게 잘못된 일이 있었다면 하늘이 나를 미워하실 것이다. 하늘
이 미워하실 것이다!"

子見南子 子路不說, 夫子矢之曰 予所否者 天厭之 天厭之!
자 견 남 자 자 로 부 열　부 자 시 지 왈　여 소 부 자 천 염 지 천 염 지

[주석] 南子(남자): 衛위나라 영공靈公의 부인이었는데, 행실이 음란한 것으로 유
명하다.

說(열): 좋아하다. 기뻐하다. 說이 '기쁘다'의 뜻일 때는 '열'로 읽는다.

矢(시): 맹세하다.

否(부): 잘못, 그릇됨. 도리에 어긋난 점을 뜻함.

予所否者(여소부자): 내게 잘못된 일이 있었다면.

厭(염): 버리다. 미워하다.

27. 공자孔子께서 말씀하셨다.

"중용中庸의 덕德은 지극하구나! 백성들이 이 덕을 지닌 사람이
적은 지 오래다."

子曰 中庸之爲德也 其至矣乎! 民鮮久矣.
자 왈 중 용 지 위 덕 야 기 지 의 호　민 선 구 의

中庸(중용): 어느 쪽으로든지 치우침이 없이 언제나 일정한 것.

爲德(위덕): 덕 됨.

民鮮 久矣(민선 구의): 백성들이 이 덕을 지닌 사람이 적은 지 오래다.

28. 자공子貢이 물었다.

"만약에 백성들에게 널리 은혜를 베풀고 많은 사람들을 구제할 수 있는 사람이 있다면 어떻습니까? 인仁하다고 할 수 있겠습니까?"

공자孔子께서 말씀하셨다.

"어찌 인仁에만 해당된 일이겠느냐? 반드시 성인聖人일 것이다. 요堯임금과 순舜임금조차도 오히려 그렇게 하지 못함을 걱정했을 것이다. 대체로 인한 사람은 자기가 서고자 하면 남도 서게 해 주고, 자기가 이루고자 하면 남도 이루게 해 준다. 가까운 자기에게서 남의 입장을 비유해 볼 수 있다면, 이것이 바로 인을 행하는 방법이라 할 수 있다."

子貢曰 如有博施於民 而能濟衆 何如? 可謂仁乎? 子曰 何事
자공왈 여유박시어민 이능제중 하여 가위인호 자왈 하사

於仁? 必也聖乎! 堯舜其猶病諸. 夫仁者 己欲立而立人 己欲達
어인 필야성호 요순기유병저 부인자 기욕립이립인 기욕달

而達人. 能近取譬 可謂仁之方也已.
이달인 능근취비 가위인지방야이

주석 博施(박시): 널리 은혜 또는 덕을 베풀다.

濟衆(제중): 많은 사람들을 구제하다.

何事於仁(하사어인): 어찌 인에만 해당된 일이겠는가. 인에만 그치지 않고 인의 경지를 넘어선다는 뜻이다.

聖(성): 성인. 성인다움.

堯舜(요순): 고대 중국의 요임금과 순임금을 말하며, 이 두 임금은 천하를 덕으로 다스린 성군聖君으로 유명하다.

其猶病諸(기유병저): 오히려猶 그것을之 걱정했을病 것이다乎. 其는 어조사이고, 諸는 之乎와 같다. 諸는 '그렇게 하지 못하는 것'을 뜻함.

立(립): 서다. 자립하다. 입신立身하다.

達(달): 달성하다. 뜻을 이루다.

近取譬(근취비): '가까운 데서近 비유를譬 취하다取'. 즉 '가까운 자기에게서 남의 입장을 비유해 본다'는 뜻이다.

仁之方(인지방): 인을 행하는(또는 실천하는) 방법.

제 7 편

술 이 述而

1. 공자孔子께서 말씀하셨다.

"옛 성현의 가르침을 전술하되 창작하지는 않으며, 옛것을 믿고 좋아하는 것을 나는 은근히 노팽老彭에게 견주어 본다."

子曰 述而不作 信而好古 竊比於我老彭.
자 왈 술 이 부 작 신 이 호 고 절 비 어 아 노 팽

주석 述(술): 전술傳述하다. 옛 성현의 가르침을 전술하다.
作(작): 창작하다. 새로운 것을 만들다.
信而好古(신이호고): 옛것을 믿고 좋아하다.
竊(절): 몰래. 슬며시. 은근히.
老彭(노팽): 은나라의 현명한 대부라고도 하고, 팽조彭祖라고도 하며, 또는 노담老聃과 팽조라는 등 여러 설이 있다.

2. 공자孔子께서 말씀하셨다.

"묵묵히 마음속에 새겨 두고, 배움에 싫증 내지 않으며, 남을 가르치기를 게을리하지 않고 있으니, 나에게 무슨 문제가 있겠는가?"

子曰 黙而識之 學而不厭 誨人不倦 何有於我哉?
자 왈 묵 이 지 지 학 이 불 염 회 인 불 권 하 유 어 아 재

[주석] 識(지): 기억하다. 새겨 두다. 識이 '기억하다'의 뜻일 때는 '지'로 읽는다.

黙而識之(묵이지지): 묵묵히 배운 것을 마음속에 새겨 두다.

厭(염): 싫증나다. 싫어지다.

誨人(회인): 다른 사람을 가르치다.

倦(권): 게을리하다. 권태를 느끼다.

何有於我(하유어아): 나에게 무슨 문제가 있겠는가. 내게 무슨 어려움이
있겠는가.

3. 공자孔子께서 말씀하셨다.

"덕德을 닦지 못하는 것과 배운 것을 익히지 못하는 것과 의로운
일을 듣고도 실천하지 못하는 것과 잘못을 고치지 못하는 것, 이것
이 내가 걱정하는 것들이다."

子曰 德之不修 學之不講 聞義不能徙 不善不能改 是吾憂也.
자 왈 덕 지 불 수 학 지 불 강 문 의 불 능 사 불 선 불 능 개 시 오 우 야

[주석] 講(강): 익히다. 학습하다.

徙(사): 옮기다. 실천하다.

4. 공자孔子께서 한가로이 계실 적에는 온화하시고 편안한 모습이
셨다.

子之燕居 申申如也 夭夭如也.
자 지 연 거 신 신 여 야 요 요 여 야

燕居(연거): 집에서 한가로이 지내다.

申申如(신신여): 몸가짐이 온화한 모습. 如는 然과 같이 '모습'을 뜻함.

夭夭如(요요여): 안색이 편안한 모습.

5. 공자孔子께서 말씀하셨다.

"심히 내가 쇠약해졌구나! 오랫동안 나는 주공周公을 꿈에서 다시 뵙지 못하였다."

子曰 甚矣 吾衰也! 久矣 吾不復夢見周公.
자 왈 심 의 오 쇠 야   구 의 오 불 부 몽 견 주 공

衰(쇠): 쇠약하다. 노쇠하다.

周公(주공): 성은 희姬, 이름은 단旦이다. 주周나라 문왕文王의 아들이며 무왕武王의 동생으로 무왕이 죽자 어린 성왕成王을 도와 나라를 잘 다스렸다.

6. 공자孔子께서 말씀하셨다.

"도道에 뜻을 두고, 덕德을 지키고, 인仁에 의지하고, 예藝에 노닐어야 한다."

子曰 志於道 據於德 依於仁 遊於藝.
자 왈 지 어 도 거 어 덕 의 어 인 유 어 예

據(거): 근거하다. 지키다.

游(유): 놀다. 노닐다.

藝(예): 예禮·악樂·사射·어御·서書·수數 등의 육례六禮를 말함.

7. 공자孔子께서 말씀하셨다.

"육포 한 속 이상의 예물禮物을 갖춘 사람이라면, 나는 일찍이 가르쳐 주지 않은 적이 없다."

子曰 自行束脩以上 吾未嘗無誨焉.
자 왈 자 행 속 수 이 상 오 미 상 무 회 언

주석 自(자): …부터. …에서.

行(행): 행하다. 예를 행하는 것.

束(속): 열 개의 한 묶음.

脩(수): 육포肉脯. 말린 고기.

誨(회): 가르치다. 깨우쳐 주다.

8. 공자孔子께서 말씀하셨다.

"배우려고 분발하지 않으면 가르쳐 주지 않고, 표현하려 애쓰지 않으면 일깨워 주지 않으며, 한 모퉁이를 들어 보였을 때 나머지 세 모퉁이에 대해서도 미루어 안다는 반응이 없으면, 나는 반복해서 가르쳐 주지 않는다."

子曰 不憤不啓 不悱不發, 擧一隅 不以三隅反 則不復也.
자 왈 불 분 불 계 불 비 불 발 거 일 우 불 이 삼 우 반 즉 불 부 야

주석 憤(분): 분발하다. 배우려고 분발하다.

啓(계): 계도하다. 가르쳐 주다.

悱(비): 표현을 못해 답답해하다. 표현하려 애쓰다.

發(발): 열어 주다. 일깨워 주다.

擧一隅(거일우): (네모꼴의) 한 모퉁이를 들어 보여 주다.

三隅反(삼우반): (나머지) 세 모퉁이에 대해서도 안다는 반응을 보이다.

不復(불복): 다시 하지 않다. 반복해서 가르쳐 주지 않는다는 뜻.

9. 공자孔子께서는 상喪을 당한 사람 곁에서 음식을 드실 때에는 일찍이 배부르게 잡수신 적이 없었다. 공자께서는 조상弔喪에 곡哭을 하신 날에는 노래를 부르지 않으셨다.

子食於有喪者之側 未嘗飽也. 子於是日哭 則不歌.
자 식 어 유 상 자 지 측 미 상 포 야   자 어 시 일 곡 즉 불 가

[주석] 有喪者(유상자): 상喪을 당한 사람.
　　　 未嘗飽(미상포): 일찍이嘗 배부르게 먹은 적이飽 없다未.
　　　 哭(곡): 곡하다. 조상弔喪에 곡하다.
　　　 於是日哭(어시일곡): 곡을 한哭 그是 날日 에於. 곡을 하신 날에는.

10. 공자孔子께서 안연顏淵에게 말씀하셨다.

"나라에서 써 주면 일을 하고, 버림받으면 숨어 지내는 것은, 오직 나와 너만이 그렇게 할 수 있을 게다."

자로子路가 말했다.

"선생님께서 삼군三軍을 지휘하신다면 누구와 함께하시겠습니까?"

공자께서 말씀하셨다.

"맨손으로 범을 때려잡으려 하고 맨몸으로 강을 건너려다 죽어도 뉘우침이 없는 사람과는 나는 함께하지 않을 것이다. 나는 반드시 일에 임해서 두려워하고, 계획을 잘 세워 일을 성취시키는 사람과 함께 할 것이다."

子謂顏淵曰 用之則行 舍之則藏 惟我與爾有是夫. 子路曰 子
자 위 안 연 왈 용 지 즉 행 사 지 즉 장 유 아 여 이 유 시 부 자 로 왈 자

行三軍 則誰與? 子曰 暴虎憑河 死而無悔者 吾不與也. 必也
행 삼 군 즉 수 여 자 왈 포 호 빙 하 사 이 무 회 자 오 불 여 야 필 야

臨事而懼 好謀而成者也.
임 사 이 구 호 모 이 성 자 야

주석 顏淵(안연): 공자가 가장 아낀 제자. 이름은 안회顏回이고, 자字가 안연이
다. (爲政편 9장 참조)

用(용): 쓰다. 나라에서 써 주다.

行(행): 행하다. 일을 하다.

舍(사): 버리다. 捨(사)와 통함. 벼슬자리에서 쫓겨난다는 뜻.

藏(장): 감추다. 숨어서 지내다.

有是夫(유시부): 그렇게 할 뜻을 가지고 있을 것이다. 夫는 추측을 나타
내는 어조사.

子路(자로): 공자의 제자. 이름은 중유仲由이고, 자字가 자로子路이다. (爲
政편 17장 참조)

行三軍(행삼군): 삼군을 지휘하다. 삼군은 중군中軍·좌군左軍·우군右軍을
말한다.

暴虎(포호): 맨손으로 범을 때려잡겠다고 달려드는 것.

憑河(빙하): 맨몸으로 깊은 강을 건너려는 것.

懼(구): 두려워하다. 신중하다.

臨事而懼(임사이구): 일을 임해서 두려워하다.

好謀而成(호모이성): 계획을 잘 세워서 일을 성공시키다.

11. 공자孔子께서 말씀하셨다.

"부富가 만약 추구할 만한 것이라면 비록 채찍을 잡는 사람 노릇
이라도 나는 할 것이다. 만약 추구할 게 못되는 것이라면 내가 좋
아하는 일을 하겠다."

子曰 富而可求也 雖執鞭之士 吾亦爲之. 如不可求 從吾所好.
자왈 부이가구야 수집편지사 오역위지 여불가구 종오소호

(주석) 而(이): 如와 같은 뜻으로 '만약'으로 풀이함.

富而可求(부이가구): 부가 만약 추구할 만한 것이라면.

執鞭之士(집편지사): 채찍을 잡는 사람. 높은 사람이 행차를 할 때 앞에서
채찍을 들고 길을 틔우는 사람과 같은 천직을 뜻함.

12. 공자孔子께서 조심하신 일은 재계齋戒와 전쟁과 질병이다.

子之所愼 齊戰疾.
자 지 소 신 재 전 질

(주석) 愼(신): 삼가다. 신중하다. 조심하다.

齊(재): 齋(재)와 통함. 제사 지내기 전에 목욕재계齋戒하는 것.

13. 공자孔子께서 제齊나라에 계실 적에 소韶라는 음악을 들으시고
석 달 동안 고기 맛을 잊으시고, 말씀하시기를 "음악 연주가 이런
경지에 이를 줄은 생각하지 못했다"고 하셨다.

子在齊聞韶 三月不知肉味 曰 不圖爲樂之至於斯也.
자 재 제 문 소 삼 월 부 지 육 미 왈 부 도 위 악 지 지 어 사 야

(주석) 韶(소): 순舜임금의 음악. (八佾편 25장 참조)

不圖(부도): 생각하지 못하다. 알지 못하다.

爲樂(위악): 음악을 연주하다.

至於斯(지어사): 이런 경지에 이르다.

14. 염유冉有가 물었다.

"선생님께서는 위衛나라의 임금을 위해 일하실까요?"

자공子貢이 대답했다.

"그래요, 내가 여쭈어 보지요" 하고는, 안으로 들어가서 여쭈어 보았다.

"백이伯夷와 숙제叔齊는 어떤 사람입니까?"

공자孔子께서 말씀하셨다.

"옛날의 현인賢人이다."

자공이 말했다.

"그들은 원망했습니까?"

공자께서 말씀하셨다.

"인仁을 추구하여 인을 얻었는데, 또 무엇을 원망하겠느냐?"

자공이 밖으로 나와서 말했다.

"선생님께서는 위衛나라의 임금을 위해 일을 하지 않으실 거요."

冉有曰 夫子爲衛君乎? 子貢曰 諾 吾將問之. 入曰 伯夷叔齊
염유왈 부자위위군호 자공왈 낙 오장문지 입왈 백이숙제
何人也? 曰 古之賢人也. 曰 怨乎? 曰 求仁而得仁 又何怨? 出
하인야 왈 고지현인야 왈 원호 왈 구인이득인 우하원 출
曰 夫子不爲也.
왈 부자불위야

주석 夫子(부자): 선생님. 여기서는 공자를 가리킴.

爲衛君(위위군): 위나라 임금을 돕다. 위나라 임금을 위해 일하다.

諾(낙): 그래요. 긍정적인 뜻으로 대답하는 말.

將(장): 장차. 곧.

伯夷叔齊(백이숙제): 은殷나라 고죽군孤竹君의 아들 두 형제. 지조를 지키

며 수양산에 들어가 고사리를 뜯어 먹고 살다가 굶어 죽었다고 전해지고 있다. (公冶長편 22장 참조)

15. 공자孔子께서 말씀하셨다.

"거친 밥을 먹고 물을 마시며, 팔을 굽혀 베개 삼고 지내도, 즐거움은 또한 그 가운데 있는 것이다. 의롭지 않으면서 부귀富貴를 누리는 것은 나에게는 뜬구름과 같다."

> 子曰 飯疏食飮水 曲肱而枕之 樂亦在其中矣. 不義而富且貴
> 자 왈 반 소 사 음 수 곡 굉 이 침 지 낙 역 재 기 중 의   불 의 이 부 차 귀
> 於我如浮雲.
> 어 아 여 부 운

[주석] 飯疏食(반소사): 거친疏 밥을食 먹다飯. 여기서 飯은 '먹는다'는 동사이고, 食은 '먹는다'는 뜻일 때는 '식'으로 읽고, 밥을 뜻할 때는 '사'로 읽는다.
　　　曲肱(곡굉): 팔을肱 굽히다曲.
　　　枕之(침지): 그것을之 베개 삼다枕. 굽힌 팔을 베개 삼다.
　　　浮雲(부운): 뜬구름.

16. 공자孔子께서 말씀하셨다.

"나에게 몇 년의 수명이 더 주어져서 쉰 살까지 《역경易經》을 공부한다면, 큰 허물이 없게 될 것이다."

> 子曰 加我數年 五十以學易 可以無大過矣.
> 자 왈 가 아 수 년 오 십 이 학 역 가 이 무 대 과 의

[주석] 加(가): 더하다. 더 주어지다. 수명이 더 주어지다.
　　　易(역): 《역경易經》. 또는 《주역周易》이라고도 한다.

17. 공자孔子께서 늘 말씀하신 것은 《시경詩經》과 《서경書經》과 예禮를 지키는 것에 관한 것이었으며, 이것들을 늘 말씀하셨다.

> 子所雅言 詩書執禮 皆雅言也.
> 자 소 아 언　시 서 집 례　개 아 언 야

(주석) 雅(아): 항상. 늘. 평소. 常(상)과 통함.

　詩書(시서): 《시경詩經》과 《서경書經》

　執禮(집례): 예를 지키다. 예를 실천하다.

18. 섭공葉公이 자로子路에게 공자孔子에 대해서 물었으나, 자로는 대답하지 않았다.

이 말을 듣고 공자께서 말씀하셨다.

"너는 어째서 '그의 사람됨은 배움에 분발하여 밥 먹는 것도 잊고, 그것이 즐거워 근심도 잊고, 늙어 가는 것조차 알지 못한다'고 말하지 않았느냐."

> 葉公問孔子於子路 子路不對. 子曰 女奚不曰 '其爲人也 發憤
> 섭 공 문 공 자 어 자 로　자 로 부 대　자 왈　여 해 불 왈　기 위 인 야　발 분
> 忘食 樂以忘憂 不知老之將至云爾'.
> 망 식　낙 이 망 우　부 지 로 지 장 지 운 이

(주석) 葉公(섭공): 초楚나라 대부로 그가 관할하던 고을 이름이 섭葉인데, 그 고을의 제후처럼 자칭 섭공葉公이라고 하였다. 葉을 성姓으로 쓸 때는 '섭'이라고 읽는다.

　奚(해): 어째서. 왜.

　發憤(발분): 분발하다. 여기서는 '배움에 분발하다'로 풀이하였다.

　將至(장지): 장차 이르다. 곧 이르다.

云爾(운이): 이와 같이 말하다.

19. 공자孔子께서 말씀하셨다.

"나는 태어나면서부터 아는 사람이 아니라, 옛것을 좋아하여 힘써 그것을 알려고 추구한 사람이다."

子曰 我非生而知之者 好古敏以求之者也.
자 왈 아 비 생 이 지 지 자 호 고 민 이 구 지 자 야

[주석] 生而知之(생이지지): 나면서부터生而 그것을之 알다知. 나면서부터 세상의 이치와 도리를 알다.

敏以求之(민이구지): 힘써敏以 그것을之 추구하다求. 힘써 옛것을 알려고 추구하다.

20. 공자孔子께서는 괴이한 일, 힘에 관한 일, 난동을 부리는 일, 귀신에 관한 일에 대해서는 말씀하시지 않았다.

子不語怪力亂神.
자 불 어 괴 력 란 신

[주석] 怪(괴): 괴이한 일.

力(력): 용력勇力. 힘에 관한 일.

亂(란): 난동. 난동을 부리는 일.

21. 공자孔子께서 말씀하셨다.

"세 사람이 길을 걸어가면 그중에는 반드시 나의 스승이 될 만한 사람이 있다. 그들에게서 좋은 점을 골라서 따르고, 좋지 않은 점

으로는 자신의 잘못을 고쳐야 한다."

子曰 三人行 必有我師焉. 擇其善者而從之 其不善者而改之.
자 왈 삼 인 행 필 유 아 사 언 택 기 선 자 이 종 지 기 불 선 자 이 개 지

[주석] 擇其善者(택기선자): 그들에게서其 좋은 점을善者 골라내다擇.

改之(개지): 자신의 잘못을之 고치다改.

22. 공자孔子께서 말씀하셨다.

"하늘이 나에게 덕德을 주셨는데, 환퇴桓魋가 나를 어찌하겠는가?"

子曰 天生德於予 桓魋其如予何?
자 왈 천 생 덕 어 여 환 퇴 기 여 여 하

[주석] 天生德(천생덕): 하늘이 덕을 주다.

桓魋(환퇴): 송宋나라 군대의 지휘관인 사마司馬 벼슬을 한 사람.《사기史記》〈공자세가孔子世家〉에 의하면, 공자가 여러 나라를 돌아다니다가 송나라에 들렀을 때 환퇴가 공자를 죽이려고 큰 나무를 뽑아 쓰러뜨렸다. 공자가 피하자, 제자들이 빨리 이곳을 떠나기를 권하였다. 그때 공자가 이와 같은 말을 한 것이다.

如予何(여여하): 나를 어찌하겠는가? 즉 '나를 어쩌지 못할 것이다'라는 뜻. '如何予'가 도치된 형태.

23. 공자孔子께서 말씀하셨다.

"너희들은 내가 숨기는 게 있다고 여기는가? 나는 너희들에게 숨기고 있는 것이 없다. 나는 어떤 행동이든 너희들에게 보여 주지 않는 것이 없다. 이것이 바로 나다."

子曰 二三子以我爲隱乎? 吾無隱乎爾. 吾無行而不與二三子者.
자왈 이삼자이아위은호   오무은호이   오무행이불여이삼자자

是丘也.
시 구 야

(주석) 二三子(이삼자): 너희들. 자네들. 제자들을 가리킴.

以…爲(이…위): …을 …라고 여기다.

以我爲隱乎(이아위은호): 나를 숨기는 사람이라 여기는가.

無隱乎爾(무은호이): 너희들에게乎爾 숨기는 것이隱 없다無. 또는 乎爾를
다 어조사로 보기도 한다.

與(여): 보여 주다. 알려 주다.

丘(구): 공자의 이름. 공자가 자신을 가리킬 때 이름을 쓰는 경우가 많다.

24. 공자孔子께서 네 가지를 가르치셨으니, 그것은 학문과 행실과
성실과 신의였다.

子以四教 文行忠信.
자 이 사 교   문 행 충 신

(주석) 文行忠信(문행충신): 文은 글. 학문. 行은 행실. 몸가짐. 忠은 성실. 정성
을 다하는 것. 信은 믿음. 신의.

25. 공자孔子께서 말씀하셨다.

"성인聖人은 내가 만나 볼 수가 없으니, 군자君子라도 만나볼 수
있다면 좋겠다."

공자께서 말씀하셨다.

"선善한 사람을 내가 만나 볼 수가 없으니, 한결같은 마음을 지
닌 사람이라도 만나 볼 수 있다면 좋겠다. 없으면서도 있는 체하

고, 비었으면서도 가득 찬 체하고, 궁하면서도 넉넉한 체하면 한결같은 마음을 지니기가 어려운 것이다."

子曰 聖人吾不得而見之矣, 得見君子者 斯可矣. 子曰 善人
자왈 성인오부득이견지의 득견군자자 사가의 자왈 선인

吾不得而見之矣, 得見有恒者 斯可矣. 亡而爲有 虛而爲盈 約
오부득이견지의 득견유항자 사가의 무이위유 허이위영 약

而爲泰 難乎有恒矣.
이위태 난호유항의

[주석] 斯可(사가): 이것이면 괜찮다. 이것만으로도 좋다.

有恒者(유항자): 한결같은 마음을 지닌 사람. 언제나 선하고 올바른 마음을 가진 사람을 뜻함.

亡(무): 없다. 無와 통용됨.

盈(영): 가득 차다.

約(약): 궁하다. 궁핍하다.

泰(태): 넉넉하다. 풍부하다.

26. 공자孔子께서는 낚시질은 하셨으나 주낙으로는 잡지 않으셨고, 주살은 쓰셨으나 둥지에서 잠자는 새를 쏘지는 않으셨다.

子釣而不綱 弋不射宿.
자 조 이 불 강 익 불 석 숙

[주석] 釣(조): 낚시. 낚시질하다.

綱(강): 주낙. 한 줄에 많은 낚시 바늘을 달아 강에 던져 놓고 물고기를 잡는 낚시. 강綱을 망網의 오자誤字로 보고 '그물'이라고 해석하기도 한다.

弋(익): 주살. 화살에 긴 실을 묶어 매어 화살 맞은 새가 멀리 도망가지 못하게 만든 화살.

射(석): 쏘아 맞히다. 射를 '맞히다'의 뜻으로 쓰일 때는 '석'으로 읽는다.

宿(숙): 잠자는 새, 또는 둥지에 깃들어 있는 새를 뜻한다.

27. 공자孔子께서 말씀하셨다.

"대체로 알지도 못하면서 창작을 하는 사람이 있지만, 나는 그렇게 한 일이 없다. 많이 듣고 그중에 좋은 것을 골라서 따르고, 많이 보고 그것을 기억해 둔다면 아는 것의 다음은 간다."

> 子曰 蓋有不知而作之者 我無是也. 多聞 擇其善者而從之 多
> 자왈 개유부지이작지자 아무시야   다문택기선자이종지 다
> 見而識之 知之次也.
> 견이지지   지지차야

[주석] 蓋(개): 대개. 대체로.
  識之(지지): 그것을 기억하다. 그것을 새겨 두다. 識은 '기억하다'의 뜻일 때는 '지'로 읽는다.
  知之次(지지차): 아는 것의 다음 가다. 제대로 아는 것의 버금가는 것을 뜻함.

28. 호향互鄕의 사람들과는 함께 이야기하기가 어려웠는데, 그곳의 아이가 공자를 찾아뵙자, 제자들이 의아하게 여겼다. 이에 공자孔子께서 말씀하셨다.

"그가 바른 길로 나아가면 받아 주고, 그가 바른 길에서 물러나면 받아 주지 않으면 된다. 그런데 어찌하여 심하게 대해야 하겠느냐? 사람이 자기 몸을 깨끗이 하고 바른 길로 나아가면 그 깨끗함을 받아 주는 것이지, 그 사람의 지난 일에 연연할 것이 없다."

互鄉難與言 童子見 門人惑. 子曰 與其進也 不與其退也. 唯
호 향 난 여 언 동 자 현 문 인 혹 자 왈 여 기 진 야 불 여 기 퇴 야   유
何甚? 人潔己以進 與其潔也 不保其往也.
하 심   인 결 기 이 진 여 기 결 야 불 보 기 왕 야

주석 互鄉(호향): 고을 이름.

難與言(난여언): 함께與 이야기하기言 어렵다難.

見(현): 윗사람을 뵙다. 공자를 찾아뵙다. 見이 윗사람을 '뵙다'의 뜻일 때
　는 '현'으로 읽는다.

門人惑(문인혹): 제자들이 당혹스러워하다. 제자들이 의아해하다.

與(여): 허락하다. 받아들이다.

進(진): 나아가다. 바른 길로 나아가다.

退(퇴): 물러나다. 바른 길에서 물러나다.

唯何甚(유하심): 어찌 심하게 대하겠느냐. 唯는 어조사.

保其往(보기왕): 그의其 지난 일을往 보증하다保. 保는 얽매이다, 연연하
　다의 뜻도 있다.

29. 공자孔子께서 말씀하셨다.

"인仁이 멀리 있겠는가? 내가 인仁하게 되고자 하면, 곧 인仁에 이
를 것이다."

子曰 仁乎遠哉? 我欲仁 斯仁至矣.
자 왈 인 호 원 재   아 욕 인 사 인 지 의

주석 斯(사): 곧. 바로.

至(지): 이르다. 다다르다.

30. 진陳나라의 사패司敗가 물었다.

"소공昭公은 예禮를 알고 있습니까?"

공자孔子께서 대답하셨다.

"예禮를 압니다."

공자께서 물러가시자, 사패司敗는 무마기巫馬期에게 읍하고 다가
가서 말했다.

"나는 군자는 편당偏黨을 짓지 않는다고 들었는데, 군자도 편당
을 짓습니까? 노나라 임금(소공)은 오吳나라에서 아내를 맞이해 왔
는데, 같은 성姓이기 때문에 부인을 오맹자吳孟子라고 불렀습니다.
그런 임금이 예를 안다면 누가 예를 알지 못하겠습니까?"

무마기巫馬期가 이 말을 아뢰자, 공자孔子께서 말씀하셨다.

"나는 다행이다! 만약에 잘못이 있으면 남이 반드시 그것을 알
고 있으니."

陳司敗問 昭公知禮乎? 孔子曰 知禮. 孔子退 揖巫馬期而進
진사패문 소공지례호 공자왈 지례 공자퇴 읍무마기이진
之 曰 吾聞君子不黨 君子亦黨乎? 君取於吳 爲同姓 謂之吳
지 왈 오문군자부당 군자역당호 군취어오 위동성 위지오
孟子. 君而知禮 孰不知禮? 巫馬期以告 子曰 丘也幸! 苟有過
맹자 군이지례 숙부지례 무마기이고 자왈 구야행 구유과
人必知之.
인필지지

(주석) 司敗(사패): 진陳나라 벼슬 이름. 법을 관장하는 벼슬자리.
　　　昭公(소공): 노魯나라 임금.
　　　巫馬期(무마기): 공자의 제자. 성은 무마巫馬, 이름은 시施, 자는 자기子期
　　　　　이다. 노나라 사람.
　　　揖(읍): 가슴 앞에 두 손을 마주 잡고 고개를 약간 숙이는 인사.
　　　進之(진지): 그에게 다가가다.
　　　黨(당): 편당을 짓다. 편당적이다.

君(군): 임금. 노나라 소공昭公을 가리킴.

取(취): 장가들다. 아내를 맞이하다. 取는 娶(취)와 통용됨.

爲同姓(위동성): 같은同 성姓이기 때문에爲.

吳孟子(오맹자): 노나라 왕실과 오吳나라 왕실은 모두 성이 희姬로 동성
同姓의 제후국였다. 옛날 임금의 부인은 본국의 국호 밑에 자기 친정의
성姓을 붙였다. 이렇게 하면 '오희吳姬'라고 부르게 되어 동성 간에 결
혼한 것이 드러나므로 '오맹吳孟'이라 했다고 한다.

以告(이고): 이러한 사실을 고하다. 즉 사패의 말을 공자께 아뢰다.

31. 공자孔子께서는 사람들이 노래하는 자리에 함께 계시다가 노래
를 잘 부르면, 반드시 한 번 더 부르게 한 뒤에 함께 따라 부르셨다.

子與人歌而善 必使反之 而後和之.
자 여 인 가 이 선　필 사 반 지　이 후 화 지

[주석] 與人歌(여인가): 사람들이 노래 부르는 자리에 함께하다.

反之(반지): 그것을 반복하게 하다.

和之(화지): 그것에之 화답하다和. 즉 노래를 함께 따라 부르다.

32. 공자孔子께서 말씀하셨다.

"학문에 있어서는 아마도 나는 남과 같을 수 있겠지만, 군자의
도를 몸소 실천함에 있어서는 나는 아직 그 경지에 이르지 못하고
있다."

子曰 文莫吾猶人也 躬行君子 則吾未之有得.
자 왈　문 막 오 유 인 야　궁 행 군 자　즉 오 미 지 유 득

[주석] 文(문): 학문. 넓은 뜻의 글을 말함.

莫(막): 아마도. 의문을 나타내는 말. 또는 莫을 부정사로 보아, '학문文
도 나는吾 남과人 같지猶 못하다莫'로 해석하기도 한다.
躬行君子(궁행군자): 군자의 도리를 몸소 실천하다.
未之有得(미지유득): 아직 그것을 얻지 못하다. 아직 이르지 못하고 있다.

33. 공자孔子께서 말씀하셨다.

"내가 어찌 감히 성인聖人과 인인仁人같이야 될 수 있겠느냐? 그
러나 그들의 도道를 배우고 실천하는 것을 싫어하지 않고, 남을 가
르치는 것을 게을리하지 않았다고는 말할 수 있을 뿐이다."

공서화公西華가 말했다.

"바로 그것이 저희 제자들이 배울 수 없는 점입니다."

子曰 若聖與仁 則吾豈敢? 抑爲之不厭 誨人不倦 則可謂云爾
자왈 약성여인 즉오기감   억위지불염 회인불권 즉가위운이

已矣. 公西華曰 正唯弟子不能學也.
이의   공서화왈 정유제자불능학야

(주석) 抑(억): 그러나. 그렇지만.
爲之(위지): 그것을 하다. 즉 성인과 인자의 도를 배우고 실천하다.
可謂云爾已矣(가위운이이의): 그렇다고云爾 말할 수 있을可謂 뿐이다已矣.

34. 공자孔子께서 병환이 심하시자, 자로子路가 기도 드릴 것을 청하
였다.

공자께서 말씀하셨다.

"그런 선례先例가 있느냐?"

자로가 대답했다.

"있습니다. 기도문에 '당신을 위하여 하늘과 땅의 신神에게 비나이다'라고 했습니다."

공자께서 말씀하셨다.

"나는 그런 기도를 드린 지 오래되었다."

子疾病 子路請禱. 子曰 有諸? 子路對曰 有之. 誄曰 禱爾于上
자질병 자로청도 자왈 유저 자로대왈 유지 뢰왈 도이우상
下神祇. 子曰 丘之禱久矣.
하신기 자왈 구지도구의

주석 疾病(질병): 병이 심하다.

禱(도): 빌다. 기도하다.

有諸(유저): 有之乎의 뜻으로, 그런 일이之 있었느냐有. 그런 선례先例가 있느냐.

誄(뢰): 기도문.

禱爾(도이): 너를 기도하다. 즉 너를 위해 기도하다.

上下神祇(상하신기): 천신天神과 지기地祇. 하늘과 땅의 신.

35. 공자孔子께서 말씀하셨다.

"사치하면 공손하지 못하고, 검소하면 고루해지는데, 공손하지 못하기보다는 차라리 고루한 것이 낫다."

子曰 奢則不孫 儉則固, 與其不孫也 寧固.
자왈 사 즉 불 손 검 즉 고 여 기 불 손 야 녕 고

주석 不孫(불손): 공손하지 못하다. 孫은 遜(손)과 통함.

固(고): 고루하다. 융통성이 없고 고지식하다.

與其…寧(여기…녕): …하기보다는 차라리 …이 낫다.

36. 공자孔子께서 말씀하셨다.

"군자는 마음이 평탄하고 넓으며, 소인은 늘 근심에 차 있다."

子曰 君子坦蕩蕩 小人長戚戚.
자 왈 군 자 탄 탕 탕 소 인 장 척 척

(주석) 坦(탄): 평탄하다. 평온하다.

蕩蕩(탕탕): 넓은 것을 뜻함.

長(장): 늘. 오래도록.

戚戚(척척): 근심과 두려움이 많은 것을 뜻함.

37. 공자孔子께서는 온화溫和하시면서 엄숙하시고, 위엄이 있으시면서 사납지 않으시고, 공손하시면서도 편안하셨다.

子溫而厲 威而不猛 恭而安.
자 온 이 려 위 이 불 맹 공 이 안

(주석) 溫(온): 따뜻하다. 온화하다.

厲(려): 엄하다. 엄숙하다.

猛(맹): 사납다. 모질다.

제 8 편

태 백泰伯

1. 공자孔子께서 말씀하셨다.

"태백泰伯은 지극한 덕德을 지녔던 사람이라고 할 만하다. 세 번이나 천하天下를 양보하였지만 백성들이 그의 덕을 칭송할 길이 없었다."

子曰 泰伯 其可謂至德也已矣. 三以天下讓 民無得而稱焉.
자 왈 태 백 기 가 위 지 덕 야 이 의 삼 이 천 하 양 민 무 득 이 칭 언

[주석] 泰伯(태백): 주周나라의 선조인 태왕太王 고공단보古公亶父의 맏아들. 태백은 세 형제 중 가장 현명한 막냇동생 계력季歷에게 왕위를 물려주려고 둘째 동생 중옹仲雍을 데리고 남만南蠻 지방으로 도망가 숨었다. 왕이 된 막내 계력의 아들이 문왕文王이 되었고, 뒤에 문왕의 아들 무왕武王이 은殷나라를 쳐서 통일하게 되었다.

三以(삼이): '세 번'이라고 해석하기도 하고, '끝내'의 뜻으로 해석하기도 한다.

無得而稱(무득이칭): 칭송할 방법을稱 얻지 못하다無得. 즉 칭송할 길이 없다.

2. 공자孔子께서 말씀하셨다.

"공손하면서 예禮가 없으면 수고롭기만 하고, 신중하면서 예가 없으면 두려워하게 되고, 용감하면서 예가 없으면 난폭하게 되고, 곧으면서 예가 없으면 박절하게 된다.

군자가 친척에게 돈독하게 해 주면 백성들에게는 인仁한 기풍이 일어나게 되고, 옛 친구를 버리지 않으면 백성들이 각박해지지 않는다."

> 子曰 恭而無禮則勞 愼而無禮則葸 勇而無禮則亂 直而無禮
> 자 왈 공 이 무 례 즉 로 신 이 무 례 즉 사 용 이 무 례 즉 란 직 이 무 례
> 則絞. 君子篤於親 則民興於仁 故舊不遺 則民不偸.
> 즉 교 군 자 독 어 친 즉 민 흥 어 인 고 구 불 유 즉 민 불 투

[주석] 葸(사): 두려워하다.

絞(교): 박절하다. 야박하다.

君子(군자): 여기서 군자는 백성을 다스리는 사람을 가리킨다.

篤(독): 돈독하게 하다. 후덕하게 하다.

親(친): 친족. 친척.

興於仁(여어인): 인이 일어나다. 인한 기풍이 일어나다.

故舊(고구): 옛 친구.

遺(유): 버리다. 소홀히 하다.

偸(투): 각박하다. 야박하다.

3. 증자曾子가 병이 나자 문하門下의 제자들을 불러 놓고 말했다.

"내 발을 펴 보고, 내 손을 펴 보아라! 《시경詩經》에서 말하기를, '두려워하고 조심하는 것이 깊은 못가에 서 있는 듯하고, 살얼음을 밟고 있는 듯하다'라고 했다. 이제부터는 내가 그러한 걱정을 면하

게 되었음을 알겠구나. 애들아!"

> 曾子有疾 召門弟子曰 啓予足 啓予手! 詩云 戰戰兢兢 如臨
> 증자유질 소문제자왈 계여족 계여수 시운 전전긍긍 여림
>
> 深淵 如履薄氷. 而今而後 吾知免夫. 小子!
> 심연 여리박빙 이금이후 오지면부 소자

주석 門弟子(문제자): 문하門下의 제자.

啓(계): 열다. 펴다.

戰戰兢兢(전전긍긍): 두려워하며 조심하는 모습.

臨(임): 임하다. 가까이 서다.

履(리): 밟다. 밟고 가다.

免(면): 면하다. 걱정을 면하다.

4. 증자曾子가 병이 나서 맹경자孟敬子가 문병을 갔는데, 증자가 말했다.

"새가 죽을 때는 그 울음소리가 애처롭고, 사람이 죽을 때는 그 말이 선해집니다. 군자가 소중히 여겨야 할 도道가 세 가지가 있는데, 몸가짐에 있어서는 난폭하고 오만함을 멀리해야 하고, 안색을 바르게 하여 신의에 가까워지도록 해야 하고, 말을 입 밖에 내는 데는 비루하고 사리에 어긋나는 일을 멀리해야 합니다. 제기祭器를 다루는 일 같은 것은 그것을 담당하는 사람이 있습니다."

> 曾子有疾 孟敬子問之, 曾子言曰 鳥之將死 其鳴也哀, 人之將
> 증자유질 맹경자문지 증자언왈 조지장사 기명야애 인지장
>
> 死 其言也善. 君子所貴乎道者三 動容貌 斯遠暴慢矣, 正顔色
> 사 기언야선 군자소귀호도자삼 동용모 사원포만의 정안색
>
> 斯近信矣, 出辭氣 斯遠鄙倍矣. 籩豆之事則有司存.
> 사근신의 출사기 사원비배의 변두지사즉유사존

주석 孟敬子(맹경자): 노나라의 대부. 성은 중손仲孫, 이름은 첩捷이고, 시호가
　　　　경敬이어서 맹경자라 불렀다. 뒤에 성을 맹손孟孫으로 바꾸었다.

　　　問(문): 문병하다. 위문하다.

　　　所貴乎道(소귀호도): 도道로써 소중히 여기는 것. 즉 소중히 여겨야 할 도道.

　　　動容貌(동용모): 얼굴과 몸의 움직임. 즉 몸가짐을 뜻함.

　　　斯(사): 곧. 즉.

　　　暴慢(포만): 난폭함과 오만함.

　　　出辭氣(출사기): 말과辭 소리를氣 내다出. 즉 말을 입 밖으로 내다.

　　　鄙倍(비배): 비루하고鄙 사리에 어긋나는 것倍. 倍는 背(배)와 통함.

　　　籩豆(변두): 籩과 豆는 모두 제기祭器의 이름.

　　　籩豆之事(변두지사): 제기를 다루는 일과 같은 사소한 일.

　　　有司(유사): 어떤 일을 맡아 주관하는 사람. 담당하는 사람.

5. 증자曾子가 말했다.

"능력이 있으면서도 능력이 없는 사람에게 물어보고, 아는 것이
많으면서 아는 것이 적은 사람에게 물어보고, 지식과 능력이 있으
면서도 없는 것같이 하며, 가득 차 있으면서도 텅 비어 있는 것같이
하며, 남이 자기에게 잘못을 범해도 따지고 다투지 않는다. 예전에
내 친구가 일찍이 이와 같이 실천하였다."

曾子曰 以能問於不能 以多問於寡 有若無 實若虛 犯而不校.
증 자 왈　이 능 문 어 불 능　이 다 문 어 과　유 약 무　실 약 허　범 이 불 교

昔者吾友 嘗從事於斯矣.
석 자 오 우　상 종 사 어 사 의

주석 犯(범): 범하다. 덤벼들다. 잘못을 범하다.

　　　校(교): 較(교)와 통함. 따지고 다투다.

　　　吾友(오우): 나의 친구. 마융馬融은 안회顏回라 하였다.

134

從事於斯(종사어사): 이 일에 종사하다. 이와 같이 실천하다.

6. 증자曾子가 말했다.

"어린 임금을 부탁할 수 있고, 사방 백 리쯤 되는 나라의 운명을 맡길 수 있고, 나라의 중대한 일을 당해서도 뜻을 지킨다면 군자다운 사람이겠지? 군자다운 사람일 거야!"

曾子曰 可以託六尺之孤 可以寄百里之命 臨大節而不可奪也
증 자 왈 가 이 탁 육 척 지 고 가 이 기 백 리 지 명 임 대 절 이 불 가 탈 야
君子人與? 君子人也!
군 자 인 여   군 자 인 야

[주석] 六尺之孤(육척지고): 어린 임금을 뜻함.

百里之命(백리지명): 사방 백 리쯤 되는 나라(제후국)의 운명.

大節(대절): 나라의 중대한 일. 나라의 비상사태.

不可奪(불가탈): (그의 뜻을) 빼앗을 수 없다. 흔들리지 않고 뜻을 지킨다
    는 뜻.

君子人(군자인): 군자다운 사람.

7. 증자曾子가 말했다.

"선비는 뜻이 크고 의지가 굳세지 않으면 안 되니 책임은 무겁고 갈 길은 멀기 때문이다. 인仁의 실천을 자신의 임무로 삼으니 또한 무겁지 않겠는가? 그 길은 죽은 뒤에라야 끝나게 되니 또한 멀지 않겠는가?"

曾子曰 士不可以不弘毅 任重而道遠. 仁以爲己任 不亦重乎?
증 자 왈 사 불 가 이 불 홍 의 임 중 이 도 원   인 이 위 기 임 불 역 중 호

死而後已 不亦遠乎?
사 이 후 이 불 역 원 호

주석 弘(홍): 도량이 넓다. 뜻이 크다.

毅(의): 의지가 굳세다. 의지가 강인하다.

仁以爲己任(인이위기임): 인의 실천을 자신의 임무로 삼다.

死而後已(사이후이): 죽은 뒤에야 끝나다. 죽은 다음에야 그만두다.

8. 공자孔子께서 말씀하셨다.

"시詩를 통해서 감흥感興을 불러일으키게 되고, 예禮를 지킴으로써 행실이 바로 서게 되고, 음악에 통해서 인격이 완성된다."

子曰 興於詩 立於禮 成於樂.
자 왈 흥 어 시 입 어 례 성 어 악

주석 興於詩(흥어시): 시를 통해서 감흥을 불러일으키다.

立於禮(입어예): 예를 지킴으로써 행실이 바로 서다.

成於樂(성어악): 음악을 통해서 사람의 성정性情을 완성하다. 음악을 통해서 인격을 완성하다.

9. 공자孔子께서 말씀하셨다.

"백성들은 도리를 따르게 할 수는 있으나, 그 이치를 알게 할 수는 없다."

子曰 民可使由之 不可使知之.
자 왈 민 가 사 유 지 불 가 사 지 지

주석 由之(유지): 그것을之 따르다由. 바른 도리를 따르다.

知之(지지): 그것을 알다. 그 이치를 알게 하다.

10. 공자孔子께서 말씀하셨다.

"용감한 것을 좋아하고 가난을 싫어하면 난동을 부리게 되고, 다른 사람이 인仁하지 않은 것을 지나치게 미워해도 난동을 부리게 된다."

子曰 好勇疾貧 亂也, 人而不仁 疾之已甚 亂也.
자왈 호용질빈 난야 인이불인 질지이심 난야

주석 疾貧(질빈): 가난을 싫어하다. 가난을 미워하다.
亂(란): 난동을 부리다. 질서를 어지럽히다.
已甚(이심): 너무 지나치다. 너무 심하다.

11. 공자孔子께서 말씀하셨다.

"만약 주공周公처럼 훌륭한 재능을 지녔다 하더라도, 가령 교만하고 인색하다면 그 나머지는 볼 것이 없다."

子曰 如有周公之才之美 使驕且吝 其餘不足觀也已.
자왈 여유주공지재지미 사교차린 기여부족관야이

주석 使(사): 가령.
驕且吝(교차린): 교만하고 인색하다.
不足觀(부족관): 보기에觀 부족하다不足. 볼 것이 없다.

12. 공자孔子께서 말씀하셨다.

"삼 년 동안 공부를 하고도 벼슬을 바라지 않기란 하기 쉽지 않다."

子曰 三年學 不至於穀 不易得也.
자왈 삼년학 부지어곡 불이득야

(주석) 穀(곡): 벼슬한 사람이 받는 녹봉祿俸. 여기서는 벼슬을 뜻함.

　　　不至於穀(부지어곡): 벼슬에 마음이 이르지 않다. 벼슬을 바라지 않다.

　　　不易得(불역득): 쉽지 않다. 하기 쉽지 않다. 得을 能(능)과 같은 뜻으로
　　　본다.

13. 공자孔子께서 말씀하셨다.

"굳은 믿음을 가지고 학문을 좋아하고, 죽는 한이 있더라도 바른 도道를 지켜야 한다. 위태로운 나라에는 들어가지 말고, 혼란한 나라에는 살지 마라. 천하天下에 도가 행해지고 있으면 모습을 드러내고, 도가 행해지지 않으면 숨어 지내야 한다. 나라에 도가 행해지고 있는데 가난하고 미천하게 사는 것은 부끄러운 일이며, 나라에 도가 행해지고 있지 않은데 부귀富貴를 누리고 산다면 부끄러운 일이다."

子曰 篤信好學 守死善道. 危邦不入 亂邦不居. 天下有道則見
자왈 독신호학 수사선도 위방불입 난방불거 천하유도즉현

無道則隱. 邦有道 貧且賤焉 恥也, 邦無道 富且貴焉 恥也.
무도즉은 방유도 빈차천언 치야 방무도 부차귀언 치야

(주석) 篤信(독신): 독실하게 믿다. 굳은 믿음을 가지다.

　　　守死善道(수사선도): 죽음으로써 선한 도를 지키다. 죽는 한이 있어도 바
　　　른 도를 지키다.

　　　見(현): 나타나다. 드러내다.

　　　隱(은): 숨다. 숨어 살다. 숨어 지내다.

14. 공자孔子께서 말씀하셨다.

"그 지위에 있지 않다면 그 정사政事를 거론해서는 안 된다."

子曰 不在其位 不謀其政.
자 왈 부 재 기 위 불 모 기 정

주석 位(위): 일하는 자리. 지위.

謀(모): 도모하다. 꾀하다. 또는 거론하다. 참견하다.

其政(기정): 그 정무政務. 그 정사政事.

15. 공자孔子께서 말씀하셨다.

"악사樂師인 지摯가 부임한 초기에 연주한 관저關雎의 마지막 장은 그 아름다움이 흘러넘쳐 귀에 가득 차 있는 듯하다."

子曰 師摯之始 關雎之亂 洋洋乎盈耳哉.
자 왈 사 지 지 시 관 저 지 란 양 양 호 영 이 재

주석 師(사): 음악을 담당한 악사樂師.

摯(지): 노나라의 유명한 악사로 태사大師에 오른 사람.

始(시): 지摯가 노나라 태사로 부임한 초기初期를 뜻함.

關雎(관저):《시경詩經》〈국풍國風〉의 첫 번째 작품.

亂(란): 음악의 마지막 장.

洋洋(양양): (음악의) 아름다움이 흘러넘치는 모양.

16. 공자孔子께서 말씀하셨다.

"과격하면서 정직하지도 않고, 무지하면서 성실하지도 않으며, 무능하면서 신의도 없다면, 나는 그런 사람을 이해할 수 없다."

子曰 狂而不直 侗而不愿 悾悾而不信 吾不知之矣.
자 왈 광 이 부 직 동 이 불 원 공 공 이 불 신 오 부 지 지 의

주석 狂(광): 성질이 과격한 것.

侗(동): 미련하다. 무지하다.

愿(원): 성실하다. 착실하다.

悾悾(공공): 무능한 모습.

吾不知之(오불지지): 나는吾 그런 사람을之 알 수 없다不知. 나는 그런 사
람을 이해할 수 없다.

17. 공자孔子께서 말씀하셨다.

"배움은 미치지 못하는 것같이 하고, 또 배운 것을 잃을까 두려
위해야 한다."

子曰 學如不及 猶恐失之.
자 왈 학 여 불 급 유 공 실 지

주석 學如不及(학여불급): 배움은 내가 거기에 미치지 못하는 것같이 걱정을
해야 한다는 뜻임.

猶(유): 오히려. 또.

18. 공자孔子께서 말씀하셨다.

"위대하도다! 순舜임금과 우禹임금은 천하를 차지하고도 거기에
사사로이 관여하지 않으셨으니."

子曰 巍巍乎! 舜禹之有天下也 而不與焉.
자 왈 외 외 호   순 우 지 유 천 하 야 이 불 여 언

주석 巍巍(외외): 높고 우뚝 솟은 것. 위대한 것.

舜禹(순우): 순舜임금은 요堯임금으로부터 천하를 물려받아 천자天子가 되었는데, 제위帝位를 자식에게 물려주지 않고 가장 현명한 인재를 찾아 물려주니 그가 바로 우禹임금이다. 순임금과 우임금은 요임금과 함께 중국의 세 성군聖君으로 추앙받고 있다.

有天下(유천하): 천하를 차지하다. 천하를 통치하다.

不與(불여): 관여하지 않다. 사사로이 관여하지 않다.

19. 공자孔子께서 말씀하셨다.

"위대하도다, 요堯의 임금됨이여! 높고 높도다, 오직 하늘만이 크다고 하였는데, 오직 요임금만이 이를 본받으셨도다. 끝없이 넓어서, 백성들은 무어라고 표현하지도 못한다. 위대하도다, 그가 이룩한 공적이여! 빛나도다, 그가 남긴 문물제도여!"

子曰 大哉 堯之爲君也! 巍巍乎 唯天爲大 唯堯則之. 蕩蕩乎 民
자왈 대재 요지위군야 외외호 유천위대 유요즉지. 탕탕호 민

無能名焉. 巍巍乎 其有成功也! 煥乎 其有文章!
무 능 명 언   외외호 기유성공야   환호 기유문장

주석 爲君(위군): 임금됨. 임금다움.

則之(즉지): 그것을 본받다. 그것을 따르다.

蕩蕩(탕탕): 끝없이 넓은 것.

名(명): 이름 붙이다. 무어라고 표현하다.

煥(환): 빛나다. 찬란하다.

文章(문장): 문물제도. 예의 법도. 문화.

20. 순舜임금은 신하 다섯 사람이 있어서 천하를 잘 다스렸다.

무왕武王은 "나에게는 유능한 신하 열 사람이 있다"고 말했다.

공자孔子께서 말씀하셨다.

"인재를 구하기 어렵다더니, 그렇지 아니한가? 당나라唐에서 우虞나라로 넘어가던 때에 비해 주周나라 무왕 때가 인재가 많았다고 하는데, 신하 중에는 부인이 있었으니, 그 수는 아홉 사람뿐이었다. 주나라의 문왕은 천하의 3분의 2를 차지하고서도 은殷나라를 섬겼으니, 주나라의 덕德은 지극한 덕이라 말할 수 있다."

舜有臣五人 而天下治. 武王曰 予有亂臣十人. 孔子曰 才難 不
순유신오인 이천하치 무왕왈 여유란신십인 공자왈 재난 불

其然乎? 唐虞之際 於斯爲盛 有婦人焉 九人而已. 三分天下有
기연호 당우지제 어사위성 유부인언 구인이이 삼분천하유

其二 以服事殷 周之德 其可謂至德也已矣.
기이 이복사은 주지덕 기가위지덕야이의

주석 臣五人(신오인): 신하 다섯 사람은 우禹, 직稷, 설契, 고요皐陶, 백익伯益
이다.

亂臣十人(난신십인): 나라의 어려움을 잘 다스리는 신하 열 사람. 주공
단周公旦, 소공석召公奭, 태공망太公望, 필공畢公, 영공榮公, 태전太顚, 굉
요閎夭, 산의생散宜生, 남궁괄南宮适 그리고 문왕의 부인 태사太姒를 말
한다.

才難(재난): 인재를 구하기 어렵다.

唐虞之際(당우지제): 당唐나라에서 우虞나라로 넘어가던 시기.

於斯爲盛(어사위성): 이때에於斯 인재가 풍성했다爲盛. 주나라 무왕 때 인
재가 많았다. 앞 구절 唐虞之際(당우지제)와 문맥이 연결되지 않아, 於
를 與(…와)의 뜻으로 풀이하기도 한다.

婦人(부인): 문왕의 부인 태사太姒를 가리킴. 또는 무왕의 부인 읍강邑姜
이라고도 함.

三分天下有其二(삼분천하유기이): 천하를 셋으로 나누어 그중 둘을 가지

다. 즉 천하를 삼분의 이 차지하다.

服事(복사): 복종하며 섬기다.

21. 공자孔子께서 말씀하셨다.

"우禹임금에 대해서는 나로서는 비난할 데가 없다. 자기 먹는 음식은 형편없으면서도 귀신에게는 정성을 다하였고, 옷은 허름하게 입으면서도 제사 때 예복은 아름답게 하였고, 거처하는 궁실은 허술하게 하면서도 봇도랑을 내는 데는 힘을 다했다. 우임금에 대해서는 나로서는 비난할 데가 없다."

子曰 禹吾無閒然矣. 菲飲食 而致孝乎鬼神, 惡衣服 而致美乎
자왈 우오무간연의 비음식 이치효호귀신 악의복 이치미호

黻冕, 卑宮室 而盡力乎溝洫. 禹吾無閒然矣.
불면 비궁실 이진력호구혁 우오무간연의

[주석] 閒(간): 나무라다. 비난하다.

菲(비): 박하다. 형편없다.

鬼神(귀신): 조상의 신을 뜻함.

致孝(치효): 효성을 다하다. 정성을 다하여 제물을 올리는 것을 뜻함.

黻冕(불면): 黻은 제사 지낼 때 입는 예복이고, 冕은 제사 지낼 때 쓰는 관이다. 즉 불면은 제복祭服을 뜻한다.

卑(비): 비천하게 하다. 허술하게 하다.

溝洫(구혁): 논이나 밭에 물을 대 주기 위한 봇도랑. 치수治水를 뜻함.

제9편

자 한 子罕

1. 공자孔子께서는 이익利益과 천명天命과 인仁에 대해서 드물게 말씀하셨다.

子罕言利與命與仁.
자 한 언 리 여 명 여 인

[주석] 罕言(한언): 드물게 말하다. 자주 말하지 않다.
利(리): 이익. 이익이 되는 것.
命(명): 운명. 천명天命.
罕言利與命與仁(한언리여명여인): 與를 許(허여하다)의 뜻으로 보고, '이익에 대해서는 드물게 말하고, 천명과 인에 대해서는 허여하였다'로 또는 '이익과 천명에 대해서는 드물게 말하고, 인에 대해서는 허여하였다'로 해석하기도 한다.

2. 달항達巷 고을의 사람이 말했다.

"위대하도다, 공자孔子여! 널리 배우셨으면서도 그것으로 명성을 이룬 바 없으시도다."

공자께서 이 말을 들으시고, 제자들에게 말씀하셨다.

"나는 무엇을 전문으로 해야 하겠느냐? 수레 모는 일을 전문으로 할까, 활쏘기를 전문으로 할까? 나는 수레 모는 일이나 전문으로 해야겠다."

達巷黨人曰 大哉 孔子! 博學而無所成名. 子聞之謂門弟子曰
달 항 당 인 왈 대 재 공 자　박 학 이 무 소 성 명　자 문 지 위 문 제 자 왈
吾何執? 執御乎 執射乎? 吾執御矣.
오 하 집　집 어 호 집 사 호　오 집 어 의

주석 達巷黨人(달항당인): 달항達巷 고을의 사람. 달항은 고을 이름이고, 당黨
　　은 500호 정도로 이루어진 고을을 뜻함.

　　無所成名(무소성명): 명성을 이룬 바가 없다. 이름을 떨치지 못하다.

　　執(집): 전문으로 하다. 전공으로 하다.

　　御(어): 수레를 모는 일.

　　射(사): 활쏘기. 활쏘는 일.

3. 공자孔子께서 말씀하셨다.

"삼베로 만든 관冠을 쓰는 것이 예법에 맞지만, 지금은 명주실로 만드니 검소하므로 나는 여러 사람들이 하는 것을 따르겠다. 마루 아래에서 임금께 절하는 것이 예법에 맞는 것인데, 지금은 마루 위에서 절하니 이것은 교만한 것이므로, 비록 여러 사람들과 어긋난다 하더라도 나는 마루 아래에서 절하는 것을 따르겠다."

子曰 麻冕禮也 今也純 儉 吾從衆. 拜下禮也 今拜乎上 泰也
자 왈 마 면 예 야 금 야 순　검　오 종 중　배 하 례 야 금 배 호 상 태 야
雖違衆 吾從下.
수 위 중 오 종 하

주석 麻冕(마면): 삼베실로 만든 예관禮冠.

純(순): 명주실로 만든 것을 뜻함.

從衆(종중): 여러 사람들이 하는 것을 따르다.

拜下(배하): 당堂 아래에서 절하다. 신하가 임금을 뵐 때는 마루 아래에서

절하는 것.

泰(태): 교만함.

違衆(위중): 여러 사람들이 하는 것에 어긋나다.

從下(종하): 마루 아래에서 절하는 예법을 따르다.

4. 공자孔子께서는 네 가지를 하지 않으셨다. 사사로운 뜻이 없으셨고, 반듯이 해야 하는 것이 없으셨고, 고집하는 것이 없으셨고, 자기만 생각하는 것이 없으셨다.

> **子絶四 毋意 毋必 毋固 毋我.**
> 자 절 사 무 의 무 필 무 고 무 아

주석 意(의): 사사로운 뜻.

必(필): 반드시 해야 하는 것. 기필함.

固(고): 고집하는 것.

我(아): 자기만 생각하는 것. 이기심.

5. 공자孔子께서 광匡 땅에서 두려운 일을 당하셨을 때 말씀하셨다.

"문왕文王께서 이미 돌아가셨으나 그 문화가 나에게 전해져 있지 않은가? 하늘이 장차 이 문화를 없애려 한다면, 뒤에 죽을 나 같은 사람들이 이 문화에 참여할 수 없을 것이다. 하늘이 이 문화를 없애려 하지 않는다면, 광匡의 사람들이 나를 어찌하겠는가?"

146

子畏於匡 曰 文王旣沒 文不在玆乎? 天之將喪斯文也 後死者
자 외 어 광 왈 문 왕 기 몰 문 부 재 자 호   천 지 장 상 사 문 야 후 사 자

不得與於斯文也. 天之未喪斯文也 匡人其如予何?
부 득 여 어 사 문 야   천 지 미 상 사 문 야   광 인 기 여 여 하

[주석] 畏(외): 두려운 일을 당하다. 위험한 일에 처하다.

沒(몰): 죽다. 歿(몰)과 통함.

匡(광): 위나라에 속하는 지역의 이름. 전날 광의 성을 침입하여 포악한
짓을 한 노나라 양호陽虎를 죽이려고 무장한 광의 사람들이 대기하고
있을 때 위나라를 방문하기 위하여 공자 일행이 그곳을 지나게 되었는
데, 공자의 모습이 양호와 비슷해서 공자를 양호로 착각한 무장한 광
의 사람들이 공자 일행을 포위하고 죽이려 했다가 착오인 것을 알고
풀어 주었다고 전한다.

文(문): 문화. 문물제도.

玆(자): 이 몸. 공자 자신을 가리킴.

喪(상): 상실하다. 없애다.

後死者(후사자): 뒤에 죽는 사람. 후세에 죽을 사람. 여기서는 공자 자신
을 가리킴.

與(여): 참여하다. 관여하다.

如予何(여여하): 나를 어찌하겠는가. '如何予'가 도치된 형태.

6. 태재大宰가 자공子貢에게 물었다.

"선생님께서는 성인聖人이신가요? 어찌 그렇게도 재능才能이 많으
시지요?"

자공이 말했다.

"본래 하늘이 내린 큰 성인이시니, 또한 재능이 많으신 것입니다."

공자孔子께서 들으시고 말씀하셨다.

"태재大宰가 나를 바로 아는가? 나는 젊었을 적에 빈천했기 때문

에 천한 일까지 많이 할 줄 아는 것이다. 군자가 할 줄 아는 일이 많아야 할까? 많지 않아도 된다."

노牢가 말했다.

"선생님께서 말씀하시기를 '내가 관직에 등용되지 못했기 때문에 재주가 많게 되었다'고 하셨습니다."

大宰問於子貢曰 夫子聖者與? 何其多能也? 子貢曰 固天縱之
태 재 문 어 자 공 왈   부 자 성 자 여   하 기 다 능 야   자 공 왈   고 천 종 지
將聖 又多能也. 子聞之曰 大宰知我乎? 吾少也賤 故多能鄙事.
장 성 우 다 능 야   자 문 지 왈   태 재 지 아 호   오 소 야 천 고 다 능 비 사
君子多乎哉? 不多也. 牢曰 子云 吾不試 故藝.
군 자 다 호 재   부 다 야   노 왈   자 운 오 불 시 고 예

[주석] 大宰(태재): 벼슬 이름. 나라의 정치를 총괄하는 직책. 大는 太(태)와 같이 씀.

縱(종): 놓아 두다. 부여하다. 허락하다.

將(장): 크다. 위대하다.

鄙事(비사): 비천한 일. 천박한 일.

牢(노): 공자의 제자. 성은 금琴, 이름이 노牢이고, 자는 자장子張이다.

試(시): 등용되다. 쓰이다.

藝(예): 재주나 기술이 많은 것을 뜻함.

7. 공자孔子께서 말씀하셨다.

"내가 아는 것이 있겠느냐? 아는 것이 없다. 그러나 비천卑賤한 사람이 내게 묻는다면, 그가 아무것도 모르더라도 나는 처음부터 끝까지 들어 보고 다 가르쳐 줄 것이다."

子曰 吾有知乎哉? 無知也. 有鄙夫問於我 空空如也 我叩其兩
자 왈   오 유 지 호 재   무 지 야   유 비 부 문 어 아   공 공 여 야   아 고 기 양
端而竭焉.
단 이 갈 언

주석 鄙夫(비부): 비천한 사람. 무식한 사람.

空空如(공공여): 텅 비어 있는 모양. 아무것도 모르는 것을 뜻함.

叩(고): 두드리다. 들추어 내다. 끄집어내 들어 본다는 뜻.

兩端(양단): 양쪽 끝. 처음부터 끝까지.

竭(갈): 다하다. 아는 것을 다 가르쳐 준다는 뜻.

8. 공자孔子께서 말씀하셨다.

　"봉황새도 오지 않고, 황하黃河에서 도판圖版도 나오지 않으니, 나는 이제 끝난가 보다!"

> 子曰 鳳鳥不至 河不出圖 吾已矣夫!
> 자 왈 봉 조 부 지 　하 불 출 도 　오 이 의 부

주석 鳳凰(봉황): 순舜임금과 주문왕周文王과 같은 성왕聖王이 나왔을 때 나타났다는 전설적인 새.

河(하): 황하黃河.

圖(도): 복희伏羲 때 황하에서 용마龍馬가 짊어지고 나왔다는 도판圖版으로 성인이 나타날 징조를 뜻한다.

已矣(이의): 끝나다. 다 되다.

9. 공자孔子께서는 상복喪服을 입은 사람과 예복禮服을 입은 사람과 장님을 만나시면, 비록 그들이 나이가 적더라도 반드시 일어서셨고, 그들 앞을 지나시게 되면 반드시 종종걸음을 하셨다.

> 子見齊衰者 冕衣裳者 與瞽者 見之 雖少必作 過之必趨.
> 자 견 자 최 자 　면 의 상 자 　여 고 자 　견 지 　수 소 필 작 　과 지 필 추

주석 齊衰(자최): 상복喪服. 齊는 '상옷자락'의 뜻일 때는 '자'로 읽는다.

冕衣裳(면의상): 예복禮服을 뜻함. 冕은 예관, 衣는 예복 저고리, 裳은 예복 하의를 갖추어 입은 것은 곧 '예복을 갖추어 입은 것'을 뜻한다.

瞽(고): 장님. 맹인.

作(작): 일어서다.

過之(과지): 그들 앞을 지나다.

趨(추): 빠른 걸음을 하다. 종종걸음을 하다.

10. 안연顏淵이 크게 탄식하며 말했다.

"우러러볼수록 더욱 높고, 뚫고 들어갈수록 더욱 견고하며, 바라보면 앞에 계시는 것 같은데 어느새 뒤에 계시다. 선생님께서는 차근차근 사람을 잘 이끌어 주시어 학문으로 나의 지식을 넓혀 주시고, 예禮로써 나의 행실을 단속해 주신다. 배움을 그만두고자 해도 그만둘 수가 없어, 이미 나의 재주를 다하고 보면, 선생님께서 세워 놓으신 바가 저만큼 우뚝 서 있는 것 같다. 비록 그것을 따르고자 해도 따라갈 수가 없다."

顏淵喟然歎曰 仰之彌高 鑽之彌堅 瞻之在前 忽焉在後. 夫子
안 연 위 연 탄 왈 앙 지 미 고 찬 지 미 견 첨 지 재 전 홀 언 재 후 부 자

循循然善誘人 博我以文 約我以禮. 欲罷不能 旣竭吾才 如有
순 순 연 선 유 인 박 아 이 문 약 아 이 례 욕 파 불 능 기 갈 오 재 여 유

所立卓爾. 雖欲從之 末由也已.
소 립 탁 이 수 욕 종 지 말 유 야 이

주석 喟然(위연): 탄식하는 모양.

仰(앙): 우러러보다. 올려다보다.

彌(미): 더욱.

鑽(찬): 뚫다. 파다.

瞻(첨): 바라보다.

忽焉(홀언): 갑자기. 어느새.

循循然(순순연): 차근차근.

善誘人(선유인): 사람을人 잘善 인도하다誘.

欲罷(욕파): 배움을 그만두고자 하다.

竭(갈): 다하다.

有所立卓爾(유소립탁이): (선생님께서) 세우신 바가所立 우뚝 서卓爾 있다有.

由(유): 말미암다. 여기서는 '좇다' '본받아 따라가다'.

末由(말유): 말미암을 길이 없다. 본받아 따라갈 수 없다. 末은 無(무)의 뜻.

11. 공자孔子께서 병환이 심해지시자, 자로子路가 제자들로 하여금 가신家臣 노릇하도록 하였다.

병환이 조금 나으시자, 공자께서 말씀하셨다.

"오래되었구나, 유由(자로)가 거짓을 행한 지가! 가신이 없는데도 가신이 있는 것처럼 하다니, 내가 누구를 속이겠느냐? 하늘을 속이 겠느냐? 또 나는 가신의 손에서 죽기보다는 차라리 너희 제자들 손에서 죽는 것이 낫지 않겠느냐? 또 내가 비록 성대한 장례는 치 르지 못한다 할지라도, 내가 길거리에서 죽기야 하겠느냐?"

子疾病 子路使門人爲臣. 病間曰 久矣哉 由之行詐也! 無臣
자 질 병   자 로 사 문 인 위 신   병 간 왈   구 의 재   유 지 행 사 야   무 신

而爲有臣 吾誰欺? 欺天乎? 且予與其死於臣之手也 無寧死於
이 위 유 신   오 수 기   기 천 호   차 여 여 기 사 어 신 지 수 야   무 녕 사 어

二三子之手乎? 且予縱不得大葬 予死於道路乎?
이 삼 자 지 수 호   차 여 종 부 득 대 장   여 사 어 도 로 호

주석 疾病(질병): 병이 심해지다.

爲臣(위신): 가신家臣이 되다. 가신 노릇을 하다.

病間(병간): 병이 조금 낫다. 병이 뜸해지다.

行詐(행사): 거짓을 행하다. 속이다.

誰欺(수기): 누구를 속이겠는가.

與其…無寧(여기…무녕): …보다는 차라리 …이 낫다.

二三子(이삼자): 제자들.

縱(종): 비록. 가령.

大葬(대장): 성대한 장례.

12. 자공子貢이 말씀드렸다.

"아름다운 옥玉이 여기에 있다면, 궤 속에 넣어 보관해 두시겠습니까? 좋은 상인을 구하여 파시겠습니까?"

공자孔子께서 말씀하셨다.

"팔아야지, 팔아야지! 나는 그것을 살 상인을 기다리는 사람이다."

子貢曰 有美玉於斯 韞匵而藏諸? 求善賈而沽諸? 子曰 沽之哉
자공왈 유미옥어사 온독이장저　구선고이고저　　자왈 고지재

沽之哉! 我待賈者也.
고지재　아대고자야

주석 韞(온): 넣어 두다. 감추어 두다.

匵(독): 궤. 상자.

藏(장): 저장하다. 보관하다.

諸(저): '之乎'와 같은 뜻으로, 의문을 나타낸다.

賈(고): 상인. 장사꾼. 賈는 장사를 뜻할 때는 '고'로 읽고, 값을 뜻할 때는 '가'로 읽는다.

沽(고): 팔다.

我待賈者(아대가자)를 '나는 값을 아는 사람을 기다리는 사람이다'로 해석하기도 한다.

13. 공자孔子께서 동쪽 오랑캐의 땅으로 가서 사시고자 하자, 어떤 사람이 말했다.

"누추할 텐데 어떻게 하시겠습니까?"

공자께서 말씀하셨다.

"군자가 그곳에 산다면 무슨 누추한 게 있겠는가?"

子欲居九夷 或曰 陋 如之何? 子曰 君子居之 何陋之有?
자 욕 거 구 이 혹 왈 누 여 지 하   자 왈 군 자 거 지 하 누 지 유

[주석] 九夷(구이): 동쪽 오랑캐의 땅. 동쪽 지역에는 아홉 개의 오랑캐가 있어 구이九夷라고 했다.

陋(루): 누추하다. 비루하다.

14. 공자孔子께서 말씀하셨다.

"내가 위衛나라에서 노魯나라로 돌아온 뒤에야 음악이 바르게 되어, 아雅와 송頌이 각각 제자리를 찾았다."

子曰 吾自衛反魯 然後樂正 雅頌各得其所.
자 왈 오 자 위 반 노 연 후 악 정 아 송 각 득 기 소

[주석] 自衛反魯(자위반노): 위나라에서 노나라로 돌아오다.

雅頌(아송): 《시경》의 소아小雅, 대아大雅, 송頌을 가리키며, 조정의 행사와 종묘의 제사 때 이 음악들을 쓴다.

其所(기소): 제자리. 올바른 자리.

15. 공자孔子께서 말씀하셨다.

"밖에 나가서는 공경公卿을 섬기고, 집에 들어와서는 부형父兄을

섬기며, 상사喪事에는 감히 소홀히 함이 없으며, 술로 인해 난잡해지지 않는 일 같은 것은, 나에게 무슨 문제가 있겠는가?"

子曰 出則事公卿 入則事父兄 喪事不敢不勉 不爲酒困 何有
자왈 출 즉 사 공 경 입 즉 사 부 형 상 사 불 감 불 면 불 위 주 곤 하 유
於我哉?
어 아 재

주석 公卿(공경): 높은 관직에 있는 사람. 옛 조정에는 삼공三公과 구경九卿이
있었다.
不敢不勉(불감불면): 감히 힘쓰지 않음이 없다. 감히 게을리 함(소홀히 함)
이 없다.
酒困(주곤): 술로 인해 난잡해지다.
何有於我哉(하유어아재): 나에게 무슨 문제가 있겠는가? (述而편 2장 참조)

16. 공자孔子께서 냇가에 서서 이렇게 말씀하셨다.
"가는 것이 이 물과 같아서, 밤낮을 멈추지 않는구나."

子在川上曰 逝者如斯夫 不舍晝夜.
자 재 천 상 왈 서 자 여 사 부 불 사 주 야

주석 川上(천상): 냇가.
逝者(서자): 가는 것. '시간이 가는 것'을 뜻함.
舍(사): 쉬다. 멈추다.
不舍晝夜(불사주야): 밤낮을 멈추지 않다.

17. 공자孔子께서 말씀하셨다.
"나는 덕德을 좋아하기를 여색女色을 좋아하듯이 하는 사람을 아직 보지 못했다."

154

子曰 吾未見好德如好色者也.
자왈 오 미 견 호 덕 여 호 색 자 야

주석 好色(호색): 여색女色을 좋아하는 것.

18. 공자孔子께서 말씀하셨다.

"비유하자면 산을 쌓아 올리는 데 한 삼태기의 흙이 모자라서 못 이루고 그쳤다면, 그것은 내가 그친 것이다. 비유하자면 땅을 평평하게 하는 데 비록 한 삼태기의 흙을 갖다 부어서 그 일이 진전되었다면, 그것은 내가 진전한 것이다."

子曰 譬如爲山 未成一簣 止 吾止也. 譬如平地 雖覆一簣 進
자왈 비 여 위 산 미 성 일 궤 지 오 지 야   비 여 평 지 수 복 일 궤 진

吾往也.
오 왕 야

주석 譬(비): 비유하다. 비유하자면.
爲山(위산): 산을 만들다. 산을 쌓아 올리다.
簣(궤): 삼태기. 대나 싸리 등으로 엮어 흙거름 따위를 담아 나르는 도구.
止(지): 그치다. 그만두다.
平地(평지): 땅을 평평하게 하는 것.
覆(복): 흙을 갖다 부어서 덮다.
往(왕): 나아가다. 진전하다.

19. 공자孔子께서 말씀하셨다.

"말해 주면 그것을 실천하는 데 게을리하지 않는 사람은 안회顔回일 것이다."

子曰 語之而不惰者 其回也與.
자왈 어 지 이 불 타 자 기 회 야 여

[주석] 惰(타): 게으르다. 게을리하다.

回(회): 공자의 제자인 안회顔回. 안연顔淵. (爲政편 9장 참조)

20. 공자孔子께서 (죽은) 안연顔淵에 대해서 말씀하셨다.

"애석하다! 나는 그가 앞으로 나아가는 것만 보았지, 나는 그가 멈춰 있는 것을 보지 못했다."

子謂顔淵曰 惜乎! 吾見其進也 吾未見其止也.
자 위 안 연 왈 석 호   오 견 기 진 야 오 미 견 기 지 야

[주석] 惜乎(석호): 애석하도다. 안타깝도다. 안연顔淵이 일찍 죽은 것이 안타깝다는 뜻이다.

進(진): 앞으로 나아가다. 진보하다.

止(지): 멈춰 있다.

21. 공자孔子께서 말씀하셨다.

"싹이 돋아도 꽃이 피지 못하는 것이 있고, 꽃이 피어도 열매를 맺지 못하는 것도 있구나."

子曰 苗而不秀者 有矣夫, 秀而不實者 有矣夫.
자 왈 묘 이 불 수 자 유 의 부 수 이 불 실 자 유 의 부

[주석] 苗(묘): 싹. 싹이 돋다. 싹이 자라다.

秀(수): 이삭이 패서 꽃이 피는 것.

有矣夫(유의부): 있도다. 있구나. 矣夫는 감탄을 나타내는 어조사이다.

實(실): 열매. 열매를 맺다.

22. 공자孔子께서 말씀하셨다.

"젊은이들은 두려워할 만하니, 그들의 장래가 지금의 우리만 못하리라는 것을 어찌 알겠는가? 그러나 사십이나 오십이 되어도 그의 명성을 들을 수 없다면, 그런 사람은 역시 두려워할 것이 없다."

子曰 後生可畏 焉知來者之不如今也? 四十五十而無聞焉 斯
자왈 후생가외 언지래자지불여금야 사십오십이무문언 사

亦不足畏也已.
역부족외야이

주석 後生(후생): 후배. 젊은이들.

畏(외): 두렵다. 두려워하다.

焉知(언지): 어찌 알겠는가?

來者(내자): 앞날. 장래.

不如今(불여금): 지금만 못하다. 지금의 우리만 못하다.

無聞焉(무문언): 그에 대하여 듣는 것이 없다. 그의 명성을 들을 수 없다.

斯(사): 이런 사람. 그런 사람.

23. 공자孔子께서 말씀하셨다.

"올바른 말을 따르지 않을 수 있겠는가? 자기 잘못을 고치는 것이 중요하다. 부드럽게 타이르는 말이 기쁘지 않을 수 있겠는가? 말의 참뜻을 찾아내는 것이 중요하다. 기뻐하기만 할 뿐 참뜻을 찾아내지 않고, 따르면서도 잘못을 고치지 않는다면, 나도 그런 사람은 어찌할 수가 없다."

子曰 法語之言 能無從乎? 改之爲貴. 巽與之言 能無說乎? 繹之
자왈 법어지언 능무종호 개지위귀 손여지언 능무열호 역지

爲貴. 說而不繹 從而不改 吾末如之何也已矣.
위귀 열이불역 종이불개 오말여지하야이의

[주석] 法語(법어): 올바른 말. 법도에 맞는 말.
改之(개지): 자기 잘못을 고치다.
巽與(손여): 자상하게 타이르다. 부드럽게 타이르다.
繹之(역지): 말의 참뜻을 찾아내다. 繹은 '찾아내다'의 뜻.
爲貴(위귀): 귀중하다. 소중하다. 중요하다.
末如之何(말여지하): 그것을 어찌 할 수가 없다. '末如何之'의 도치이다.

24. 공자孔子께서 말씀하셨다.

"충성忠誠과 신의信義를 위주로 하고, 자기만 못한 사람을 벗으로 삼지 말며, 잘못이 있으면 고치기를 꺼리지 마라."

子曰 主忠信 毋友不如己者 過則勿憚改.
자왈 주충신 무우불여기자 과즉물탄개

[주석] 主(주): 주主로 삼다. 위주爲主로 하다.
毋友(무우): 벗으로 삼지 마라. 벗하지 마라.
不如己者(불여기자): 자기만 못한 사람.
憚(탄): 꺼리다. 주저하다. (學而편 8장 참조)

25. 공자孔子께서 말씀하셨다.

"대군大軍을 지휘하는 장수를 빼앗을 수는 있어도, 한 사나이의 뜻을 빼앗을 수는 없다."

子曰 三軍可奪帥也 匹夫不可奪志也.
자왈 삼군가탈수야 필부불가탈지야

三軍(삼군): 대군大軍. 대규모의 군사를 뜻함.

奪帥(탈수): 장수를 뺏다.

匹夫(필부): 평범한 남자. 보통의 사나이.

志(지): 뜻. 지조.

26. 공자孔子께서 말씀하셨다.

"낡고 허름한 옷을 입고서 여우나 담비 털옷을 입은 사람과 함께 서 있어도 부끄러워하지 않을 사람은 유由(자로)일 것이다!"

'남을 해치지도 않고 남의 것을 탐내지도 않으니 어찌 훌륭하지 않겠는가?'라는 시 한 구절을 자로子路가 평생 외우겠다고 하자, 공자께서 말씀하셨다.

"그런 도리가 무엇이 그리 훌륭하다 하겠느냐?"

子曰 衣敝縕袍 與衣狐貉者立而不恥者 其由也與! '不忮不求
자 왈 의 폐 온 포 여 의 호 학 자 입 이 불 치 자 기 유 야 여   불 기 불 구

何用不臧?' 子路從身誦之 子曰 是道也 何足以臧?
하 용 부 장   자 로 종 신 송 지 자 왈 시 도 야 하 족 이 장

주석 衣(의): 옷을 입다.

敝縕袍(폐온포): 낡고 허름한 옷. 敝는 낡다, 縕은 솜이나 삼베로 만든 허름한 옷, 袍는 두루마기 같은 겉옷으로 천한 사람이 입는 '낡고 허름한 옷'을 뜻함.

狐貉(호락): 여우와 담비. 즉 여우나 담비 털옷을 뜻함.

忮(기): 해치다.

求(구): 탐내다. 욕심내다.

何用(하용): 用은 以와 통용되어 '어찌何以'의 뜻임.

臧(장): 착하다. 훌륭하다.

從身(종신): 평생. 늘.

27. 공자孔子께서 말씀하셨다.

"심한 추위 뒤에야 소나무와 잣나무가 뒤늦게 시든다는 것을 알
게 된다."

子曰 歲寒然後 知松栢之後彫也.
자 왈 세 한 연 후 지 송 백 지 후 조 야

[주석] 歲寒(세한): 설 전후의 추위. 즉 심한 한겨울 추위.
　　　後彫(후조): 彫는 凋(조)와 통용되어, 잎새가 늦게 시든다. 혹은 '시들지
　　　　않는다'로 해석하기도 한다.

28. 공자孔子께서 말씀하셨다.

"지혜로운 사람은 미혹되지 않고, 인仁한 사람은 근심하지 않으
며, 용기 있는 사람은 두려워하지 않는다."

子曰 知者不惑 仁者不憂 勇者不懼.
자 왈 지 자 불 혹 인 자 불 우 용 자 불 구

[주석] 不惑(불혹): 미혹迷惑되지 않다. 마음이 흐려 무엇에 홀리지 않는 것.

29. 공자孔子께서 말씀하셨다.

"함께 배울 수는 있어도 함께 바른 도道에 나아갈 수는 없으며,
함께 바른 도에 나아갈 수는 있어도 함께 뜻을 세울 수는 없으며,
함께 뜻을 세울 수는 있어도 임기응변으로 판단하는 것을 함께 할
수는 없다."

160

子曰 可與共學 未可與適道, 可與適道 未可與立, 可與立 未可
자 왈 가 여 공 학 미 가 여 적 도 가 여 적 도 미 가 여 립 가 여 립 미 가
與權.
여 권

(주석) 與(여): 더불어. 함께.

共學(공학): 같이 배우다. 함께 공부하다.

適道(적도): 바른 도道에 나아가다.

立(립): 뜻을 세우다. 입신立身하다.

權(권): 권도權道. 임기응변으로 판단하는 것.

30. "산앵두나무의 꽃이 펄럭이며 나부끼네. 어찌 그대 그립지 않
으리오만, 그대 집이 너무 멀리 있네."

공자孔子께서 이에 대해 말씀하셨다.

"그리워하지 않는 것이다. 진정 그리워한다면 먼 것이 무슨 문제
이겠는가?"

唐棣之華 偏其反而. 豈不爾思 室是遠而. 子曰 未之思也 夫
당 체 지 화 편 기 반 이 기 불 이 사 실 시 원 이 자 왈 미 지 사 야 부
何遠之有?
하 원 지 유

(주석) 唐棣(당체): 산앵두나무.

華(화): 꽃. 花(화)와 같이 쓰며 '꽃'을 뜻함.

偏(편): 翩(편)과 통용되어, 펄럭이다.

反(반): 翻(번)과 통용되어, 뒤집히다.

偏其反(편기반): 펄럭이며 나부끼는 모양.

而(이): 어조사.

제 10 편

향 당鄕黨

1. 공자孔子께서 향리鄕里에 계실 적에는 겸손하시어 말을 못하는 사람 같으셨다. 종묘와 조정에 계실 적에는 분명하게 말씀을 잘 하시되 다만 신중하셨다.

孔子於鄕黨 恂恂如也 似不能言者. 其在宗廟朝廷 便便言 唯
공 자 어 향 당　순 순 여 야　사 불 능 언 자　　기 재 종 묘 조 정　변 변 언　유
謹爾.
근 이

주석 鄕黨(향당): 옛날에는 일만 이천 오백 호戶를 향鄕이라 하고, 오백 호를
　　　당黨이라 하였다. 여기서는 '마을' 또는 '향리鄕里'를 뜻한다.
　　　恂恂如(순순여): 역자에 따라 '공손한 모습' 또는 '신실信實한 모습'으로
　　　해석하기도 하나, 여기에서는 문맥상 '겸손한 모습'으로 해석하였다.
　　　似不能言者(사불능언자): 말을言 못하는不能 사람者 같다似. 여기서 '者'
　　　를 '것' '모습'으로 해석하기도 한다.
　　　便便言(편편언): 분명하게 말을 하다. 똑똑히 말을 하다.

2. 조정에서 하대부下大夫와 말씀하실 적에는 강직하셨고, 상대부上大夫와 말씀하실 적에는 부드러우면서도 분명하셨다. 임금이 계실 적

에는 지극히 공경스러우면서도 의젓하셨다.

朝與下大夫言 侃侃如也, 與上大夫言 誾誾如也, 君在 踧踖如
조 여 하 대 부 언 간 간 여 야   여 상 대 부 언 은 은 여 야   군 재 축 적 여

也. 與與如也.
야 여 여 여 야

주석 下大夫(하대부): 제후의 나라에서는 삼경三卿이 있었는데, 경卿을 상대부
　　　上大夫라 하고, 그 이하를 하대부下大夫라 하였다.

　　　侃侃如(간간여): 강직한 모습. 또는 '화락한 모습'으로 해석하기도 한다.

　　　如(여): 형용사나 동사 뒤에 '如'가 붙으면 '…한 모습'이란 뜻이 된다.

　　　誾誾如(은은여): 부드러우면서도 분명한 모습. 또는 '중정中正한 모습'으
　　　로 해석하기도 한다.

　　　踧踖如(축적여): 지극히 공경스러운 모습.

　　　與與(여여): 의젓하다. 점잖고 무게가 있다.

3. 임금이 불러 나라의 손님 접대를 맡기면, 얼굴빛을 엄숙하게
하시고 발걸음을 조심스럽게 하셨다. 함께 서 있는 사람들에게 읍揖
하실 적에는 손을 왼쪽, 오른쪽으로 돌리며 읍하셨는데, 읍하실 때
마다 옷의 앞뒤 자락이 가지런히 움직였다. 빠른 걸음으로 나아가
실 적에는 새가 나래를 편듯 단정하셨다. 손님이 물러가면 반드시
"손님께서 돌아보시지 않고 가셨습니다"라고 복명復命하셨다.

君召使擯 色勃如也 足躩如也. 揖所與立 左右手 衣前後 襜
군 소 사 빈 색 발 여 야 족 곽 여 야   읍 소 여 립 좌 우 수 의 전 후 첨

如也. 趨進 翼如也. 賓退 必復命曰 賓不顧矣.
여 야   추 진 익 여 야   빈 퇴 필 복 명 왈 빈 불 고 의

주석 擯(빈): 손님을 접대하는 것.

勃如(발여): 얼굴빛을 바로잡는 모습. 엄숙한 모습.

躩如(곽여): 발걸음을 조심스럽게 걷는 모습.

揖(읍): 두 손을 맞잡아 얼굴 앞으로 들고 허리를 앞으로 공손히 구부렸다 펴면서 내리는 인사.

所與立(소여립): 함께 서 있는 사람들.

左右手(좌우수): 왼쪽에 있는 사람에게 인사할 때는 마주 잡은 두 손을 왼쪽으로 돌리고, 오른쪽에 있는 사람에게 인사할 때는 마주 잡은 두 손을 오른쪽으로 돌려 인사하는 것.

衣前後(의전후): 읍할 때마다 옷자락이 앞뒤로 움직임을 뜻함.

襜如(첨여): 가지런히 움직이는 모양.

趨進(추진): 빠른 걸음으로 나아가다.

翼如(익여): 몸짓이 단정하여 새가 나래를 펴는 듯한 모습.

復命(복명): 일의 결과를 보고하다.

賓不顧(빈불고): 손님이 돌아보지 않다. 손님이 잘 떠나간 것을 뜻한다.

4. 궁궐 문을 들어가실 적에는 몸을 굽히는 것이 마치 문이 작아서 들어가기 어려운 것과 같이 하셨다. 문 가운데는 서 있지 않으셨고, 걸어다니실 적에는 문지방을 밟지 않으셨다. 임금의 자리 앞을 지나가실 적에는 얼굴빛을 엄숙하게 하셨고, 발걸음은 조심스럽게 하셨고, 말씀은 마치 말을 제대로 못하는 것같이 하셨다. 옷자락을 잡으시고 당堂에 오르실 적에는 몸을 굽히시고 숨소리를 죽여 숨을 쉬지 않으시는 것같이 하셨다. 당에서 나오실 적에는 한 계단을 내려오셔서 얼굴빛을 펴시고 기쁜 표정을 지으셨다. 계단을 다 내려오셔서 빠른 걸음으로 나가실 적에는 새가 나래를 편듯 단정하셨다. 자신의 자리로 되돌아오셔서는 공경스러운 모습을 하셨다.

入公門 鞠躬如也 如不容. 立不中門 行不履閾. 過位 色勃如也
입공문 국궁여야 여불용 입불중문 행불리역 과위 색발여야

足躩如也 其言似不足者. 攝齊升堂 鞠躬如也 屛氣似不息者.
족곽여야 기언사부족자 섭자승당 국궁여야 병기사불식자

出降一等 逞顏色 怡怡如也. 沒階趨進 翼如也. 復其位 踧踖
출강일등 영안색 이이여야 몰계추진 익여야 복기위 축적

如也.
여야

주석 公門(공문): 궁궐 문. 궁전 문.

鞠躬如(국궁여): 절을 하듯이 몸을 앞으로 굽히는 모습.

如不容(여불용): 용납하지容 않을 것不 같다如. 즉 궁궐 문이 자신의 몸을 받아들이지 못할 것같이 작게 느껴져 몸을 움츠렸다는 뜻이다.

履閾(이역): 문지방을 밟다.

過位(과위): 비어 있는 임금 자리 앞을 지나다.

攝齊(섭자): 옷자락齊을 잡다攝. 옷자락이 땅에 끌리지 않도록 잡는다는 뜻. 齊가 옷자락을 뜻할 때는 '자'로 읽는다.

屛氣(병기): 호흡을 멈추다. 숨을 죽이다.

息(식): 숨쉬다.

降一等(강일등): 한 계단을 내려가다.

逞顏色(영안색): 얼굴빛을 펴다. 얼굴빛의 긴장을 풀다.

怡怡如(이이여): 온화하고 기쁜 모습.

沒階(몰계): 계단을 다 내려오다.

復其位(복기위): 그의 자리로 되돌아오다.

5. 규圭를 잡고 계실 때는 몸을 굽히시어 그 무게를 못 이기시는 것 같이 하셨다. 규圭를 올리실 적에도 읍揖하시는 것같이 하셨고, 내리실 적에는 물건을 건네주는 것같이 하셨고, 얼굴빛을 엄숙히 하되 두려워하시는 것같이 하셨고, 발은 뒤꿈치를 끌면서 조심조심

걸어가셨다. 향례享禮에 있어서는 온화한 표정을 보이셨고, 사적私的
인 접견에서는 즐거운 표정을 보이셨다.

執圭 鞠躬如也 如不勝. 上如揖 下如授 勃如戰色 足蹜蹜如有
집 규 국 궁 여 야 여 불 승 상 여 읍 하 여 수 발 여 전 색 족 축 축 여 유

循. 享禮有容色 私覿 愉愉如也.
순 향 례 유 용 색 사 적 유 유 여 야

주석 執圭(집규): 규圭를 잡다. 圭는 신분을 나타내는 장신용 옥玉의 일종. 어
    떤 나라에 사신으로 갈 때 임금이 내린 규圭를 들고 간다.

  上如揖(상여읍): 규를 든 손을 올릴 때는 읍을 하는 것같이 하다.

  下如授(하여수): 규를 든 손을 내릴 적에는 물건을 주는 것같이 하다.

  戰色(전색): 두려워하는 듯한 얼굴빛. 무척 조심스러운 얼굴빛.

  蹜蹜(축축): 발걸음 폭을 좁게 걷는 모습. 조심조심 걷는 모습.

  有循(유순): 발뒤꿈치를 끌면서 걷다.

  享禮(향례): 사신使臣이 가지고 간 예물을 바치는 예법.

  有容色(유용색): 온화한 표정을 짓다. 부드러운 얼굴빛을 하다.

  私覿(사적): 개인적으로 사람들을 만나 예물을 주고받으며 사귀는 것. 즉
    사적인 접견接見.

  愉愉如(유유여): 얼굴빛이 즐거운 모습. 즐거운 표정.

6. 군자君子는 짙은 보라색과 주홍색으로는 옷깃을 달지 않으며,
붉은색과 자주색으로는 평복을 만들지 않는다. 더울 때는 가는 갈
포와 굵은 갈포로 만든 홑옷을 반드시 겉에 입고 외출을 한다. 검
정 옷에는 검은 염소 갖옷을, 흰 옷에는 어린 사슴 갖옷을, 누런 옷
에는 여우 갖옷을 입는다. 평소에 입는 갖옷은 길고 오른쪽 소매는
짧게 한다. 반드시 잠옷을 갖추는데 그 길이가 키의 한 배 반이 되

었다. 여우와 담비의 두꺼운 털옷은 집에서 입는다. 상喪을 벗게 되면 무슨 패옥佩玉이든 다 찬다. 조정에 나갈 때 입는 조복이나 제사 때에 입는 제복이 아니면 반드시 모든 옷을 잘라서 간편하게 해 입는다. 검정 염소 갓옷에 검정 갓을 쓰고는 조문弔問을 가지 않는다. 매달 초하룻날에는 반드시 조복朝服을 입고 조정에 나아간다.

君子不以紺緅飾 紅紫不以爲褻服. 當暑袗絺綌 必表而出之. 緇
군 자 불 이 감 추 식　홍 자 불 이 위 설 복　당 서 진 치 격　필 표 이 출 지　치

衣羔裘 素衣麑裘 黃衣狐裘 褻裘長 短右袂. 必有寢衣 長一
의 고 구　소 의 예 구　황 의 호 구　설 구 장　단 우 메　필 유 침 의　장 일

身有半. 狐貉之厚以居. 去喪無所不佩. 非帷裳必殺之. 羔裘
신 유 반　호 학 지 후 이 거　거 상 무 소 불 패　비 유 상 필 쇄 지　고 구

玄冠 不以弔 吉月必朝服而朝.
현 관　불 이 조　길 월 필 조 복 이 조

주석　君子(군자): 여기서 군자는 공자를 가리킨다고 보는 것이 통설이다.

紺緅(감추): 紺은 짙은 보라색, 緅는 주홍색.

飾(식): 옷깃을 장식하다. 옷깃을 달다.

紅紫(홍자): 紅은 붉은색, 紫는 자주색.

褻服(설복): 평상복. 평소에 입는 옷.

袗絺綌(진치격): 袗은 홑옷, 絺는 가는 갈포葛布, 綌은 굵은 갈포.

緇衣羔裘(치의고구): 검은 옷에는 검은 염소 갓옷을 입다.

素衣麑裘(소의예구): 흰 옷에는 어린 사슴 갓옷을 입다.

黃衣狐裘(황의호구): 누런 옷에는 여우 갓옷을 입다.

短右袂(단우메): 오른쪽 소매를 짧게 하다.

長一身有半(장일신유반): 길이가 몸의 키에 한 배 반이다.

狐貉之厚以居(호학지후이거): 여우와 담비의 두터운 갓옷을 입고 지내다.

佩(패): 패옥佩玉을 차다.

帷裳(유상): 조정에 나갈 때 입는 조복朝服이나 제사 지낼 때 입는 제복祭服.

殺之(쇄지): 옷을之 자르다殺. 옷 폭을 줄이다.

羔裘玄冠(고구현관): 검은 염소 갖옷에 검은 관을 쓰다.

吉月(길월): 매월 초하루.

7. 재계齋戒하실 때에는 반드시 목욕 후 입으시는 밝고 깨끗한 옷이 있었는데, 삼베 천으로 만든 것이었다. 재계하실 때에는 반드시 평소의 음식과 다르게 하셨고, 거처도 반드시 자리를 옮기셨다.

齊必有明衣 布. 齊必變食 居必遷坐.
재 필 유 명 의 포   재 필 변 식 거 필 천 좌

(주석) 齊(재): 재계하다. 齋(재)와 통용됨. 齊가 '재계하다'의 뜻일 때는 '재'로 읽는다.

明衣(명의): 목욕 후에 입는 밝고 깨끗한 옷.

布(포): 삼베 천.

變食(변식): 음식을 바꾸다. 평소의 음식과 다르게 하다.

遷坐(천좌): 자리를 옮기다. 거처하는 자리를 옮기다.

8. 밥은 잘 찧은 쌀로 지은 것이라 해도 배불리 잡수시지 않으셨고, 회는 가늘게 썬 것이라 해도 실컷 잡수시지 않으셨다. 밥이 쉬어서 맛이 변한 것과 생선이 상하고 고기가 썩은 것은 잡수시지 않으셨다. 색깔이 나빠도 잡수시지 않으셨고, 냄새가 나빠도 잡수시지 않으셨다. 알맞게 익힌 것이 아니면 잡수시지 않으셨고, 제철이 아닌 음식도 잡수시지 않으셨다. 썬 것이 반듯하지 않으면 잡수시지 않으셨고, 간이 잘 맞지 않으면 잡수시지 않으셨다. 고기를 비록 많

이 잡수시더라도 주식인 밥보다 많이 잡수시지 않으셨다. 술만은
일정한 양이 없으셨으나 난잡해지는 일은 없으셨다. 받아 온 술과
사 온 육포는 잡수시지 않으셨다. 생강은 물리치지 않고 잡수셨으
나 많이 잡수시지는 않으셨다. 나라의 제사에 참여한 뒤에 얻어 온
고기는 하룻밤을 넘기지 않으셨다. 다른 제사에 쓴 고기도 사흘을
넘기지 않으셨고, 사흘이 넘으면 잡수시지 않으셨다. 식사하실 적
에는 말씀을 하지 않으셨고, 잠자리에서도 말씀을 하지 않으셨다.
비록 거친 밥과 채소 국이라 할지라도 고수레를 하셨는데, 반드시
엄숙하고 경건한 모습이셨다.

食不厭精 膾不厭細. 食饐而餲 魚餒而肉敗 不食. 色惡不食 臭
사불염정 회불염세 사의이애 어뇌이육패 불식 색악불식 취
惡不食. 失飪不食 不時不食. 割不正不食 不得其醬不食. 肉
악불식 실임불식 불시불식 할부정불식 부득기장불식 육
雖多 不使勝食氣. 惟酒無量 不及亂. 沽酒市脯不食. 不撤薑食
수다 불사승식기 유주무량 불급란 고주시포불식 불철강식
不多食. 祭於公 不宿肉. 祭肉 不出三日 出三日 不食之矣. 食不
부다식 제어공 불숙육 제육 불출삼일 출삼일 불식지의 식불
語 寢不言. 雖疏食菜羹 瓜祭 必齊如也.
어 침불언 수소사채갱 과제 필제여야

주석 食(사): 밥. '밥'이란 뜻일 때는 '사'로 읽고, '먹는다'는 뜻일 때는 '식'으
로 읽는다.

不厭(불염): '싫증내지 않다'로 많이 해석하고 있으나, 여기서는 '배불리
먹지 않다'로 해석함이 타당하다. 厭은 '싫다' 외에 '배부르다'라는 뜻도
있다.

精(정): 곱게 찧은 쌀. 잘 찧은 쌀.

饐而餲(의이애): 밥이 쉬고 맛이 변한 것.

餒(뇌): 생선이 상한 것.

敗(패): 고기가 부패한 것.

失飪(실임): 익히는 것을 실패한 것. 알맞게 익히지 못한 것.

不時(불시): 제철이 아닌 것.

割不正(할부정): 썬 것이 반듯하지 않은 것.

不得其醬(부득기장): 간이 제대로 맞지 않다.

勝食氣(승사기): 밥 먹을 기분을 이기다. 고기를 많이 먹어 밥 생각을 잃을 정도가 된다는 것.

沽酒市脯(고주시포): 사 온 술沽酒과 사 온 육포肉脯.

撤(철): 물리치다. 그만두다.

宿肉(숙육): 고기를 하룻밤 묵히다.

疏食菜羹(소사채갱): 거친 밥과 채소 국.

瓜祭(과제): 반드시瓜=必 고수레祭를 하다. 瓜를 '必'의 혼돈으로 쓰였다는 설과 瓜祭를 '고수레'로 보는 설이 있다.

齊如(제여): 엄숙하고 경건한 모습.

9. 자리가 바르지 않으면 앉지 않으셨다.

席不正 不坐.
석 부 정 부 좌

(주석) 席不正(석부정): '좌석이 바르지 않다'는 '좌석이 잘 정돈되어 있지 않다'라는 뜻으로도 보고, '좌석의 배치가 예법에 맞지 않다'는 뜻으로 볼 수도 있다.

10. 마을 사람들과 술을 드실 적에는 지팡이를 짚은 노인이 나간 뒤에야 나가셨다. 마을 사람들이 역귀를 쫓는 나례儺禮를 행하면 조복을 차려 입고 동쪽 섬돌에 서 계셨다.

鄕人飮酒 杖者出 斯出矣. 鄕人儺 朝服而立於阼階.
향 인 음 주 장 자 출 사 출 의 향 인 나 조 복 이 립 어 조 계

주석 杖者(장자): 지팡이를 짚은 노인.

儺(나): 나례儺禮. 역귀疫鬼를 쫓는 예식.

阼階(조계): 동쪽 섬돌. 주인이 당堂에 올라가는 섬돌.

11. 다른 나라에 문안을 드리기 위해 사람을 보낼 때에는 그곳에 가는 사람에게 두 번 절하고 보내셨다.

계강자季康子가 약藥을 보내자, 절하고 그것을 받으시며 말씀하시기를.

"나는 (이 약에 대해서) 잘 알지 못하므로 감히 맛보지 못하겠습니다"라고 하셨다.

問人於他邦 再拜而送之. 康子饋藥 拜而受之 曰 丘未達 不敢嘗.
문 인 어 타 방 재 배 이 송 지 강 자 궤 약 배 이 수 지 왈 구 미 달 불 감 상

주석 問人(문인): 사람을 보내어 문안드리다. 사람을 보내어 안부를 묻다.

康子(강자): 노나라 대부인 계강자季康子. (爲政편 20장 참조)

饋(궤): 보내다. 물건을 보내다.

丘未達(구미달): 나丘는 잘 알지 못한다未達. 丘는 공자의 이름으로 자칭 '나'를 뜻한다.

嘗(상): 맛보다. 윗사람이 음식이나 약을 보내 주면 받는 즉시 맛을 보는 것이 예의였다.

12. 마구간에 불이 났었는데, 공자孔子께서는 조정에서 퇴근하시어 "사람이 다쳤느냐?"고 물어보시고, 말馬에 대해서는 묻지 않으셨다.

廐焚 子退朝 曰 傷人乎? 不問馬.
구 분 자 퇴 조 왈 상 인 호 불 문 마

(주석) 廐(구): 마구간.

焚(분): 불타다. 불이 나다.

退朝(퇴조): 조정에서 물러 나오다. 조정에서 퇴근하다.

13. 임금이 음식을 내리시면 반드시 자리를 바로 하고 먼저 그것을 맛보셨다. 임금이 날고기를 내리시면 반드시 익혀서 조상께 올리셨다. 임금이 산 짐승을 내리시면 반드시 그것을 기르셨다. 임금을 모시고 식사를 하실 때에는 임금이 고수레를 하면 먼저 음식을 맛보셨다. 병이 나서 임금이 문병을 오시면, 머리를 동쪽으로 두고 조정에서 입는 조복을 몸 위에 덮고 큰 띠를 그 위에 펼쳐 놓으셨다. 임금이 명을 내려 부르시면 수레가 준비되는 것을 기다리지 않고 가셨다.

君賜食 必正席先嘗之. 君賜腥 必熟而薦之. 君賜生 必畜之. 侍
군 사 식 필 정 석 선 상 지 군 사 성 필 숙 이 천 지 군 사 생 필 축 지 시
食於君 君祭先飯. 疾 君視之 東首 加朝服拖紳. 君命召 不俟
식 어 군 군 제 선 반 질 군 시 지 동 수 가 조 복 타 신 군 명 소 불 사
駕行矣.
가 행 의

(주석) 腥(성): 날고기. 생고기.

薦(천): 조상에게 제물로 올리는 것을 뜻한다.

生(생): 산 짐승.

畜(축): 기르다. 사육飼育하다.

侍食(시식): 모시고 식사를 하다.

祭(제): 여기서는 '고수레'를 뜻한다.

先飯(선반): 먼저 식사하다. 먼저 음식을 맛보다. 임금의 안전을 위해 먼
저 음식을 맛본 것으로 생각된다.

君視之(군시지): 임금이 그를 보다. 임금이 그를 문병하다.

東首(동수): 동쪽으로 머리를 두다.

加朝服(가조복): 조복을 더하다. 조복을 몸 위에 덮다.

拖紳(타신): 큰 띠를 펼치다. 조복 위에 큰 띠를 펼쳐 놓다.

俟駕(사가): 수레를 기다리다. 수레가 준비되는 것을 기다리다.

14. 태묘大廟에 들어가시면 모든 일에 대하여 물으셨다.

入大廟 每事問.
입 태 묘 매 사 문

[주석] 大廟(태묘): 천자天子나 제후諸侯들의 시조始祖를 모신 묘묘廟. (八佾편 15장
에 같은 구절이 있음)

15. 벗이 죽었는데 거두어 줄 사람이 없으면, 공자孔子께서는 "내
집에 빈소를 차리시오"라고 하셨다. 벗이 보내 준 물건은 비록 수레
나 말이라 할지라도 제사 지낸 고기가 아니면 절하지 않으셨다.

朋友死 無所歸 曰 於我殯. 朋友之饋 雖車馬 非祭肉 不拜.
붕 우 사 무 소 귀 왈 어 아 빈   붕 우 지 궤 수 거 마 비 제 육 불 배

[주석] 無所歸(무소귀): 돌아갈歸 곳이所 없다無. 가족이나 친척이 없어 장례를
치루어 줄 사람이 없다는 뜻임.

殯(빈): 빈소를 차리다.

饋(궤): 보내다. 보내 준 물건.

車馬(거마): '수레나 말에 실어 온 귀한 물건'을 뜻한다고 보기도 한다.

16. 주무실 적에는 죽은 사람처럼 눕지 않으셨고, 집에 계실 적에는 엄숙한 얼굴을 하지 않으셨다. 상복을 입은 사람을 보시면 비록 친밀한 사이라 할지라도 반드시 안색을 바로 하여 대하셨다. 예복을 입은 사람과 장님을 만나면 비록 가까운 사이라 할지라도 반드시 예모를 갖추어 대하셨다. 상복을 입은 사람에게는 수레 위에서도 예를 갖추셨고, 나라의 지도나 문서를 짊어진 사람에게도 수레 위에서 예를 갖추셨다. 성찬盛饌이 나오게 되면 반드시 안색을 바로 하고 일어서서 예를 표하셨다. 심한 천둥이 치고, 바람이 세게 불면 반드시 안색이 변하셨다.

寢不尸 居不容. 見齊衰者 雖狎必變. 見冕者與瞽者 雖褻必以
침 불 시 거 불 용   견 자 최 자 수 압 필 변   견 면 자 여 고 자 수 설 필 이

貌. 凶服者式之 式負版者. 有盛饌 必變色而作 迅雷風烈 必變.
모   흉 복 자 식 지 식 부 판 자   유 성 찬 필 변 색 이 작 신 뢰 풍 렬 필 변

주석 不尸(불시): 죽은 사람처럼 눕지 않다. 尸는 屍(시)와 통용됨.

不容(불용): 엄숙한 얼굴을 하지 않다.

齊衰(자최): 상복喪服.

狎(압): 친밀하다. 친숙하다.

變(변): 낯빛을 바꾸다. 안색을 바로 하다.

冕者(면자): 면관冕冠을 쓴 사람. 예복을 차려입은 사람.

瞽(고): 장님. 눈먼 사람.

褻(설): 속옷裏衣. 즉 아주 가까운 사이를 뜻함.

貌(모): 예모를 갖추다.

凶服(흉복): 상복. 장례 때 입은 옷.

式(식): 수레 앞에 가로 댄 나무 위에 몸을 숙이는 인사.

負版者(부판자): 나라의 지도나 문서를 짊어진 사람.

盛饌(성찬): 풍족하게 잘 차린 음식. 손님으로 잘 대접받는 것을 뜻함.

變色(변색): 낯빛을 바꾸다. 안색을 바로 하다.
作(작): 일어서다. 일어서서 예를 표하다.
迅(신): 빠르다. 심하다.

17. 수레에 오르실 때는 반드시 바르게 서서 손잡이 끈를 잡으셨다. 수레 속에서는 안을 둘러보지 않으셨고, 말씀을 빠르게 하지 않으셨고, 직접 손가락질을 하지 않으셨다.

> 升車 必正立 執綏. 車中不內顧 不疾言 不親指.
> 승 거 필 정 립 집 수   거 중 불 내 고   불 질 언   불 친 지

[주석] 執綏(집수): 손잡이 끈을 잡다.
    內顧(내고): 안을 둘러보다.
    疾言(질언): 말을 빠르게 하다.
    親指(친지): 직접 손가락질을 하다.

18. (공자께서 제자들과 산길을 갈 때) 새들이 사람의 기색을 알아차리고 날아올라 빙빙 돌다가 살핀 뒤에 내려앉았다. 공자孔子께서 이를 보시고, "산간 다리에 있는 까투리들은 때를 만났구나, 때를 만났어!"하고 말씀하셨다. 자로子路가 그것을 잡아서 바치자, 세 번 냄새를 맡으시고 일어나셨다.

> 色斯擧矣 翔而後集. 曰 山梁雌雉 時哉時哉! 子路共之 三嗅
> 색 사 거 의   상 이 후 집   왈   산 량 자 치   시 재 시 재   자 로 공 지   삼 후
> 而作.
> 이 작

[주석] 色斯擧(색사거): 사람의 기색을 알아차리고 날아오르다.

翔(상): 빙빙 날다. 빙빙 날며 사람의 기색을 살피다.

集(집): 내려앉다.

梁(량): 다리.

雌雉(자치): 까투리. 암꿩.

共之(공지): 꿩을 잡아서 바치다. 共은 拱(공)과 통용됨.

三嗅而作(삼후이작): 세 번 냄새를 맡고 일어났다. 또는 嗅(후: 냄새를 맡
다)를 狊(격: 새가 양 날개를 펴다)의 오자誤字로 보고, '세 번三 날개짓
을狊 하고而 날아갔다作'로 해석하기도 한다.

이 장章은 학자에 따라 해석이 분분하다.

제11편

선 진先進

1. 공자孔子께서 말씀하셨다.

"옛사람들은 예악禮樂에 있어서 야인野人과 같이 질박하였고, 후대의 사람들은 예악에 있어서 군자와 같이 품격이 있다. 만약에 내가 예악을 쓴다면 나는 옛사람들의 것을 따르겠다."

子曰 先進於禮樂 野人也, 後進於禮樂 君子也. 如用之 則吾從
자 왈 선 진 어 예 악 야 인 야   후 진 어 례 악 군 자 야   여 용 지 즉 오 종
先進.
선 진

주석 先進(선진): 선대先代의 사람들. 옛사람들.

野人(야인): 벼슬을 하지 않은 백성. 소박하고 질박함을 뜻한다.

後進(후진): 후대後代의 사람들. 공자의 시대 사람들.

'先進於禮樂 野人也'를 '벼슬에 나아가기 앞서 예악을 배우는 것은 야인
이다'로, '後進於禮樂 君子也'를 '벼슬에 나아간 뒤에 예악을 배우는
것은 군자이다'로 해석하기도 한다.

如用之(여용지): 만약如 예악을之 쓰게 된다면用.

이 장은 해석이 분분하고 본지本旨를 파악하기 어려운 것으로 알려져 있
다.

2. 공자孔子께서 말씀하셨다.

"진陳나라와 채蔡나라에서 고생할 때 나를 따르던 사람들이 (지금) 모두 내 문하에 있지 않구나!" 덕행에 모범이었던 자는 안연顔淵 · 민자건閔子騫 · 염백우冉伯牛 및 중궁仲弓이 있었고, 언변이 뛰어났던 자는 재아宰我와 자공子貢이 있었고, 정사政事에 수완이 있었던 자는 염유冉有와 계로季路가 있었고, 글과 학문이 뛰어났던 자는 자유子游와 자하子夏가 있었다.

子曰 從我於陳蔡者 皆不及門也. 德行 顔淵 · 閔子騫 · 冉伯
자왈 종아어진채자 개불급문야 덕행 안연 민자건 염백

牛 · 仲弓, 言語 宰我 · 子貢, 政事 冉由 · 季路, 文學 子游 · 子夏.
우 중궁 언어 재아 자공 정사 염유 계로 문학 자유 자하

주석 陳蔡(진채): 진나라와 채나라를 여행하다 어려움을 겪었던 일을 가리킨다.
　　皆不及門(개불급문): '벼슬길에 나아가는 관문에는 미치지 못했다' 또는
　　　　'모두 위나라의 성문城門에 이르지 못했다'로 해석하기도 한다.
　　德行(덕행): 덕을 실천하는 데 모범인 것을 뜻함.
　　言語(언어): 말을 잘하는 것. 언변이 뛰어난 것을 뜻함.
　　政事(정사): 정사에 수완이 있는 것을 뜻함.
　　文學(문학): 글과 학문이 탁월한 것을 뜻함.

3. 공자孔子께서 말씀하셨다.

"안회顔回는 나를 도와주는 사람이 아니다. 그는 내가 하는 말에 대해서 기뻐하지 않는 것이 없다."

子曰 回也 非助我者也. 於吾言 無所不說.
자왈 회야 비조아자야 어오언 무소불열

助我(조아): 나를 도와주다. 의문을 제기하여 공자로 하여금 생각하고 탐 구하는 데 도움을 주는 것을 뜻한다.

無所不說(무소불열): 기뻐하지說 않는不 것이所 없다無.

4. 공자孔子께서 말씀하셨다.

"효성스럽도다, 민자건閔子騫이여! 사람들이 그의 부모와 형제들 이 그의 효성을 칭찬하는 말에 남들이 딴말을 못할 것이다."

子曰 孝哉 閔子騫! 人不間於其父母昆弟之言.
자 왈 효 재 민 자 건   인 불 간 어 기 부 모 곤 제 지 언

閔子騫(민자건): 공자의 제자인 민손閔損의 자字가 자건子騫이다.

間(간): 나무라다. 딴말을 하다. 트집 잡다.

昆弟(곤제): 형제.

言(언): 여기서는 '그의 효성을 칭찬하는 말'을 뜻한다.

5. 남용南容이 백규白圭의 시구詩句를 하루 여러 번 되풀이해서 외우 자, 공자孔子께서는 자기 형의 딸을 그에게 시집보내셨다.

南容三復白圭. 孔子以其兄之子妻之.
남 용 삼 복 백 규   공 자 이 기 형 지 자 처 지

南容(남용): 공자의 제자. 남궁괄南宮适. 자가 자용子容이라서 남용南容으 로도 불렸다. (公冶長편 2장 참조)

三復(삼복): 여러 번 되풀이해서 외우다.

白圭(백규): 《시경》 대아大雅 억편抑篇의 "흰 옥의 흠은 갈아 낼 수 있으나, 말의 흠은 그렇게 할 수도 없네(白圭之玷 尚可磨也 斯言之玷 不可磨也)"라 고 한 시의 한 구절.

妻之(처지): 그에게 처를 삼게 하다. 그에게 시집보내다.

6. 계강자季康子가 "제자들 중에서 누가 배우기를 좋아합니까"라고
묻자, 공자孔子께서 대답하셨다.

"안회顔回라는 사람이 배우기를 좋아하였는데, 불행히도 단명하
여 죽었습니다. 지금은 그런 사람이 없습니다."

季康子問 弟子孰爲好學? 孔子對曰 有顔回者好學 不幸短命
계 강 자 문 제 자 숙 위 호 학 공 자 대 왈 유 안 회 자 호 학 불 행 단 명
死矣. 今也則亡.
사 의   금 야 즉 무

주석 孰(숙): 누구.
　　 亡(무): 없다. 無와 통함. '없다'의 뜻일 때는 '무'로 읽는다.

7. 안연顔淵이 죽자 안로顔路가 공자孔子의 수레를 팔아서 덧관을 마
련해 줄 것을 청하자, 공자께서 말씀하셨다.

"재주가 있든 없든 간에 역시 누구나 자기 자식을 말하게 되지
오. (내 아들) 리鯉가 죽었을 때도 관棺만 있고 덧관은 없었습니다.
내가 걸어다니면서까지 수레를 팔아서 덧관을 마련해 주지 못하
는 것은, 나도 대부大夫의 신분에 걸어서 다닐 수는 없어서입니다."

顔淵死 顔路請子之車以爲之椁 子曰 才不才 亦各言其子也. 鯉
안 연 사 안 로 청 자 지 거 이 위 지 곽 자 왈 재 부 재 역 각 언 기 자 야 리
也死 有棺而無椁. 吾不徒行以爲之椁 以吾從大夫之後 不可
야 사 유 관 이 무 곽 오 부 도 행 이 위 지 곽 이 오 종 대 부 지 후 불 가
徒行也.
도 행 야

180

주석 顔淵(안연): 공자가 가장 사랑하던 제자. 성은 안顔, 이름은 회回이고, 자
　　가 안연顔淵이다. (爲政편 9장 참조)

　　顔路(안로): 안연顔淵의 아버지. 이름은 무유無繇, 자가 로路이며, 역시 공
　　자의 문인門人이다.

　　槨(곽): 덧관. 외관外棺.

　　亦各言其子(역각언기자): 역시 누구나 자기 자식을 위해 말하다.

　　才不才(재부재): 재주가 있든 없든.

　　鯉(리): 공자의 아들 이름이며, 자는 백어伯魚이다.

　　徒行(도행): 걸어서 다니다.

　　從大夫之後(종대부지후): 대부의 뒤를 따라다니다. 자신도 대부의 신분에
　　있음을 겸손하게 표현한 것임.

8. 안연顔淵이 죽자 공자孔子께서 말씀하셨다.

　"아아! 하늘이 나를 망하게 하는구나, 하늘이 나를 망하게 하는
구나!"

　　顔淵死 子曰 噫! 天喪予, 天喪予!
　　안 연 사　자 왈　희　　천 상 여　　천 상 여

주석 噫(희): 아! 감탄사.

　　喪(상): 버리다. 망하게 하다.

9. 안연顔淵이 죽자 공자孔子께서는 지나치게 통곡을 하셨다. 모시고
있던 사람이 말했다.

　"선생님께서 지나치게 슬퍼하십니다."

　공자께서 말씀하셨다.

　"슬픔이 지나치다고? 이 사람을 위해 슬퍼하지 않는다면 누구를

위해 하겠느냐?"

顏淵死 子哭之慟. 從者曰 子慟矣. 曰 有慟乎? 非夫人之爲慟
안연사 자곡지통 종자왈 자통의 왈 유통호 비부인지위통
而誰爲?
이수위

주석 慟(통): 슬픔이 지나치다. 애통이 지나치다.
　　夫人(부인): 이 사람. 그 사람.
　　夫人之爲慟(부인지위통): '爲夫人慟'이 도치된 형식. 이 사람을 夫人 위
　　　해爲 애통해하다慟.

10. 안연顏淵이 죽자 문인들이 그를 성대하게 장사 지내려고 하자,
공자孔子께서는 "옳지 않다"고 말씀하셨다.

　　그래도 문인들이 성대하게 장사를 지내 주자, 공자께서 말씀하
셨다.

　　"회回(안연)는 나를 아버지같이 대하였는데, 나는 그를 자식같이
대하지 못했다. 그것은 나 때문이 아니라 너희들 때문이다."

顏淵死 門人欲厚葬之 子曰 不可. 門人厚葬之 子曰 回也 視
안연사 문인욕후장지 자왈 불가 문인후장지 자왈 회야 시
予猶父也 予不得視猶子也. 非我也 夫二三子也.
여유부야 여부득시유자야 비아야 부이삼자야

주석 厚葬之(후장지): 그를 후하게 장사 지내다. 그를 성대히 장사 지내다.
　　視予猶父(시여유부): 나를予 보기를視 아버지父같이 하다猶. 나를 아버지
　　　처럼 대하다.
　　夫(부): 어조사.
　　二三子(이삼자): 몇 사람. 제자들을 가리킨다.

11. 계로季路가 귀신을 섬기는 일에 대해서 물어보자, 공자孔子께서 말씀하셨다.

"사람도 제대로 섬기지 못하면서 어찌 귀신을 섬길 수 있겠느냐?"

계로가 물었다. "감히 죽음에 대해서 여쭈어보겠습니다."

공자께서 말씀하셨다.

"삶에 대해서도 잘 알지 못하는데 어찌 죽음을 알겠느냐?"

季路問事鬼神 子曰 未能事人 焉能事鬼? 曰 敢問死. 曰 未知生
계 로 문 사 귀 신　자 왈　미 능 사 인　언 능 사 귀　　왈 감 문 사　왈 미 지 생
焉知死?
언 지 사

(주석) 季路(계로): 자로子路의 또 하나의 자字.
　　鬼神(귀신): 죽은 사람의 혼.
　　焉(언): 어찌. 어떻게.

12. 민자건閔子騫은 곁에서 모시고 있을 적에 부드럽고 분명한 태도였고, 자로子路는 강하고 용감하였고, 염유冉有와 자공子貢은 강직하였으므로 공자孔子께서는 즐거워하셨다. 그리고 "유由(자로) 같은 사람은 제명에 죽지 못할 것이다"라고 하셨다.

閔子侍側 誾誾如也, 子路 行行如也, 冉有 · 子貢 侃侃如也, 子
민 자 시 측　은 은 여 야　자 로　행 행 여 야　염 유　　자 공 간 간 여 야　자
樂. 若由也 不得其死然.
락　약 유 야　부 득 기 사 연

(주석) 閔子(민자): 민자건閔子騫을 말함.

侍側(시측): 곁에서 모시다.

誾誾如(은은여): 부드럽고 분명한 모습.

行行如(행행여): 강하고 용감한 모습.

侃侃如(간간여): 강직한 모습.

不得其死然(부득기사연): 제대로 된 죽음을 얻지 못하다. 즉 제명에 죽지
못하다.

13. 노魯나라 사람이 장부長府라는 창고를 다시 지으려 하자, 민자
건閔子騫이 말했다.

"옛것을 그대로 쓰면 어떠한가? 어찌 꼭 고쳐 지어야 하는가?"

이를 듣고 공자孔子께서 말씀하셨다.

"그 사람은 좀처럼 말을 안 하지만, 말을 하면 꼭 이치에 맞는다."

魯人爲長府 閔子騫曰 仍舊貫 如之何? 何必改作? 子曰 夫人
노 인 위 장 부 민 자 건 왈 잉 구 관 여 지 하   하 필 개 작   자 왈 부 인
不言 言必有中.
불 언 언 필 유 중

주석 長府(장부): 재물을 보관하는 창고 이름.

仍舊貫(잉구관): 옛것을 따르다. 옛것을 그대로 쓰다.

言必有中(언필유중): 말이 꼭 적중하다. 말을 하면 반드시 이치에 맞다.

14. 공자孔子께서 말씀하셨다.

"유由(자로)의 거문고 연주를 어찌 내 집 안에서 쓸 수가 있겠는
가?"

이를 듣고 문인門人들이 자로子路를 공경하지 않았다.

공자께서 말씀하셨다.

"유由(자로)는 대청마루에는 올라섰지만, 아직 방 안에 들어오지
못했을 뿐이다."

> 子曰 由之瑟 奚爲於丘之門? 門人不敬子路. 子曰 由也升堂矣.
> 자왈 유지슬 해위어구지문   문인불경자로   자왈 유야승당의
> 未入於室也.
> 미입어실야

[주석] 瑟(슬): 거문고의 일종. 중국의 대표적 현악기.
　　奚爲(해위): 어찌 쓸 수가 있겠는가? 자로는 성품이 거칠어서 거문고 타는
　　　솜씨도 살벌하여 공자가 꺼렸다 한다.
　　升堂(승당): 당에 올라 있다. 학문이나 덕행이 어느 정도 수준에 도달해
　　　있음을 뜻함.
　　入於室(입어실): 방 안에 들어오다. 학문이나 덕행이 높은 수준에 도달함
　　　을 뜻함.

15. 자공子貢이 물었다. 사師(자장)와 상商(자하)은 누가 더 현명합니까?
　　공자孔子께서 말씀하셨다.
　　"사師는 지나친 바가 있고, 상商은 모자란 바가 있다."
　　자공이 말했다. "그러면 사師가 낫습니까?"
　　공자께서 말씀하셨다.
　　"지나친 것은 모자란 것과 같다."

> 子貢問 師與商也 孰賢? 子曰 師也過 商也不及. 曰 然則師愈
> 자공문 사여상야 숙현   자왈 사야과 상야불급   왈 연즉사유
> 與. 子曰 過猶不及.
> 여   자왈 과유불급

師(사): 성명은 전손사顓孫師이고, 자는 자장子張이다.

　商(상): 성명은 복상卜商이고, 자는 자하子夏이다.

　不及(불급): 미치지 못하다. 모자라다.

　愈(유): 낫다. 뛰어나다.

　猶(유): …와 같다. 마찬가지다.

16. 계씨季氏는 주공周公보다 부유했는데, 그의 가재家宰인 구求(염구)는 그를 위해 세금을 거두어들여서 그의 재산을 더 늘려 주었다.

　공자孔子께서 말씀하셨다.

　"염구는 나의 제자가 아니다! 너희들은 북을 울리며 그를 성토해도 좋다."

　　季氏富於周公 而求也爲之聚斂而附益之. 子曰 非吾徒也!
　　계 씨 부 어 주 공　이 구 야 위 지 취 렴 이 부 익 지　　자 왈　비 오 도 야

　　小子鳴鼓而攻之可也.
　　소 자 명 고 이 공 지 가 야

季氏(계씨): 노나라의 세도가 계손씨季孫氏.

　求(구): 염구冉求. 계씨季氏의 가재家宰로 일했다.

　聚斂(취렴): 세금을 거두어 모으다.

　附益之(부익지): 그의 부富를 더 보태 주다. 그의 재산을 더 늘려 주다.

　吾徒(오도): 나를 따르는 사람. 나의 제자.

　小子(소자): 제자들을 가리킴. 너희들.

　鳴鼓而攻之(명고이공지): 북을 울리며 그를 성토하다.

17. 시柴(자고)는 어리석고, 삼參(증자)은 둔하고, 사師(자장)는 치우치고, 유由(자로)는 거칠다.

柴也愚 參也魯 師也辟 由也喭.
시 야 우 삼 야 노 사 야 벽 유 야 언

[주석] 柴(시): 공자의 제자. 성은 고高, 이름은 시柴, 자는 자고子羔이다. 어리석
　　　었지만 정직하였다고 한다.

　　　參(삼): 증자曾子. 증삼曾參은 둔했지만 성실하였다고 한다.

　　　魯(로): 둔하다. 미련하다. 노둔魯鈍하다.

　　　師(사): 자장子張. 사師는 재주는 뛰어났으나 성실하지 못하고 모든 일에
　　　　　형식적인 데가 많았다고 한다.

　　　辟(벽): 편벽되다. 치우치다.

　　　由(유): 자로子路. 유由는 성격이 과격하여 거칠었다고 한다.

　　　喭(언): 거칠다. 조잡하다.

18. 공자孔子께서 말씀하셨다.

　"회回(안연)는 도道를 거의 깨달았으나, 쌀통이 자주 비어 있었다.
사賜(자공)는 운명을 받아들이지 않고 재물을 늘렸는데, 그의 예측
은 자주 적중했다."

子曰 回也其庶乎 屢空. 賜不受命 而貨殖焉 億則屢中.
자 왈 회 야 기 서 호 누 공   사 불 수 명 이 화 식 언 억 즉 누 중

[주석] 庶(서): 거의 가깝다. 도道를 거의 깨달았다는 뜻.

　　　屢(누): 자주. 여러 번.

　　　空(공): 쌀통이 비다. 궁핍하다는 뜻.

　　　命(명): 천명天命. 즉 빈부귀천의 운명으로 해석하기도 하고, 또는 교명教
　　　　命. 즉 스승의 가르침으로 해석하기도 한다.

　　　貨殖(화식): 재화를 불리다. 재물을 늘리다.

　　　億(억): 예측하다.

　　　中(중): 적중하다. 들어맞다.

19. 자장子張이 선한 사람이 지켜야 할 도道에 대해서 물어보자, 공자孔子께서 말씀하셨다.

"옛 성현聖賢의 발자취를 따르지 않으면, 역시 훌륭한 경지에 들어가지 못한다."

> 子張問善人之道 子曰 不踐迹 亦不入於室.
> 자 장 문 선 인 지 도 자 왈 불 천 적 역 불 입 어 실

[주석] 善人之道(선인지도): 선한 사람이 되기 위해 지켜야 할 도道.
　　　踐迹(천적): 발자취를 밟다. 옛 성현들의 행적을 따르다.
　　　入於室(입어실): 방에 들어가다. '학문이나 덕행이 높은 경지에 이른다'는 뜻임.

20. 공자孔子께서 말씀하셨다.

"말하는 것이 성실하다고 그를 인정한다면, 그가 군자다운 사람인가? 외모만 장엄한 사람인가?"

> 子曰 論篤是與 君子者乎? 色莊者乎?
> 자 왈 논 독 시 여 군 자 자 호   색 장 자 호

[주석] 論篤(논독): 언론이 독실하다. 말하는 것이 성실하다.
　　　是與(시여): 是는 강조의 뜻이며, 與는 찬성하다. 인정하다.
　　　色莊(색장): 얼굴빛이 장중하다. 외모가 장엄하다.

21. 자로子路가 "올바른 도리를 들으면 곧 그것을 실천해야 합니까?" 하고 물어보자, 공자孔子께서 말씀하셨다.

"부형이 계시는데 어찌 들은 것을 곧 실천하겠느냐?"

염유冉有가 물었다.

"올바른 도리를 들으면 곧 실천해야 합니까?"

공자께서 말씀하셨다.

"들으면 곧 실천해야 한다."

공서화公西華가 말씀드렸다.

"유由(자로)가 '올바른 도리를 들으면 곧 실천해야 합니까' 물었을 적에는 선생님께서는 '부형이 계시다'고 말씀하시고, 구求(염유)가 '올바른 도리를 들으면 곧 실천해야 합니까' 하고 물었을 적에는, 선생님께서는 '들으면 곧 실천해야 한다'라고 말씀하셨습니다. 저(공서화)는 헷갈려서 감히 그 까닭을 여쭈어보고자 합니다."

공자께서 말씀하셨다.

"구求(염유)는 물러서려는 사람이기 때문에 그를 앞으로 나아가게 한 것이고, 유由(자로)는 남을 이기려는 사람이기 때문에 그를 뒤로 물러서게 한 것이다."

子路問 聞斯行諸? 子曰 有父兄在 如之何其聞斯行之? 冉有問
자 로 문 문 사 행 저   자 왈 유 부 형 재 여 지 하 기 문 사 행 지   염 유 문
聞斯行諸? 子曰 聞斯行之. 公西華曰 由也問聞斯行諸 子曰有
문 사 행 저   자 왈 문 사 행 지   공 서 화 왈 유 야 문 문 사 행 저 자 왈 유
父兄在 求也問聞斯行諸 子曰聞斯行之. 赤也惑 敢問. 子曰
부 형 재 구 야 문 문 사 행 저 자 왈 문 사 행 지   적 야 혹 감 문   자 왈
求也退 故進之, 由也兼人 故退之.
구 야 퇴 고 진 지   유 야 겸 인 고 퇴 지

[주석] 聞(문): 듣다. 가르침이나 올바른 도리를 듣다.

斯(사): 곧. 곧바로.

諸(저): 諸는 之乎와 같은 뜻임.

赤(적): 공서화公西華의 이름. 공서公西는 성이고, 적赤은 이름이다.

惑(혹): 미혹되다. 헷갈리다.

退之(퇴지): 그를 물러나게 하다.

進之(진지): 그를 나아가게 하다.

兼人(겸인): 남의 몫까지 겸하다. 남을 이겨 내다.

22. 공자孔子께서 광匡의 지역에서 위난危難을 당하였을 때, 안연顏淵
이 뒤늦게 오자, 공자께서 말씀하셨다.

"나는 네가 죽은 줄 알았다."

안연이 대답했다.

"선생님께서 계신데, 제가 어찌 감히 죽겠습니까?"

子畏於匡 顏淵後 子曰 吾以女爲死矣. 曰 子在 回何敢死?
자 외 어 광 안 연 후 자 왈 오 이 여 위 사 의 　 왈 자 재 　 회 하 감 사

주석 畏於匡(외어광): 광의 지역에서 위난危難을 당하다. (子罕편 5장 참조)

後(후): 뒤늦게 오다.

回(회): 안연顏淵의 이름.

23. 계자연季子然이 물어보았다.

"중유仲由와 염구冉求는 대신大臣이라 할 수 있습니까?"

공자孔子께서 말씀하셨다.

"나는 그대가 특이한 질문을 하리라 생각했는데, 겨우 중유와 염
구에 대해서 물어보는군요. 이른바 대신大臣이란 정도正道로써 임금
을 섬기다가 그것이 불가능하면 그만두는 것입니다. 지금의 중유와
염구는 자리나 채우는 신하라고 할 수 있을 것입니다."

190

이에 계자연이 물었다.

"그러면 임금이 시키는 대로 따르기만 하는 사람들입니까?"

공자께서 말씀하셨다.

"아버지와 임금을 시해하는 일 같은 짓은 따르지 않을 것입니다."

季子然問 仲由·冉求 可謂大臣與? 子曰 吾以子爲異之問 曾
제 자 연 문   중 유   염 구   가 위 대 신 여   자 왈   오 이 자 위 이 지 문   증
由與求之問. 所謂大臣者 以道事君 不可則止. 今由與求也 可
유 여 구 지 문   소 위 대 신 자   이 도 사 군   불 가 즉 지   금 유 여 구 야   가
謂具臣矣. 曰 然則從之者與? 子曰 弑父與君 亦不從也.
위 구 신 의   왈 연 즉 종 지 자 여   자 왈   시 부 여 군   역 부 종 야

주석 季子然(계자연): 노나라 세도가인 계씨季氏 집안의 자제.

異(이): 괴이한. 특이한.

曾(증): 이에. 곧. 겨우.

具臣(구신): 자리나 채우는 신하.

從之者(종지자): 임금이 시키는 대로 따르기만 하는 사람.

弑(시): 시해하다. 윗사람을 죽이는 것.

24. 자로子路가 자고子羔를 비費의 읍재邑宰를 시키자, 공자孔子께서 말씀하셨다.

"남의 자식을 해치는구나!"

자로子路가 말씀드렸다.

"그곳에도 백성들이 있고 사직社稷이 있는데, 어찌 반드시 책을 읽은 다음에야 공부를 한다고 하겠습니까?"

공자께서 말씀하셨다.

"이래서 말 잘하는 사람을 미워하는 것이다."

子路使子羔爲費宰. 子曰 賊夫人之子! 子路曰 有民人焉 有社
자 로 사 자 고 위 비 재　자 왈 적 부 인 지 자　자 로 왈 유 민 인 언 유 사

稷焉 何必讀書然後爲學? 子曰 是故惡夫佞者.
직 언　하 필 독 서 연 후 위 학　자 왈 시 고 오 부 녕 자

주석 子羔(자고): 공자의 제자. 고시高柴의 자가 자고子羔이다. (앞의 17장 참조)

費宰(비재): 비費 고을의 읍재邑宰.

賊(적): 해치다. 망치다.

人之子(인지자): 남의 자식. 자고子羔를 가리킴.

社稷(사직): 국가. 조정.

惡(오): 미워하다.

佞(녕): 말을 잘하는 것.

25. 자로子路와 증석曾晳과 염유冉有와 공서화公西華가 공자孔子를 모
시고 앉아 있었다.

공자께서 말씀하셨다.

"내가 너희들보다 조금 나이가 많다고 하여, 나를 어려워하지 마
라. 평소에 너희들은 '자신을 알아주지 않는다'고 말하는데, 만약
너희들을 알아주는 사람이 있다면 어떻게 하겠느냐?"

자로가 불쑥 나서서 대답했다.

"제후의 나라가 큰 나라들 틈에 끼여서 군대의 침략을 당하고 있
고, 거기다 기근饑饉까지 겹쳤다 하더라도 제가 그 나라를 다스린다
면, 거의 3년이면 백성들을 용맹스럽게 만들고, 또 바른 길을 알도
록 하겠습니다."

공자께서 이 말에 빙그레 웃으셨다.

"구求(염유)야, 너는 어떠하냐?"

이에 염유가 대답했다.

"사방이 육칠십 리 혹은 오륙십 리 되는 곳을 제가 다스린다면 거의 3년이면 백성들을 풍족하게 해 줄 수 있을 것입니다. 예악禮樂과 같은 일은 다른 군자에 의지해야 할 것 같습니다."

공자께서 말씀하셨다.

"적赤(공서화)아, 너는 어떠하냐?"

공서화가 대답했다.

"저는 할 수 있다고 말하는 것이 아니라, 배우고자 합니다. 종묘宗廟의 제사와 제후들의 회동 같은 때에 예복과 예관을 착용하고 작은 일을 도와주고 싶습니다."

공자께서 말씀하셨다.

"점點(증석)아, 너는 어떠하냐?"

거문고 소리가 늦어지더니 뎅그렁하며 거문고를 밀어 놓고 증석이 일어서서 대답하였다.

"저는 세 사람이 이야기한 것과 다릅니다."

공자께서 말씀하셨다.

"무슨 상관있느냐? 각기 제 뜻을 말한 것이다."

증석은 이렇게 답했다.

"늦은 봄에 봄옷이 다 만들어지면 어른 대여섯 명과 아이들 육칠 명과 함께 기수沂水에서 목욕하고 무우舞雩에서 바람을 쏘인 다음, 노래를 하며 돌아오겠습니다."

공자께서는 감탄하시며 말씀하셨다.

"나는 점(증석)의 말에 찬동한다."

세 사람은 나가고 증석會晳이 뒤에 남아 있었다. 증석이 여쭈어 보았다.

"저 세 사람의 말은 어떠합니까?"

공자께서 말씀하셨다.

"다만 각기 제 뜻을 말했을 따름이다."

증석이 여쭈어보았다.

"선생님께서는 무엇 때문에 유由(자로)의 말에 빙긋이 웃으셨습니까?"

공자께서 말씀하셨다.

"나라를 다스리는 데는 예를 가지고 하는 것인데, 그의 말에 겸양이 없기에 웃은 것이다."

"구(염유)의 경우는 나라를 다스리는 게 아니잖습니까?"

"어찌 사방 육칠십 리 혹은 오륙십 리 되는데 나라가 아니라 하겠느냐?"

"적(공서화)의 경우는 나라를 다스리는 게 아니겠지요?"

"종묘의 일과 제후의 회동이 제후국의 일이 아니고 무엇이겠느냐? 적(공서화)이 하는 일이 작다면, 누가 큰일을 한다고 할 수 있겠느냐?"

子路・曾晳・冉有・公西華侍坐. 子曰 以吾一日長乎爾 毋吾以
자로 증석 염유 공서화시좌   자왈 이오일일장호이 무오이
也. 居則曰 不吾知也 如或知爾 則何以哉? 子路率爾而對曰
야 거즉왈 불오지야 여혹지이 즉하이재   자로솔이이대왈
千乘之國 攝乎大國之間 加之以師旅 因之以饑饉 由也爲之
천승지국 섭호대국지간 가지이사려 인지이기근 유야위지

194

比及三年 可使有勇 且知方也. 夫子哂之. 求, 爾何如? 對曰 方
비 급 삼 년 가 사 유 용 차 지 방 야 부 자 신 지 구 이 하 여 대 왈 방

六七十 如五六十 求也爲之 比及三年 可使足民. 如其禮樂 以
육 칠 십 여 오 륙 십 구 야 위 지 비 급 삼 년 가 사 족 민 여 기 례 악 이

俟君子. 赤, 爾何如? 對曰 非曰能之 願學焉. 宗廟之事 如會同
사 군 자 적 이 하 여 대 왈 비 왈 능 지 원 학 언 종 묘 지 사 여 회 동

端章甫 願爲小相焉. 點, 爾何如? 鼓瑟希 鏗爾 舍瑟而作 對曰
단 장 보 원 위 소 상 언 점 이 하 여 고 슬 희 쟁 이 사 슬 이 작 대 왈

異乎三子者之撰. 子曰 何傷乎? 亦各言其志也. 曰 莫春者 春
이 호 삼 자 자 지 찬 자 왈 하 상 호 역 각 언 기 지 야 왈 모 춘 자 춘

服旣成 冠者五六人 童子六七人 浴乎沂 風乎舞雩 詠而歸. 夫
복 기 성 관 자 오 륙 인 동 자 육 칠 인 욕 호 기 풍 호 무 우 영 이 귀 부

子喟然歎曰 吾與點也. 三子者出 曾晳後. 曾晳曰 夫三子者
자 위 연 탄 왈 오 여 점 야 삼 자 자 출 증 석 후 증 석 왈 부 삼 자 자

之言何如? 子曰 亦各言其志也已矣. 曰 夫子何哂由也? 曰 爲
지 언 하 여 자 왈 역 각 언 기 지 야 이 의 왈 부 자 하 신 유 야 왈 위

國以禮 其言不讓 是故哂之. 唯求則非邦也與? 安見方六七十
국 이 례 기 언 불 양 시 고 신 지 유 구 즉 비 방 야 여 안 견 방 육 칠 십

如五六十而非邦也者? 唯赤則非邦也與? 宗廟會同 非諸侯而
여 오 륙 십 이 비 방 야 자 유 적 즉 비 방 야 여 종 묘 회 동 비 제 후 이

何? 赤也爲之小 孰能爲之大.
하 적 야 위 지 소 숙 능 위 지 대

[주석] 曾晳(증석): 공자의 제자이며 증삼曾參의 아버지. 성은 증曾, 이름은 점點
이고, 자가 자석子晳이다.

侍坐(시좌): 모시고 앉아 있다.

一日長乎爾(일일장호이): 너희보다 조금 나이가 많다. 一日은 '조금'이란
뜻임.

毋吾以(무오이): 나를 꺼려하지 마라. 나를 어려워하지 마라.

居(거): 평소. 평상시.

不吾知(불오지): 나를 알아주지 않는다. '不知吾'가 도치된 형태.

率爾(솔이): 불쑥. 갑자기. 경솔하게.

攝(섭): 사이에 끼다. 틈에 끼다.

加之以師旅(가지이사여): 군대로서 以師旅 침략하다加之.

因之以饑饉(인지이기근): 기근으로以饑饉 이어지다因之. 기근까지 겹치다.

爲之(위지): 그것을 다스리다. 나라를 다스리다.

比(비): 거의. 대략.

方(방): 올바른 방향. 올바른 길.

哂(신): 빙긋이 웃다. 미소짓다.

方六七十(방육칠십): 사방 육칠십 리 정도의 나라를 뜻함.

如(여): 혹은. 또는. 或(혹)과 같은 뜻으로 씀.

俟(사): 기다리다. 의지하다.

宗廟之事(종묘지사): 종묘에서 나라 제사를 받드는 일.

會同(회동): 제후들의 모임.

端章甫(단장보): 端은 검은색의 예복玄端服이고, 章甫는 검은 예관玄冠으로 예복禮服을 갖춰 입는다는 뜻임.

相(상): 임금의 예禮를 돕는 사람.

鼓瑟希(고슬희): 거문고 타는 소리가 늦어지다. 希는 稀(희)와 통용됨.

鏗爾(갱이): '뎅그렁'하는 소리.

舍(사): 버리다. 밀어 놓다. 舍는 捨(사)와 통함.

撰(찬): 찬술撰述하다. 얘기하다.

何傷(하상): 무엇이 해가 되겠는가. 무슨 상관있느냐의 뜻.

莫(모): 저물다. 늦다. 暮(모)와 통용됨.

旣成(기성): 이미 만들어지다.

冠者(관자): 관을 쓴 사람. 즉 성인. 어른을 뜻함.

沂(기): 강 이름.

風(풍): 바람을 쏘이다.

舞雩(무우): 하늘에 비를 기원하는 제단이 있던 곳.

詠(영): 노래를 읊조리다.

喟然(위연): 감탄하는 모양. 탄식하는 모양.

與(여): 허여하다. 찬동하다.

安見(안견): 어찌 …라 보겠는가. 어찌 …라 하겠는가.

爲之小(위지소): 그것을 작다고 여기다.

제12편

안 연顏淵

1. 안연顏淵이 인仁에 대해서 물어보자, 공자孔子께서 말씀하셨다.

"자기를 극복하고 예禮로 돌아가는 것이 인仁이다. 하루라도 자기를 극복하고 예로 돌아가면, 천하가 인仁으로 돌아올 것이다. 인仁을 실천하는 것은 자기에게 달린 것이지 어찌 남에게 달려 있겠느냐?"

안연이 말했다.

"그 실천할 조목條目을 여쭈어보겠습니다."

공자께서 말씀하셨다.

"예禮가 아니면 보지 말며, 예禮가 아니면 듣지 말며, 예禮가 아니면 말하지 말며, 예禮가 아니면 행동하지 마라."

안연이 말했다.

"제가 비록 불민하오나, 이 말씀을 받들어 실천하겠습니다."

顏淵問仁 子曰 克己復禮爲仁. 一日克己復禮 天下歸仁焉. 爲
안 연 문 인   자 왈   극 기 복 례 위 인   일 일 극 기 복 례   천 하 귀 인 언   위

仁由己 而由人乎哉? 顏淵曰 請問其目. 子曰 非禮勿視 非禮
인 유 기   이 유 인 호 재   안 연 왈   청 문 기 목   자 왈   비 례 물 시   비 례

勿聽 非禮勿言 非禮勿動. 顏淵曰 回雖不敏 請事斯語矣.
물청 비례물언 비례물동 안연왈 회수불민 청사사어의

(주석) 克己(극기): 자기를 극복하다. 자신의 사심私心과 사욕私慾을 극복하다.
歸(귀): 귀착하다. 돌아오다.
由己(유기): 자기에게 연유되다. 자기에게 달린 것이다.
而(이): 어찌. 여기에서 而는 豈(기)의 뜻인 '어찌'로 쓰임.
其目(기목): 그 조목條目. 그 실천할 조목.
不敏(불민): 민첩하지 못하다. 아둔하다.
事斯語(사이어): 이斯 말씀語을 받들어 실천하다事.

2. 중궁仲弓이 인仁에 대해서 물어보자, 공자孔子께서 말씀하셨다.

"집 문을 나가서 사람을 대할 때에는 큰 손님을 대하듯이 하고, 백성을 부릴 때에는 큰 제사를 받들 듯이 하고, 자기가 바라지 않는 일은 남에게 행하지 말아야 한다. 이렇게 하면 나라에서도 원망이 없을 것이고, 집안에서도 원망이 없을 것이다."

중궁이 말했다.

"제가 비록 불민하오나, 이 말씀을 받들어 실천하겠습니다."

仲弓問仁 子曰 出門如見大賓 使民如承大祭, 己所不欲 勿施
중궁문인 자왈 출문여견대빈 사민여승대제 기소불욕 물시
於人. 在邦無怨 在家無怨. 仲弓曰 雍雖不敏 請事斯語矣.
어인 재방무원 재가무원 중궁왈 옹수불민 청사사어의

(주석) 仲弓(중궁): 공자의 제자. 염옹冉雍의 자字이다. (公冶長편 5장 참조)
出門(출문): 집 문을 나가다.
大賓(대빈): 큰 손님. 높은 지위의 손님.
使民(사민): 백성을 부리다.

198

承(승): 받들다.

大祭(대제): 큰 제사. 큰 제사를 받을 듯 신중하게 행동을 하라는 뜻.

施(시): 베풀다. 시행하다.

在邦(재방): 나라 안을 뜻함.

怨(원): 원망하다.

雍(옹): 중궁仲弓의 이름. (公冶長편 5장 참조)

3. 사마우司馬牛가 인仁에 대해서 물어보자, 공자孔子께서 말씀하셨다.

"인仁한 사람은 말하기를 어려워한다."

사마우가 다시 물었다.

"말하기를 어려워한다면, 곧 그 사람을 인仁하다고 할 수 있습니까?"

공자께서 말씀하셨다.

"인을 실천하기가 어려운데, 그것을 말하는 것이 어찌 조심스러움이 없겠느냐?"

司馬牛問仁 子曰 仁者 其言也訒. 曰 其言也訒 斯謂之仁矣乎?
사 마 우 문 인 자 왈 인 자 기 언 야 인   왈 기 언 야 인 사 위 지 인 의 호

子曰 爲之難 言之得無訒乎?
자 왈 위 지 난 언 지 득 무 인 호

[주석] 司馬牛(사마우): 공자의 제자. 성은 사마司馬, 이름은 경耕, 자가 자우子牛이다.

訒(인): 認 또는 難과 통하여, 어려워하다. 말하는 것을 조심스러워한다는 뜻.

爲之難(위지난): 그것을之 실천하기가爲 어렵다難.

4. 사마우司馬牛가 군자君子에 대해서 물어보자, 공자孔子께서 말씀하셨다.

"군자는 근심하지도 않고 두려워하지도 않는다."

사마우가 물었다.

"근심하지도 않고 두려워하지도 않으면, 곧 군자라 할 수 있습니까?"

공자께서 말씀하셨다.

"속으로 반성해도 허물이 없는데, 대체 무엇을 근심하고 무엇을 두려워하겠느냐?"

司馬牛問君子 子曰 君子不憂不懼. 曰 不憂不懼 斯爲之君子
사 마 우 문 군 자 자 왈 군 자 불 우 불 구 왈 불 우 불 구 사 위 지 군 자

矣乎? 子曰 內省不疚 夫何憂何懼?
의 호 자 왈 내 성 불 구 부 하 우 하 구

주석 憂(우): 근심하다. 걱정하다.

懼(구): 두려워하다.

疚(구): 허물. 잘못.

夫(부): 대체로. 무릇.

5. 사마우司馬牛가 근심스럽게 말했다.

"남들은 모두 형제가 있는데 나만 홀로 없습니다."

자하子夏가 말했다.

"내가 듣기로는 '죽고 사는 것은 운명運命에 달려 있고, 부귀富貴는 하늘에 달려 있다'고 합니다. 군자가 공경히 행동하고 실수가 없으며, 남에게 공손하고 예의가 있으면, 온 세상 사람들이 모두가 형

제입니다. 군자가 어찌 형제 없는 것을 근심하겠습니까?"

司馬牛憂曰 人皆有兄弟 我獨亡. 子夏曰 商聞之矣 死生有命 富
사 마 우 우 왈 인 개 유 형 제 아 독 무　자 하 왈 상 문 지 의 사 생 유 명 부

貴在天. 君子敬而無失 與人恭而有禮 四海之內 皆兄弟也.
귀 재 천　군 자 경 이 무 실 여 인 공 이 유 례 사 해 지 내 개 형 제 야

君子何患乎無兄弟也?
군 자 하 환 호 무 형 제 야

주석 亡(무): 없다. 無(무)와 통함.

商(상): 자하子夏의 이름이다. (學而편 7장 참조)

無失(무실): 실수가 없다.

四海之內(사해지내): 사방 바다의 안. 온 세상 안의 사람들.

6. 자장子張이 명석함에 대해서 물어보자, 공자孔子께서 말씀하셨다.
　"물이 스며들 듯이 하는 참소讒訴와 피부에 와닿는 하소연도 통
하지 않는다면 명석하다고 할 만하다. 물이 스며들 듯이 하는 참소
와 피부에 와닿는 하소연도 그에게 통하지 않는다면, 멀리까지 내
다본다고 할 만하다."

子張問明 子曰 浸潤之譖 膚受之愬 不行焉 可謂明也已矣.
자 장 문 명 자 왈 침 윤 지 참 부 수 지 소 불 행 언 가 위 명 야 이 의

浸潤之譖 膚受之愬 不行焉 可謂遠也已矣.
침 윤 지 참 부 수 지 소 불 행 언 가 위 원 야 이 의

주석 明(명): 명석함. 현명함.

浸潤之譖(침윤지참): 물이 스며들 듯이 남모르게 하는 참소讒訴.

譖(참): 남을 모함하거나 해치는 말.

膚受之愬(부수지소): 피부에 와닿는 듯한 하소연.

愬(소): 하소연. 호소呼訴.

不行焉(불행언): 그에게서 행해지지 않다. 그에게 통하지 않다.

遠(원): 멀리 내다보다. 멀리까지 내다보는 식견이 있다는 뜻임.

7. 자공子貢이 정치에 대해서 물어보자, 공자孔子께서 말씀하셨다.

"식량을 풍족하게 비축하고, 군비와 병력을 충분히 갖추고, 백성
들이 위정자를 믿도록 하는 것이다."

자공子貢이 말했다.

"만약 부득이하여 버려야 한다면, 이 세 가지 중에 무엇을 먼저
버려야겠습니까?"

공자께서 말했다.

"군비와 병력을 버린다."

자공이 말했다.

"만약 부득이하여 버려야 한다면, 남은 이 두 가지 중에 무엇을
먼저 버려야겠습니까?"

공자께서 말씀하셨다.

"식량을 버린다. 예로부터 모든 사람에게 죽음은 있지만, 백성들
이 위정자를 믿지 않는다면 나라가 존립할 수 없다."

子貢問政 子曰 足食 足兵 民信之矣. 子貢曰 必不得已而去 於
자 공 문 정 자 왈 족 식 족 병 민 신 지 의   자 공 왈 필 부 득 이 이 거   어

斯三者何先? 曰 去兵. 子貢曰 必不得已而去 於斯二者何先?
사 삼 자 하 선   왈 거 병   자 공 왈 필 부 득 이 이 거   어 사 이 자 하 선

曰 去食. 自古皆有死 民無信不立.
왈 거 식   자 고 개 유 사   민 무 신 불 립

(주석) 去(거): 버리다. 포기하다.

202

民信之(민신지): 백성들이 위정자를 믿도록 하다.

何先(하선): 무엇을 먼저 버리겠는가.

必(필): 若 또는 如와 같은 뜻임. 만약.

皆有死(개유사): 모든 사람에게 죽음은 있다.

不立(불립): 나라가 존립하지 못한다.

8. 극자성棘子成이 말했다.

"군자는 바탕이 중요할 뿐이지, 겉모습이나 꾸며서 무엇하겠습니까?"

자공子貢이 말했다.

"안타깝습니다! 선생이 군자에 대해 그렇게 말씀하시니, 네 마리 말이 끄는 수레로도 선생님의 말을 따르지 못하겠습니다. 무늬도 바탕만큼 중요하고, 바탕도 무늬만큼 중요합니다. 호랑이와 표범의 털 없는 가죽은 개와 양羊의 털 없는 가죽이나 같은 것입니다."

棘子成曰 君子質而已矣 何以文爲? 子貢曰 惜乎! 夫子之說君
극 자 성 왈 군 자 질 이 이 의 하 이 문 위   자 공 왈 석 호 부 자 지 설 군

子也 駟不及舌. 文猶質也 質猶文也. 虎豹之鞹 猶犬羊之鞹.
자 야 사 불 급 설 문 유 질 야 질 유 문 야 호 표 지 곽 유 견 양 지 곽

[주석] 棘子成(극자성): 위나라의 대부.

質而已矣(질이이의): 바탕뿐이다. 바탕이 중요할 뿐이다.

文(문): 문채文彩. 무늬. 겉모습의 꾸밈을 뜻함.

何以文爲(하위문위): 문채文彩로 무엇할 것인가. 겉모습이나 꾸며서 무엇할 것인가.

駟不及舌(사불급설): 네 마리 말이 끄는 수레로도 혀舌에 미치지 못한다.

文猶質(문유질): 무늬는 바탕과 같다. 무늬도 바탕과 마찬가지로 중요하다.

鞹(곽): 털 뽑은 가죽. 털 없는 가죽.

9. 애공哀公이 유약有若에게 물었다.

"흉년이 들어서 비용이 부족하면 어찌하겠습니까?"

유약이 대답했다.

"어찌 1할割의 세稅를 거두는 세법을 시행하지 않습니까?"

이에 애공이 말했다.

"2할의 과세로도 나는 오히려 부족한데, 어떻게 1할割의 세를 거두는 세법을 시행하겠습니까?"

유약은 대답했다.

"백성들이 풍족하다면 임금이 누구와 더불어 부족하겠습니까? 백성들이 부족하다면 임금이 누구와 더불어 풍족하겠습니까?"

> 哀公問於有若曰 年饑 用不足 如之何? 有若對曰 盍徹乎? 曰 二
> 애 공 문 어 유 약 왈　연 기　용 부 족　여 지 하　유 약 대 왈 합 철 호　왈 이
> 吾猶不足 如之何其徹也? 對曰 百姓足 君孰與不足? 百姓不足
> 오 유 부 족　여 지 하 기 철 야　대 왈　백 성 족　군 숙 여 부 족　백 성 부 족
> 君孰與足?
> 군 숙 여 족

주석　有若(유약): 공자의 제자. 성은 유有. 이름은 약若이다. (學而편 2장 참조)

年饑(연기): 한 해 기근饑饉이 들다. 흉년이 들다.

用(용): 비용. 재용財用. 재정.

如之何(여지하): '如何之'가 도치된 형태. 그것을之 어찌하겠습니까如何.

盍(합): 어찌 …하지 않는가. '何…不'과 같은 뜻임.

徹(철): 수입의 할(10분의 1)을 과세하는 법.

二(이): 수입의 2할(10분의 2)을 과세하는 것.

孰與(숙여): 孰若(숙약)과 같은 뜻으로, 양쪽을 비교하여 의문을 물을 때 쓰임. 만약 …하다면…하겠는가?

君孰與不足(군숙여부족): 임금이 누구와 더불어 부족하겠는가.

10. 자장子張이 덕德을 숭상하는 것과 미혹됨을 분별하는 것에 대해서 물어보자, 공자孔子께서 말씀하셨다.

"성실과 신의를 위주로 하고 정의를 따르는 것이 덕을 숭상하는 것이다. 사랑할 때는 그가 살기를 바라고 미워할 때는 그가 죽기를 바라는데, 이미 그가 살기를 바라다가 또 그가 죽기를 바라는 것이 미혹된 것이다. '진실로 부유하게 하지는 못하고, 오직 기이하게만 될 뿐이다'라는 말도 있다."

子張問崇德辨惑 子曰 主忠信 徙義 崇德也. 愛之欲其生 惡之
자 장 문 숭 덕 변 혹   자 왈   주 충 신   사 의   숭 덕 야   애 지 욕 기 생   오 지
欲其死, 旣欲其生 又欲其死 是惑也. 誠不以富 亦祇以異.
욕 기 사   기 욕 기 생   우 욕 기 사   시 혹 야   성 불 이 부   역 지 이 이

[주석] 辨惑(변혹): 미혹迷惑됨을 분별하다.
　　　徙義(사의): 의로움으로 옮겨 가다. 정의를 따르다.
　　　惡(오): 미워하다. 싫어하다.
　　　誠不以富(성불이부): 진실로 부유하게 하지는 못하다. 亦祇以異(역지이이):
　　　　다만 기이하게 될 뿐이다. 이 두 구절은 앞의 글과 연결이 애매하여 해
　　　　석이 분분하다.
　　　誠(성): 진실로. 정말.
　　　祇(지): 다만. 오직. 只(지)와 통함.

11. 제齊나라의 경공景公이 공자孔子께 정치에 대해서 물어보자, 공자께서 대답하셨다.

"임금은 임금답고, 신하는 신하다워야 하며, 아버지는 아버지답고, 아들은 아들다워야 하는 것입니다."

경공景公이 말했다.

"훌륭한 말씀입니다! 정말 임금이 임금답지 않고, 신하가 신하답지 않고, 아버지가 아버지답지 않고, 아들이 아들답지 않다면, 비록 곡식이 있은들 내가 어찌 그것을 먹을 수 있겠습니까?"

齊景公問政於孔子 孔子對曰 君君 臣臣 父父 子子. 公曰 善哉!
제 경 공 문 정 어 공 자 공 자 대 왈 군 군 신 신 부 부 자 자 공 왈 선 재
信如君不君 臣不臣 父不父 子不子, 雖有粟 吾得而食諸?
신 여 군 불 군 신 불 신 부 불 부 자 불 자 수 유 속 오 득 이 식 저

[주석] 齊景公(제경공): 제나라 임금. 이름은 저구杵臼이다.
　　　君君(군군): 앞의 君은 명사이고 뒤의 君은 동사이다. 임금이 임금 노릇을
　　　　　잘하다. 임금이 임금답다.
　　　善哉(선재): 훌륭하다. 훌륭한 말씀이라는 뜻.
　　　信(신): 진실로. 정말.
　　　粟(속): 곡식.
　　　諸(저): 어조사語助辭. 之乎와 같은 뜻.

12. 공자孔子께서 말씀하셨다.

"한마디로 송사訟事의 판결을 내릴 수 있는 사람은 유由(자로)일 것이다."

자로子路는 승낙한 것을 묵혀 두는 일이 없다.

子曰 片言可以折獄者 其由也與. 子路無宿諾.
자 왈 편 언 가 이 절 옥 자 기 유 야 여 자 로 무 숙 낙

[주석] 片言(편언): 한마디 말. 짧은 말.
　　　折獄(절옥): 송사訟事를 판결하다.
　　　無宿諾(무숙낙): 승낙한 것을 묵혀 두는 일이 없다. 승낙한 일을 하루도
　　　　　미루지 않는다.

13. 공자孔子께서 말씀하셨다.

"송사訟事를 듣고 판단하는 것은 나도 남과 같이 하겠으나, 반드시 송사가 없도록 해야 할 것이다."

子曰 聽訟 吾猶人也 必也使無訟乎.
자왈 청송 오유인야 필야사무송호

주석 聽訟(청송): 송사訟事를 듣고 판단하다.
　　　使無訟乎(사무송호): 송사가 없도록 해야 한다.

14. 자장子張이 정사政事에 대해서 물어보자, 공자孔子께서 말씀하셨다.

"관직에 있을 적에는 게을리하지 말고, 정사를 행할 적에는 충성으로 해야 한다."

子張問政 子曰 居之無倦 行之以忠.
자장문정 자왈 거지무권 행지이충

주석 居之(거지): 정사政事를 맡은 자리에 있다. 관직에 있다.
　　　倦(권): 게으르다. 게을리하다.
　　　行之(행지): 정사를 행하다.

15. 공자孔子께서 말씀하셨다.

"학문을 널리 배우고 예禮로써 단속한다면, 또한 도리에 어긋나지 않을 것이다."

子曰 博學於文 約之以禮 亦可以弗畔矣夫.
자왈 박학어문 약지이례 역가이불반의부

주석 約(약): 단속하다. 집약하다. 단단히 다잡다.

弗畔(불반): 어기지 않다. 배반하지 않다. 弗은 不과 통하고, 畔은 叛(반) 과 통함. 이 장은 앞의 옹야雍也편 25장과 중복.

16. 공자孔子께서 말씀하셨다.

"군자는 남의 좋은 점을 이루어 주고, 남의 나쁜 점은 이루어지 지 않게 하는데, 소인小人은 이와 반대이다."

子曰 君子成人之美 不成人之惡 小人反是.
자 왈 군 자 성 인 지 미 불 성 인 지 악 소 인 반 시

주석 成(성): 이루다. 이룩하다.

反是(반시): 이것을是 반대로 한다反. 이와 반대이다.

17. 계강자季康子가 공자孔子께 정치에 대해서 물어보자, 공자께서 대답하셨다.

"정치란 바로잡는 것입니다. 선생께서 바르게 이끄신다면 누가 감히 바르지 않겠습니까?"

季康子問政於孔子 孔子對曰 政者 正也. 子帥以正 孰敢不正?
계 강 자 문 정 어 공 자 공 자 대 왈 정 자 정 야 자 솔 이 정 숙 감 부 정

주석 政者正也(정자정야): 정치란政 것은者 바로잡는 것이다正也. 또는 '정치'란 것은 바른 것이다'라고 해석하기도 한다.

帥(솔): 이끌다. 통솔하다.

18. 계강자季康子가 도둑이 많은 것을 걱정하여 공자孔子께 물어보

208

자, 공자께서 대답하셨다.

"진실로 선생께서 탐욕하지 않는다면, 비록 상을 준다 하더라도 도둑질하지 않을 것입니다."

季康子患盜 問於孔子 孔子對曰 苟子之不欲 雖賞之 不竊.
계 강 자 환 도　문 어 공 자　공 자 대 왈　구 자 지 불 욕　수 상 지　부 절

주석 患盜(환도): 도둑이 많은 것을 걱정하다.
　　　苟(구): 진실로.
　　　子(자): 선생. 계강자季康子를 가리킨다.
　　　不欲(불욕): 탐욕하지 않다.
　　　竊(절): 훔치다. 도둑질하다.

19. 계강자季康子가 공자孔子께 정치에 대해서 물었다.

"만약 무도無道한 자를 죽여서 올바른 도道로 나아가게 한다면 어떻겠습니까?"

공자께서 대답하셨다.

"선생께서 정치하는 데 어찌 사람을 죽일 필요가 있습니까? 선생께서 선善해지고자 하면 백성들도 선해집니다. 군자의 덕德은 바람과 같고, 소인小人의 덕은 풀과 같아서, 풀은 그 위로 바람이 지나면 반드시 눕게 마련입니다."

季康子問政於孔子曰 如殺無道 以就有道 何如? 孔子對曰 子
계 강 자 문 정 어 공 자 왈　여 살 무 도　이 취 유 도　하 여　　공 자 대 왈　자

爲政 焉用殺? 子欲善而民善矣. 君子之德風 小人之德草
위 정　언 용 살　자 욕 선 이 민 선 의　군 자 지 덕 풍　소 인 지 덕 초

草上之風 必偃.
초 상 지 풍　필 언

無道(무도): 법도를 안 지키는 사람. 무도한 사람.

　　就有道(취유도): 올바른 도가道 있는 곳으로有 나아가게 하다就.

　　焉用殺(언용살): 어찌 죽이는 방법을 쓰겠는가. 어찌 사람을 죽일 필요가

　　　있는가.

　　草上之風必偃(초상지풍필언): 풀은 그 위로 바람이 지나가면 반드시 눕는

　　　다.

　　偃(언): 눕다. 넘어지다. 쓰러지다.

20. 자장子張이 물어보았다.

　"선비는 어떻게 하면 통달했다고 할 수 있습니까?"

　공자孔子께서 말씀하셨다.

　"무엇을 뜻하느냐? 네가 통달했다고 하는 것은?"

　자장子張이 대답했다.

　"나라에 있어도 반드시 명성이 나고, 집안에 있어도 반드시 명성이 나는 것 말입니다."

　공자께서 말씀하셨다.

　"그것은 명성이 나는 것이지 통달한 것은 아니다. 통달한다는 것은 바탕이 정직하고 의로움을 좋아하며, 남의 말을 잘 살피고 남의 얼굴빛을 잘 관찰하며, 자신을 남보다 낮게 생각하여, 나라에 있어서도 반드시 통달하고, 집안에 있어서도 반드시 통달하는 것이다. 대체로 명성이 난다는 것은 얼굴빛은 인仁하게 하지만 행동은 그것에 어긋나고, 그렇게 살면서도 스스로 의심을 갖지 않아서, 나라에 있어서도 반드시 명성이 나고 집안에 있어도 반드시 명성이 나는 것이다."

子張問 士何如斯可謂之達矣? 子曰 何哉 爾所謂達者? 子張
자 장 문 사 하 여 사 가 위 지 달 의   자 왈 하 재 이 소 위 달 자   자 장

對曰 在邦必聞 在家必聞. 子曰 是聞也 非達也. 夫達也者 質
대 왈 재 방 필 문 재 가 필 문   자 왈 시 문 야 비 달 야   부 달 야 자 질

直而好義 察言而觀色 慮以下人 在邦必達 在家必達. 夫聞也
직 이 호 의   찰 언 이 관 색   여 이 하 인   재 방 필 달   재 가 필 달   부 문 야

者 色取仁而行違 居之不疑 在邦必聞 在家必聞.
자 색 취 인 이 행 위 거 지 불 의   재 방 필 문   재 가 필 문

주석 達(달): 통달하다. 모든 일에 통달하는 것.

聞(문): 명성이 들리다. 명성이 나다. 또는 소문이 나다.

質直(질직): 바탕이 곧다. 본성이 정직하다.

察言(찰언): 말을 살피다. 남의 말을 잘 헤아리다.

觀色(관색): 안색을 관찰하다. 남의 얼굴빛을 잘 살피다.

慮以下人(여이하인): 자신을 남보다 낮추어 생각하다. 남에게 겸손하게 처
신하는 것을 뜻함.

色取仁(색취인): 안색은 인仁을 취하다. 얼굴빛을 인仁하게 하다.

行違(행위): 행동이 인仁에 어긋나다.

居之不疑(거지불의): 그렇게 살면서도 의심하지 않다. 거짓된 행위를 스스
로 옳다고 여기어 의혹이나 거리낌이 없다는 뜻.

21. 번지樊遲가 공자를 따라 무우舞雩 아래에 놀러 갔을 때 말씀드
렸다.

"덕德을 높이고, 악한 마음을 바로잡고, 미혹됨을 분별하는 것에
대해서 감히 여쭙고자 합니다."

공자孔子께서 말씀하셨다.

"좋은 질문이다! 일을 먼저 하고 이득은 뒤로 미루는 것이 덕을
높이는 것이 아니겠느냐? 자기의 나쁜 점은 다스리고 남의 나쁜 점

은 공격하지 않는 것이 악한 마음을 바로잡는 것이 아니겠느냐?
하루아침의 분노로 자기 자신도 잊고 그 화가 어버이에게까지 미치
게 한다면, 그것이 미혹됨이 아니겠느냐?"

樊遲從遊於舞雩之下 曰 敢問崇德 脩慝 辨惑. 子曰 善哉問! 先
번 지 종 유 어 무 우 지 하 왈 감 문 숭 덕 수 특 변 혹 자 왈 선 재 문 선
事後得 非崇德與? 攻其惡 無攻人之惡 非脩慝與? 一朝之忿
사 후 득 비 숭 덕 여 공 기 악 무 공 인 지 악 비 수 특 여 일 조 지 분
忘其身 以及其親 非惑與?
망 기 신 이 급 기 친 비 혹 여

[주석] 舞雩(무우): 선진先進편 25장에 나옴.

脩慝(수특): 악한 마음慝을 다스리다脩. 악한 마음을 바로잡다.

先事後得(선사후득): 일을 먼저 하고 이득은 뒤로 미루다.

一朝之忿(일조지분): 하루아침의 분노. 일시적인 분노.

以及(이급): 미치게 하다. 분노의 화가 미치게 하다.

22. 번지樊遲가 인仁에 대해서 물어보자, 공자孔子께서 말씀하셨다.

"사람을 사랑하는 것이다."

앎知에 대해서 물어보자, 공자께서 말씀하셨다.

"사람을 바로 아는 것이다."

번지樊遲가 그 뜻을 잘 이해하지 못하자, 공자께서 말씀하셨다.

"정직한 사람을 등용해서 바르지 못한 사람 위에다 놓으면, 바르
지 못한 사람을 정직하게 할 수 있는 것이다."

번지樊遲는 물러나와 자하子夏를 만나서 물었다.

"조금 전에 내가 선생님을 뵈옵고 앎知에 대해서 여쭈어보았더
니, 선생님께서 말씀하시기를, '정직한 사람을 등용해서 바르지 못

한 사람 위에다 놓으면, 바르지 못한 사람을 정직하게 할 수가 있다'고 하셨는데, 그게 무슨 뜻인가요?"

자하子夏가 대답했다.

"정말 넓은 뜻을 지니고 있소, 그 말씀에! 순舜임금이 천하를 다스릴 때에 여러 사람 가운데서 골라 고요皐陶를 등용하였더니 인하지 않은 자들이 멀리 사라졌소. 탕湯임금이 천하를 다스릴 때 여러 사람 가운데서 골라 이윤伊尹을 등용하였더니 인하지 않은 자들이 멀리 사라져 버렸소."

樊遲問仁 子曰 愛人. 問知 子曰 知人. 樊遲未達 子曰 擧直錯
번지문인 자왈 애인 문지 자왈 지인 번지미달 자왈 거직조
諸枉 能使枉者直. 樊遲退 見子夏曰 鄉也吾見於夫子而問知
저왕 능사왕자직 번지퇴 견자하왈 향야오견어부자이문지
子曰擧直錯諸枉 能使枉者直 何謂也! 子夏曰 富哉 言乎!
자왈거직조저왕 능사왕자직 하위야 자하왈 부재 언호
舜有天下 選於衆 擧皐陶 不仁者遠矣. 湯有天下 選於衆 擧
순유천하 선어중 거고요 불인자원의 탕유천하 선어중 거
伊尹 不仁者遠矣.
이윤 불인자원의

주석 未達(미달): 통달하지 못하다. 잘 이해하지 못하다.

擧直(저직): 곧은 사람을 등용하다. 정직한 사람을 등용하다.

錯諸枉(조저왕): 굽은 사람枉 위에諸 놓다錯. 바르지 못한 사람 위에 놓다.
'錯'는 놓다, 두다의 뜻일 때는 '조'라 읽고, '어긋나다'의 뜻일 때는
'착'으로 읽는다.

鄉(향): 조금 전. 아까.

皐陶(고요): 순임금 때 신하로 법을 담당하는 직책을 맡아 사회 질서를 바로잡는 데 크게 기여한 사람이다.

遠(원): 멀어지다. 멀리 사라지다.

伊尹(이윤): 탕임금을 도와 은殷나라를 세우는 데 크게 기여한 공신이다.

성은 이伊, 이름은 지摯, 자가 윤尹이다.

23. 자공子貢이 벗에 대해서 물어보자, 공자孔子께서 말씀하셨다.

"충고하고 잘 인도해 주되, 되지 않으면 그만두어 스스로 욕보지 말아야 한다."

子貢問友 子曰 忠告而善道之 不可則止 毋自辱焉.
자 공 문 우 자 왈 충 고 이 선 도 지 불 가 즉 지 무 자 욕 언

[주석] 道(도): 導(도)와 통용됨. 인도하다.
　　　善道之(선도지): 그를之 잘善 인도하다道. 그를 잘 이끌어 주다.
　　　毋自辱(무자욕): 스스로 욕되게 하지 마라. 스스로 욕보지 마라.

24. 증자曾子가 말했다.

"군자는 학문을 통해서 벗을 모으고, 벗으로써 인仁을 증진시킨다."

曾子曰 君子 以文會友 以友輔仁.
증 자 왈 군 자 이 문 회 우 이 우 보 인

[주석] 以文(이문): 학문으로써, 학문을 통하여.
　　　會友(회우): 벗을 모으다. 벗을 사귀다.
　　　輔仁(보인): 인을 돕다. 인을 증진시키다. 인을 향상시키다.

214

제13편

자 로子路

1. 자로子路가 정치에 대해서 물어보자, 공자孔子께서 말씀하셨다.

"백성들에게 솔선수범하고 백성들을 위해 일을 하도록 하라."

더 자세히 설명해 주기를 청하자, "게을리하지 마라"고 말씀하셨다.

> 子路問政 子曰 先之 勞之. 請益 曰 無倦.
> 자 로 문 정   자 왈   선 지   로 지   청 익   왈   무 권

주석 先之(선지): 그들에之 앞장을 서라先. 백성들에게 솔선수범하라.

勞之(노지): 그들을 위해 수고하라. 그들을 위해 일하라.

請益(청익): 더 해 줄 것을 요청하다. 더 설명해 주기를 청하다.

倦(권): 게으름. 게을리하다.

2. 중궁仲弓이 계씨季氏의 가재家宰가 되어 정치에 대해서 물어보자, 공자孔子께서 말씀하셨다.

"먼저 담당 관리들에게 일을 맡기고, 작은 허물은 용서해 주고 훌륭한 인재를 등용하라."

중궁이 물었다.

"어떻게 현명한 인재를 알고 등용합니까?"

공자께서 말씀하셨다.

"네가 알고 있는 인재를 등용하면, 네가 알지 못하는 사람을 다른 사람들이 내버려 두겠느냐."

仲弓爲季氏宰 問政 子曰 先有司 赦小過 擧賢才. 曰 焉知賢
<small>중궁위계씨재 문정 자왈 선유사 사소과 거현재 왈 언지현</small>

才而擧之? 曰 擧爾所知 爾所不知 人其舍諸?
<small>재이거지 왈 거이소지 이소부지 인기사저</small>

주석 仲弓(중궁): 공자의 제자. 염옹冉雍의 자가 중궁仲弓이다. (公治長편 5장 참조)

家宰(가재): 가신家臣의 우두머리.

有司(유사): 어떤 일을 맡아보는 책임자. 담당 관리.

赦(사): 용서하다.

舍諸(사저): 그를 내버려 두겠는가. 즉 인재라면 그를 등용하도록 추천하지 않겠느냐의 뜻. 여기에서 諸는 之乎와 같음.

3. 자로子路가 말했다.

"위衛나라의 임금이 선생님을 모시고 정치를 한다면, 선생님께서는 무엇을 먼저 하시겠습니까?"

공자孔子께서 말씀하셨다.

"반드시 명분을 바로 세우겠다."

자로가 말했다.

"그런게 있습니까. 선생님께서는 세상 물정에 어두우시군요! 어째서 그것을 바로 세우겠다는 것입니까?"

공자께서 말씀하셨다.

"어리숙하구나, 유由(자로)는! 군자는 알지 못하는 일에 대해서는 대개 내버려 두는 법이다. 명분이 바로 서지 않으면 말이 순리에 맞지 않고, 말이 순리에 맞지 않으면 일이 이루어지지 않고, 일이 이루어지지 않으면 예악禮樂도 흥성하지 않게 되며, 예악이 흥성하지 않게 되면 형벌도 바르게 적용되지 않게 되며, 형벌이 바르게 적용되지 않게 되면 백성들이 살아갈 방법이 없다. 그러므로 군자는 명분을 세우면 반드시 그것에 대해 말할 수 있고, 말을 하면 반드시 실행할 수 있을 것이다. 군자는 그의 말에 구차한 바가 없어야 한다."

子路曰 衛君待子而爲政 子將奚先? 子曰 必也正名乎. 子路
자 로 왈 위 군 대 자 이 위 정 자 장 해 선 자 왈 필 야 정 명 호 자 로
曰 有是哉 子之迂也! 奚其正? 子曰 野哉 由也! 君子於其所不
왈 유 시 재 자 지 우 야 해 기 정 자 왈 야 재 유 야 군 자 어 기 소 부
知 蓋闕如也. 名不正 則言不順 言不順 則事不成 事不成 則
지 개 궐 여 야 명 부 정 즉 언 불 순 언 불 순 즉 사 불 성 사 불 성 즉
禮樂不興 禮樂不興 則刑罰不中 刑罰不中 則民無所措手足.
례 악 불 흥 예 악 불 흥 즉 형 벌 부 중 형 벌 부 중 즉 민 무 소 조 수 족
故君子名之必可言也 言之必可行也. 君子於其言 無所苟而
고 군 자 명 지 필 가 언 야 언 지 필 가 행 야 군 자 어 기 언 무 소 구 이
已矣.
이 의

주석 待(대): 기다리다. 의지하다. 모시다.

奚先(해선): 무엇을 먼저 하겠는가.

正名(정명): 명분을 바로잡다. 명분을 세우다.

有是哉(유시재): 그런 것도 있는가. 그런게 있습니까.

迂(우): 우원迂遠하다. 길이 멀다. 세상 물정에 어둡다.

野(야): 거칠다. 세련되지 못하다. 어리숙하다.

闕如(궐여): 비어 두다. 내버려 두다.

言不順(언불순): 말이 순조롭지 않다. 말이 순리에 맞지 않다.

中(중): 적중하다. 들어맞다.

措(조): 놓다. 두다.

民無所措手足(민무소조수족): 백성들이民 손발을手足 둘 곳이所措 없다無.
　백성들이 살아갈 방법이 없다.

苟(구): 구차하다.

4. 번지樊遲가 농사짓는 법에 대해서 가르쳐 주기를 청하자, 공자孔
子께서 말씀하셨다.

"나는 늙은 농부만도 못하다."

다시 번지가 채소밭 가꾸는 법에 대해서 가르쳐 주기를 청하자,
공자께서 말씀하셨다.

"나는 늙은 채소 농사꾼만도 못하다."

번지樊遲가 나가자, 공자께서 말씀하셨다.

"소인小人이구나, 번수樊須(번지)는! 윗사람이 예禮를 좋아하면 백
성들은 감히 공경치 않을 수가 없고, 윗사람이 의義를 좋아하면 백
성들은 감히 복종하지 않을 수가 없고, 윗사람이 신의信를 좋아하
면 백성들은 감히 성실하게 행동하지 않을 수가 없다. 이렇게 되면
사방의 백성들이 자기 자식들을 포대기에 싸서 업고 모여들 것이
니, 농사짓는 법을 무엇에 쓰겠느냐?"

樊遲請學稼 子曰 吾不如老農. 請學爲圃 曰 吾不如老圃. 樊遲
번 지 청 학 가 자 왈 오 불 여 로 농　청 학 위 포　왈　오 불 여 로 포　번 지

出 子曰 小人哉 樊須也! 上好禮 則民莫敢不敬 上好義 則民
출 자 왈 소 인 재 번 수 야　상 호 례 즉 민 막 감 불 경 상 호 의 즉 민

218

莫敢不服 上好信 則民莫敢不用情. 夫如是 則四方之民 襁負
막 감 불 복 상 호 신 즉 민 막 감 불 용 정 부 여 시 즉 사 방 지 민 강 부

其子而至矣 焉用稼?
기 자 이 지 의 언 용 가

주석 稼(가): 곡식을 심고 기르는 것. 농사짓는 것.

為圃(위포): 채소밭을 圃 가꾸는 것 為.

須(수): 번지 樊遲의 이름.

用情(용정): 성실한 마음을 情 행하다 用. 성실하게 행동하다.

襁負(강부): 포대기에 싸서 襁 업다 負.

5. 공자孔子께서 말씀하셨다.

"《시경詩經》 삼백 편을 다 외우면서도 정사政事를 맡기면 잘 해내지 못하고, 사방 여러 나라에 사신으로 가서도 독자적으로 응대하지 못한다면, 비록 시詩를 많이 외우고 있다 한들 또한 그것이 무슨 소용이 있겠느냐?"

子曰 誦詩三百 授之以政 不達 使於四方 不能專對 雖多 亦
자 왈 송 시 삼 백 수 지 이 정 부 달 사 어 사 방 불 능 전 대 수 다 역

奚以爲?
해 이 위

주석 誦(송): 외우다. 암송하다.

詩三百(시삼백): 시 삼백 편. 詩는《시경詩經》을 말하고, 三百은《시경》의
305편의 시를 흔히 '시 삼백'이라 한다.

達(달): 통달하다. 잘 해내다. 잘 처리하다.

使(사): 사신으로 가다.

專對(전대): 전문적으로 응대하다. 독자적으로 응대하다.

奚以爲(해이위): '以多爲奚(이다위해)'에서 '多'가 생략되고 '奚'가 도치된
것이다. '많이 외운 것만으로 무엇을 하겠는가'라는 뜻임.

6. 공자孔子께서 말씀하셨다.

"그 자신이 바르면 명령을 하지 않아도 백성들은 잘 행하고, 그 자신이 바르지 않으면 비록 명령을 해도 백성들은 따르지 않을 것이다."

子曰 其身正 不令而行 其身不正 雖令不從.
자왈 기 신 정 불 령 이 행 기 신 부 정 수 령 부 종

주석 其身正(기신정): 그 자신이 바르다. 다스리는 사람其 자신이身 바르다正.
不令而行(불령이행): 명령을 하지 않아도 백성들이 행하다.
令不從(령부종): 명령을 해도 백성들이 따르지 않다.

7. 공자孔子께서 말씀하셨다.

"노魯나라와 위衛나라의 정치는 형제와 같이 비슷하다."

子曰 魯衛之政 兄弟也.
자왈 노 위 지 정 형 제 야

주석 魯衛之政(노위지정): 노나라와 위나라의 정치.
兄弟也(형제야): 형제와 같이 비슷하다는 뜻.

8. 공자孔子께서 위衛나라의 공자公子 형荊에 대해 말씀하셨다. "집안 살림을 잘 했다." 처음 살림이 좀 늘자, "그런대로 모여졌다" 하였고, 약간 살림이 늘자, "그런대로 다 갖추어졌다" 하였고, 살림이 부유해지자, "그런대로 훌륭하게 되었다"고 하였다.

子謂衛公子荊 善居室. 始有 曰 苟合矣 少有 曰 苟完矣 富有
자위위공자형 선거실 시유 왈 구합의 소유 왈 구완의 부유

曰 苟美矣.
왈 구 미 의

[주석] 衛公子荊(위공자형): 위나라 임금의 아들 형荊.
善居室(선거실): 집안 살림居室을 잘하다善.
始有(시유): 처음 살림이 좀 늘다.
苟(구): 진실로. 대략. 그런대로.
合(합): 모이다. 쓸 만큼 모이다.

9. 공자孔子께서 위衛나라에 가실 때, 염유冉有가 수레를 몰았다.
공자께서 말씀하셨다.

"백성들이 많아졌구나."

염유가 말했다.

"이미 백성들이 많아졌으면 또 무엇을 더해야 합니까?"

공자께서 말씀하셨다.

"그들을 부유하게 해 주어야 한다."

또 염유가 말했다.

"이미 부유하게 되었다면 또 무엇을 더 해야 합니까?"

공자께서 말씀하셨다.

"그들을 가르쳐야 한다."

子適衛 冉有僕. 子曰 庶矣哉! 冉有曰 旣庶矣 又何加焉? 曰 富
자 적 위 염 유 복   자 왈 서 의 재   염 유 왈 기 서 의 우 하 가 언   왈 부
之. 曰 旣富矣 又何加焉? 曰 敎之.
지   왈 기 부 의 우 하 가 언   왈 교 지

[주석] 適(적): 가다.
僕(복): 시중꾼을 하다. 수레몰이꾼을 하다.

庶(서): 많다. 백성들이 많다는 뜻.

10. 공자孔子께서 말씀하셨다.

"진실로 나를 써 주는 사람이 있다면, 일 년이면 괜찮게 될 것이고, 삼 년이면 훌륭한 성과가 있을 것이다."

子曰 苟有用我者 朞月而已可也 三年有成.
자 왈 구 유 용 아 자 기 월 이 이 가 야 삼 년 유 성

[주석] 朞月(기월): 같은 달이 돌아오는 기간. 즉 1년을 말함.
　　　可也(가야): 괜찮게 되다. 어느 정도 잘 되다.
　　　有成(유성): 이루어짐이 있다. 성과가 있다. '치적治績이 있을 것이다'라
　　　　는 뜻.

11. 공자孔子께서 말씀하셨다.

"'선한 사람이 백 년 동안 나라를 다스린다면 잔악한 자를 물리치고 사형死刑을 없앨 수 있다' 하였으니, 정말 옳다. 이 말은!"

子曰 善人爲邦百年 亦可以勝殘去殺矣. 誠哉 是言也.
자 왈 선 인 위 방 백 년 역 가 이 승 잔 거 살 의   성 재 시 언 야

[주석] 爲邦(위방): 나라를 다스리다.
　　　勝殘(승잔): 잔악한 자들을 이기다. 잔악한 자들을 물리치다.
　　　去殺(거살): 죽임을 없애다. 사형死刑을 없애다.
　　　誠哉(성재): 정말 옳다. 진실로 옳다.

12. 공자孔子께서 말씀하셨다.

222

"만일 성왕聖王이 있다 하더라도 반드시 한 세대 뒤에나 사람들이 인仁하게 될 것이다."

子曰 如有王者 必世而後仁.
자왈 여유왕자 필세이후인

주석 如(여): 만일. 若(약)과 같은 뜻.

王者(왕자): 덕德을 가지고 왕도王道 정치를 하는 성왕聖王을 뜻함.

世(세): 한 세대世代. 30년 정도를 한 세대로 본다.

仁(인): 인仁하게 되다. 사람들이 인仁하게 되다. 또는 '인정仁政이 실현되다'로 해석하기도 한다.

13. 공자孔子께서 말씀하셨다.

"진실로 제 자신이 바르다면 정치에 종사하는 데 무슨 문제가 있겠는가. 제 자신을 바르게 하지 못한다면 어떻게 남을 바르게 하겠는가?"

子曰 苟正其身矣 於從政乎何有? 不能正其身 如正人何?
자왈 구정기신의 어종정호하유   불능정기신 여정인하

주석 其身(기신): 자기 자신. 위정자爲政者 자신을 말함.

從政(종정): 정치에 종사하다. 정치를 하다.

如正人何(여정인하): '如何正人'이 도치된 형태. 어떻게如何 다른 사람을人 바르게 하겠는가正.

14. 염자冉子가 퇴근하여 돌아오자, 공자孔子께서 말씀하셨다.

"어찌하여 늦었느냐?"

염자가 대답하였다.

"정무政務가 있었습니다."

공자孔子께서 말씀하셨다.

"그 집안(계씨네) 일이었겠지. 만약 정무가 있었다면, 비록 내가
관직에 등용되지 않았더라도 나도 그 일을 미리 들었을 것이다."

冉子退朝 子曰 何晏也? 對曰 有政. 子曰 其事也. 如有政 雖不
염 자 퇴 조 자 왈 하 안 야   대 왈 유 정   자 왈 기 사 야   여 유 정 수 불
吾以 吾其與聞之.
오 이 오 기 여 문 지

주석 冉子(염자): 염유冉有. 그 당시 대부인 계씨季氏 집안의 가재家宰로 있던
　　염구冉求를 말함.

　　退朝(퇴조): 조정朝廷에서 물러 나오다의 뜻이 아니라, 여기서는 퇴근退勤
　　의 뜻으로 계씨季氏의 집에서 퇴근함을 말한다.

　　晏(안): 늦다. 저물다.

　　政(정): 정무政務. 나라의 정사政事.

　　其事(기사): 그 집안의 일. 계씨 집안의 일을 뜻함.

　　不吾以(불오이): '吾不以'가 도치된 형태. 以는 用(용)과 통하여, 내가吾
　　쓰이지以 않다不. 즉 내가 관직에 등용되지 않다.

　　與聞(여문): 미리 듣다. 與는 預(예)와 통하여, '미리'의 뜻이다.

15. 정공定公이 물었다.

"한마디 말로 나라를 흥하게 할 수 있는 그런 말이 있습니까?"

공자孔子께서 대답하셨다.

"말로 그와 같이 하는 것은 거의 불가능합니다. 그러나 사람들
의 말에 '임금 노릇하기도 어렵고, 신하 노릇하기도 쉽지 않다'고

하는 말이 있습니다. 만일 임금 노릇하는 것이 어렵다는 것을 안다면, 한마디 말로 나라를 흥하게 하는 데 가깝지 않겠습니까?"

정공이 물었다.

"한마디 말로 나라를 망하게 할 수 있는 그런 말이 있습니까?"

공자께서 대답하셨다.

"말로는 그와 같이 하는 것은 거의 불가능합니다. 그러나 사람들의 말에 '나는 임금 노릇하는 데 다른 즐거움은 없고, 오직 내가 말을 하면 아무도 거스르지 않는 것이 즐거움이다' 하는 말이 있습니다. 만약 그 말이 훌륭하여 거스르지 않는다면 또한 좋지 않겠습니까? 만약 말이 훌륭하지 않은데도 아무도 거스르지 않는다면 한마디 말로 나라를 망하게 하는 데 가깝지 않겠습니까?"

定公問 一言而可以興邦 有諸? 孔子對曰 言不可以若是其幾
정공문 일언이가이흥방 유저 공자대왈 언불가이약시기기
也. 人之言曰 爲君難 爲臣不易. 如知爲君之難也 不幾乎一言
야 인지언왈 위군난 위신불이 여지위군지난야 불기호일언
而興邦乎? 曰 一言而喪邦 有諸? 孔子對曰 言不可以若是其幾
이흥방호 왈 일언이상방 유저 공자대왈 언불가이약시기기
也. 人之言曰 予無樂乎爲君 唯其言而莫予違也. 如其善而莫
야 인지언왈 여무락호위군 유기언이막여위야 여기선이막
之違也 不亦善乎? 如不善而莫之違也 不幾乎一言而喪邦乎?
지위야 불역선호 여불선이막지위야 불기호일언이상방호

주석 定公(정공): 노나라 임금.

幾(기): 거의. 가깝다近. 또는 '기대하다期'로 풀이하기도 한다.

喪邦(상방): 나라를 잃다. 나라를 망하게 하다.

其言(기언): 임금이 하는 말.

莫予違(막여위): '莫違予'가 도치된 형태. 나를 어기지 않다. 아무도 나의 말을 어기지 않다.

16. 섭공葉公이 정치에 대해서 물어보자, 공자孔子께서 말씀하셨다.

"가까이 있는 사람들은 기뻐하고, 먼 데 있는 사람들은 찾아오게 하는 것입니다."

葉公問政 子曰 近者說 遠者來.
섭 공 문 정 자 왈 근 자 열 원 자 래

주석 葉公(섭공): 초楚나라 대부 심저량沈諸梁, 자는 자고子高이다. (述而편 18장 참조)

說(열): 悅(열)과 통함. 기뻐하다.

遠者來(원자래): 먼 곳에 있는 사람들이 찾아오다. 먼 곳에 사는 사람들이 선정善政의 소문을 듣고 찾아온다는 뜻임.

17. 자하子夏가 거보莒父의 읍재邑宰로 있을 때 정치에 대해서 물어보자, 공자孔子께서 말씀하셨다.

"일을 빨리 하려 하지 말고, 작은 이익을 추구하지 마라. 일을 빨리 하려 하면 일이 제대로 달성하지 못하고, 작은 이익을 추구하면 큰일을 이루지 못한다."

子夏爲莒父宰 問政 子曰 無欲速 無見小利. 欲速則不達 見小
자 하 위 거 보 재 문 정 자 왈 무 욕 속 무 견 소 리 욕 속 즉 부 달 견 소
利則大事不成.
리 즉 대 사 불 성

주석 莒父(거보): 노나라 서쪽에 있는 작은 고을 이름.

欲速(욕속): 빨리 하려 하다. 빨리 성과를 이루려 하다.

無見小利(무견소리): 작은 이익을 보려고 하지 마라. 작은 이익을 추구하
　지 마라.

達(달): 일이 달성되다. 일이 잘 이루어지다.

18. 섭공葉公이 공자孔子에게 말했다.

"우리 마을에 행실이 정직한 사람이 있는데, 그의 아버지가 양羊
을 훔치자 아들이 그 사실을 증언했습니다."

공자께서 말씀하셨다.

"우리 마을의 정직한 사람은 그와는 다릅니다. (그런 일이 있더라
도) 아버지는 아들을 위해서 숨겨 주고, 아들은 아버지를 위해서 숨
겨 주니, 정직함은 그런 가운데 있습니다."

葉公語孔子曰 吾黨有直躬者 其父攘羊 而子證之. 孔子曰 吾
섭 공 어 공 자 왈　오 당 유 직 궁 자　기 부 양 양　이 자 증 지　공 자 왈　오
黨之直者 異於是 父爲子隱 子爲父隱 直在其中矣.
당 지 직 자　이 어 시　부 위 자 은　자 위 부 은　직 재 기 중 의

[주석] 黨(당): 향리鄕里. 마을.

直躬者(직궁자): 몸가짐이 정직한 사람.

攘(양): 도둑질하다. 훔치다.

證之(증지): 그것을之 증언하다證. 그 사실을 고발하다.

隱(은): 숨기다. 훔친 일을 숨기다.

19. 번지樊遲가 인仁에 대해서 묻자, 공자孔子께서 말씀하셨다.

"평소 지낼 때에는 공손해야 하고, 일을 처리할 때에는 경건히
하고, 남과 어울릴 때에는 성실해야 하는 것은, 비록 오랑캐의 땅에

간다 하더라도 버려서는 안 된다."

樊遲問仁 子曰 居處恭 執事敬 與人忠 雖之夷狄 不可棄也.
번 지 문 인 자 왈 거 처 공 집 사 경 여 인 충 수 지 이 적 불 가 기 야

주석 居處(거처): 평소 지낼 때. 일상생활을 할 때.
執事(집사): 일을 집행하다. 일을 처리하다.
與人(여인): 사람들과 함께하다. 남과 어울리다.
之夷狄(지이적): 오랑캐에게夷狄 가다之. 오랑캐의 땅에 가다.

20. 자공子貢이 물었다.

"어떻게 하면 곧 선비라고 할 수가 있습니까?"

공자孔子께서 말씀하셨다.

"자신의 행동에 대해 부끄러움을 알고, 사방에 사신으로 가서 임금의 명을 욕되게 하지 않는다면 선비라 할 수가 있다."

자공이 말했다.

"감히 그다음 가는 사람을 여쭈어보겠습니다."

공자께서 말씀하셨다.

"친척들이 효성스럽다고 칭찬하고, 마을 사람들이 공손하다고 칭찬하는 사람이다."

다시 자공이 말했다.

"감히 그다음 가는 사람을 여쭈어보겠습니다."

공자께서 말씀하셨다.

"말에는 반드시 신의가 있고, 행동에는 반드시 성과가 있다면, 융통성 없는 소인小人이라 하더라도, 역시 그다음은 갈 수 있는 사

람이다."

이어 자공이 물었다.

"지금 정치에 종사하고 있는 사람은 어떠합니까?"

공자께서 말씀하셨다.

"아아, 그릇이 작은 사람들이니 어찌 따져 볼 게 있겠느냐?"

子貢問曰 何如斯可謂之士矣? 子曰 行己有恥 使於四方 不辱
자공문왈 하여사가위지사의   자왈 행기유치 사어사방 불욕

君命 可謂士矣. 曰 敢問其次. 曰 宗族稱孝焉 鄕黨稱弟焉. 曰
군명 가위사의 왈 감문기차 왈 종족칭효언 향당칭제언 왈

敢問其次. 曰 言必信 行必果 硜硜然小人哉 抑亦可以爲次
감문기차 왈 언필신 행필과 갱갱연소인재 억역가이위차

矣. 曰 今之從政者何如? 子曰 噫 斗筲之人 何足算也?
의 왈 금지종정자하여 자왈 희 두소지인 하족산야

주석 士(사): 선비. 학식은 있되 벼슬 자리에 나아가지 않은 사람.

行己有恥(행기유치): 자신이己 행동하는 것에行 부끄러움이恥 있다有. 즉
    자신의 행동에 대해 부끄러움을 알다.

使(사): 사신使臣으로 가다.

其次(기차): 그다음. 그다음 수준의 사람을 뜻함.

宗族(종족): 일가친척. 친척들.

稱孝(칭효): 효성스럽다고 칭찬하다.

鄕黨(향당): 마을. 마을 사람들.

弟(제): 悌(제)와 통하여, 윗사람에게 공손히 하는 것.

果(과): 성과가 있다. 결과가 있다.

硜硜然(경경연): 딱딱한 모양. 완고한. 융통성이 없는 모습.

抑(억): 그러나. 그런데도.

噫(희): 아아. 감탄사.

斗筲之人(두소지인): 그릇이 작은 사람. 斗는 한 말. 筲는 한 말 두 되 용
    량의 대나무 그릇.

算(산): 예산하다. 따지다. 헤아리다.

21. 공자孔子께서 말씀하셨다.

"중도中道를 행하는 사람과 함께 할 수 없다면, 나는 반드시 꿈이 큰 사람이나 고집스러운 사람을 택할 것이다. 꿈이 큰 사람은 진취성이 있고, 고집스러운 사람은 부질없는 일은 하지 않기 때문이다."

子曰 不得中行而與之 必也狂狷乎! 狂者進取 狷者有所不爲也.
자왈 부득중행이여지 필야광견호 광자진취 견자유소불위야

주석 中行(중행): 중도中道를 행하는 사람. 또는 '중정中正하게 행동하는 사람'
이라고 해석하기도 한다.

與之(여지): 그와 함께 하다. 또는 '그를 가르치다'라고 해석하기도 한다.

狂狷(광견): 과격한 사람狂者과 고집 센 사람狷者. 꿈이 큰 사람과 고집스
러운 사람.

有所不爲(유소불이): 하지 않는 바가 있다. 부질없는 일 또는 옳지 않다고
생각되는 일은 절대로 하지 않는다는 뜻.

22. 공자孔子께서 말씀하셨다.

"남쪽 나라 사람들이 말하기를, '사람이 꾸준함이 없으면 무당이나 의사 노릇도 할 수 없다'고 했는데, 옳은 말이다. '그 덕德을 꾸준히 지니지 못하면 수치를 당할 수 있다'고도 했다."

공자께서 말씀하셨다.

"점을 쳐 보지 않아도 그뿐이다."

子曰 南人有言曰 人而無恒 不可以作巫醫. 善夫. 不恒其德 或
자왈 남인유언왈 인이무항 불가이작무의 선부 불항기덕 혹

承之羞. 子曰 不占而已矣.
승 지 수 자 왈 부 점 이 이 의

주석 南人(남인): 남쪽 사람. 남쪽 나라 사람.

恒(항): 일정함. 꾸준함.

作巫醫(작무의): 무당이나 의사 노릇을 하다. 또는 不可以作巫醫(불가이작
무의)를 '무당이나 의사도 고칠 수 없다'라고 해석하기도 한다.

不恒其德(불항기덕): 그 덕을 꾸준히 지니지 못하다. 그 덕을 실행함이 꾸
준하지 못하다.

承之羞(승지수): 수치로써羞 그것을之 잇게 하다承. 수치를 당하다.

不占而已矣(부점이이의): 점을 쳐 보지 않아도 그뿐이다. '꾸준함이 없는
사람은 점을 쳐 보지 않아도 알 수 있다'는 뜻.

23. 공자孔子께서 말씀하셨다.

"군자는 남들과 화합하지만 부화뇌동하지 않고, 소인小人은 부화
뇌동하지만 남들과 화합하지 못한다."

子曰 君子和而不同 小人同而不和.
자 왈 군 자 화 이 부 동 소 인 동 이 불 화

주석 和(화): 화합和合하다. 조화調和를 이루다. 남들과 잘 어울리는 것.
同(동): 뇌동雷同하다. 부화뇌동附和雷同하다. 주견 없이 남의 의견에 따라
같이 행동하는 것.

24. 자공子貢이 물었다.

"마을 사람들이 모두 그를 좋아한다면 어떻습니까?"

공자孔子께서 말씀하셨다.

"그것만으로 아직 안 된다."

자공이 다시 물었다.

"마을 사람들이 모두 그를 미워한다면 어떻습니까?"

공자께서 말씀하셨다.

"그것만으로 아직 안 된다. 마을 사람들 중의 선善한 사람들은 그를 좋아하고, 선하지 않은 사람들이 그를 미워하는 것만은 못하다."

子貢問曰 鄕人皆好之 何如? 子曰 未可也. 鄕人皆惡之 何如?
자공문왈 향인개호지 하여   자왈 미가야 향인개오지 하여

子曰 未可也. 不如鄕人之善者好之 其不善者惡之.
자왈 미가야 불여향인지선자호지 기불선자오지

[주석] 鄕人(향인): 고을 사람들. 마을 사람들.

何如(하여): 어떠한가. 어떻습니까.

未可也(미가야): 아직 안 된다. 그것만으로는 아직 부족하다는 뜻.

惡(오): 싫어하다. 미워하다.

25. 공자孔子께서 말씀하셨다.

"군자는 섬기기는 쉬워도 기쁘게 하기는 어렵다. 그를 기쁘게 하는 데 올바른 도리로써 하지 않으면 기뻐하지 않는다. 그러나 군자가 사람을 부릴 때에는 그 사람의 능력에 맞게 쓴다. 소인은 섬기기는 어려워도 기쁘게 하기는 쉽다. 그를 기쁘게 해 주는 데 비록 올바른 도리로써 하지 않아도 기뻐한다. 그러나 소인이 사람을 부릴 때에는 그가 능력이 다 갖추어져 있기를 바란다."

子曰 君子易事而難說也. 說之不以道 不說也. 及其使人也 器
자왈 군자이사이난열야 열지불이도 불열야 급기사인야 기

之. 小人難事而易說也. 說之雖不以道 說也. 及其使人也 求
지 소인난사이이열야 열지수불이도 열야 급기사인야 구
備焉.
비언

[주석] 易事(이사): 섬기기 쉽다.
　　難說(난열): 기쁘게 하기 어렵다.
　　及其使人(급기사인): 그러나及 그가其 사람을人 부리다使. 그러나 군자가
　　　사람을 부릴 때.
　　器之(기지): 그를之 그릇처럼 쓰다器. 여기에서 器는 명사가 아니고 동
　　　사動詞로 쓰였다. '그 사람의 능력에 맞게 쓴다'는 뜻.
　　求備(구비): 다 갖추어져 있기를備 요구하다求. 능력이 다 갖추어져 있기
　　　를 바라다.

26. 공자孔子께서 말씀하셨다.
　"군자는 태연하나 교만하지 않고, 소인小人은 교만하나 태연하지
못하다."

子曰 君子泰而不驕 小人驕而不泰.
자 왈 군 자 태 이 불 교 소 인 교 이 불 태

[주석] 泰(태): 편안하다. 느긋하다. 태연하다.
　　驕(교): 교만하다.

27. 공자孔子께서 말씀하셨다.
　"강직하고, 의연하고, 질박하고, 입이 무거우면 인仁에 가깝다."

子曰 剛毅木訥 近仁.
자 왈 강 의 목 눌 근 인

剛(강): 굳세다. 강직하다.

毅(의): 의지가 굳세고 당당하다. 의연하다.

木(목): 질박하다. 꾸밈이 없이 수수하다.

訥(눌): 말을 더듬듯이 하다. 어눌하다. 입이 무겁다.

28. 자로子路가 물었다.

"어떻게 해야 선비라고 할 수 있습니까?"

공자孔子께서 말씀하셨다.

"서로 간절히 격려하고 노력하며 화합하고 즐겁게 지낸다면 선비라고 할 수 있다. 친구들과는 서로 간절히 격려하고 노력하며, 형제들과는 화합하고 즐겁게 지내야 한다."

子路問曰 何如斯可謂之士矣? 子曰 切切偲偲 怡怡如也 可
자로문왈 하여사가위지사의   자왈 절절시시 이이여야 가

謂士矣. 朋友切切偲偲 兄弟怡怡.
위사의. 붕우절절시시 형제이이

切切偲偲(절절시시): 간절히 격려하고 노력하는 것.

怡怡(이이): 화합하고 즐겁다. 화락和樂하다.

29. 공자孔子께서 말씀하셨다.

"선善한 사람이 백성들을 7년 동안 가르치면, 백성들을 전쟁에 나아가게 할 수 있다."

子曰 善人敎民七年 亦可以卽戎矣.
자왈 선인교민칠년 역가이즉융의

卽(즉): 임하다. 나아가다.

234

戎(융): 싸움. 전쟁.

卽戎(즉융): 전쟁에 나아가다.

30. 공자孔子께서 말씀하셨다.

"가르치지 않은 백성들을 데리고 전쟁을 한다면, 이는 백성을 버리는 것이다."

子曰 以不敎民戰 是謂棄之.
자 왈 이 불 교 민 전   시 위 기 지

주석 以不敎民戰(이불교민전): 가르치지 않은不敎 백성들을民 가지고以 전쟁을 하다戰.

棄之(기지): 백성을之 버리다棄. 군사훈련을 받지 않은 백성들을 데리고 가서 전쟁을 하면 패배할 수 밖에 없기 때문에 백성을 버리는 것과 같다는 뜻.

제14편

헌 문憲問

1. 원헌原憲이 수치스러운 일에 대해서 물어보자, 공자孔子께서 말씀
하셨다.

"나라에 도道가 행해지고 있을 때에는 녹봉祿俸을 받아먹을 것이
나, 나라에 도가 행해지지 않을 때에 녹봉을 받아먹는 것은 수치스
런 일이다."

憲問恥 子曰 邦有道穀 邦無道穀 恥也.
헌 문 치   자 왈   방 유 도 곡   방 무 도 곡   치 야

(주석) 憲(헌): 공자의 제자 원헌原憲이며, 자는 자사子思이다. (雍也편 3장 참조)

穀(곡): 녹봉祿俸을 받다. 벼슬을 하는 것을 뜻함.

恥(치): 수치이다. 수치스러운 일이다.

2. "남을 이기려 들고, 자신을 과시하고, 남을 원망하고, 욕심을
부리는 일을 하지 않으면 인仁하다고 할 수 있습니까?"

공자孔子께서 말씀하셨다.

"그렇게 하는 것은 어렵다고는 할 수 있으나, 인仁한 것인지 나도

모르겠다."

克伐怨慾 不行焉 可以爲仁矣? 子曰 可以爲難矣 仁則吾不
극 벌 원 욕　불 행 언　가 이 위 인 의　　자 왈　가 이 위 난 의　인 즉 오 부

知也.
지 야

주석 克(극): 남을 이기기 좋아하다. 남을 이기려 들다.

伐(벌): 자기 공을 자랑하다. 자신을 과시하다.

3. 공자孔子께서 말씀하셨다.

"선비로서 편안히 살기만을 생각한다면, 선비가 되기에 부족하다."

子曰 士而懷居 不足以爲士矣.
자 왈　사 이 회 거　부 족 이 위 사 의

주석 懷居(회거): 편안한 거처를居 마음에 품다懷. 편안히 살 것만을 생각하다.

4. 공자孔子께서 말씀하셨다.

"나라에 도道가 행해지고 있으면 위엄 있게 말하고 위엄 있게 행
동할 것이며, 나라에 도가 행해지지 않고 있으면 행동은 위엄 있게
하되 말은 겸손하게 해야 한다."

子曰 邦有道 危言危行 邦無道 危行言孫.
자 왈　방 유 도　위 언 위 행　방 무 도　위 행 언 손

주석 危(위): 위엄 있게. 품위 있게. 또는 危를 '고준하다'는 뜻으로, 또는 '엄숙
하다'는 뜻으로 해석하기도 한다.

孫(손): 遜(손)과 통하여, 겸손하다. 공손하다.

5. 공자孔子께서 말씀하셨다.

"덕德이 있는 사람은 반드시 훌륭한 말을 하지만, 훌륭한 말을 하는 사람이라고 반드시 덕이 있는 것은 아니다. 인仁한 사람은 반드시 용기가 있지만, 용기가 있는 사람이라고 반드시 인한 것은 아니다."

子曰 有德者必有言 有言者不必有德. 仁者必有勇 勇者不必
자왈 유덕자필유언 유언자불필유덕 인자필유용 용자불필
有仁.
유인

주석 有言(유언): 훌륭한 말을 하다. 도리에 맞는 말을 한다는 뜻.

6. 남궁괄南宮适이 공자孔子께 물었다.

"예羿는 활을 잘 쏘았고, 오奡는 배舟를 끌고 다닐 만큼 힘이 세었으나 모두 제명에 죽지 못했습니다. 그러나 우禹와 직稷은 몸소 농사를 지었지만 천하를 차지했습니다."

공자께서는 대답하지 않으셨다. 남궁괄南宮适이 나가자, 공자께서 말씀하셨다.

"군자로다, 저 사람은! 덕德을 숭상하는구나, 저 사람은!"

南宮适問於孔子曰 羿善射 奡盪舟 俱不得其死然. 禹稷躬稼
남궁괄문어공자왈 예선사 오랑주 구부득기사연 우직궁가
而有天下. 夫子不答. 南宮适出 子曰 君子哉若人! 尚德哉
이유천하 부자부답 남궁괄출 자왈 군자재약인 상덕재
若人!
약인

238

주석 南宮适(남궁괄): 공자의 제자. 자가 자용子容으로 남용南容이라고도 불린다. (公治長편 2장 참조)

羿(예): 하夏나라 때 유궁有窮의 임금으로 활을 잘 쏘았다고 한다. 그의 신하인 한착寒浞에게 죽임을 당했다.

奡(오): 요奡라고도 하며 한착寒浞의 아들로 육지에서 배를 끌고 다닐 만큼 힘이 세었다고 한다.

盪舟(탕주): 배를 움직이다. 육지에서 배를 끌고 다닌다는 뜻으로 힘이 센 것을 뜻함.

俱(구): 함께. 모두.

不得其死(부득기사): 자기의 죽음을其死 얻지 못하다不得. 즉 제명에 죽지 못하다.

禹(우): 하夏나라의 첫 임금으로 치수治水를 잘하여 공을 세우고, 그 공으로 순舜임금에게서 천하를 물려받았다.

稷(직): 백성들에게 농사짓는 법을 가르쳐 주었다고 하며, 후일 그의 후손인 문왕과 무왕이 주周나라를 세워 천하를 차지하였다.

躬稼(궁가): 몸소 농사를 짓다.

若人(약인): 저 사람. 若은 汝(여)와 통함.

尙德(상덕): 덕을 숭상하다.

7. 공자孔子께서 말씀하셨다.

"군자이면서 인仁하지 못한 사람은 있지만, 소인小人이면서 인한 사람은 있은 적이 없다."

子曰 君子而不仁者有矣夫 未有小人而仁者也.
자왈 군자이불인자유의부 미유소인이인자야

주석 未有(미유): 있지 않다. 있은 적이 없다.

8. 공자孔子께서 말씀하셨다.

"그를 사랑한다면 수고하지 않을 수 있겠는가? 그에게 정성을
다하면서 깨우쳐 주지 않을 수 있겠는가?"

> 子曰 愛之 能勿勞乎? 忠焉 能勿誨乎?
> 자왈 애지 능물로호   충언 능물회호

(주석) 勞(노): 수고하다.

忠焉(충언): 焉은 於是(어시)의 뜻으로, 그에게於是 정성을 다하다忠.

誨(회): 깨우쳐 주다. 가르쳐 주다. 잘못을 일깨워 준다는 뜻.

9. 공자孔子께서 말씀하셨다.

"(정鄭나라에서) 외교문서를 만들 때에는 비심裨諶이 초안을 작성
하고, 세숙世叔이 내용을 토의하고, 행인 자우子羽가 문장을 수식하
고, 동리의 자산子産이 문장을 윤색潤色하였다."

> 子曰 爲命 裨諶草創之 世叔討論之 行人子羽修飾之 東里子
> 자왈 위명 비심초창지 세숙토론지 행인자우수식지 동리자
> 産潤色之.
> 산윤색지

(주석) 命(명): 외교문서. 사신이 가지고 갈 외교문서.

裨諶(비심): 정鄭나라 대부.

草創(초창): 초고草稿를 만들다. 초안을 작성하다.

世叔(세숙): 정나라 대부이며 이름은 유길游吉이다.

討論(토론): 내용을 검토하고 논의하다.

行人(행인): 사신을 보내는 일을 맡아보는 벼슬.

子羽(자우): 정나라 대부이며, 성은 공손公孫, 이름은 휘揮이고, 자가 자우
　　子羽이다.

240

修飾(수식): 말을 덧붙여 문장을 꾸미는 것.

東里(동리): 자산子産이 살던 곳의 지명地名.

子産(자산): 정나라 대부. 이름은 공손교公孫僑이고, 자가 자산子産이다.

潤色(윤색): 문장을 다듬어 매끄럽게 고치는 것.

10. 어떤 사람이 자산子産에 대해서 물어보자, 공자孔子께서 말씀하셨다.

"남에게 은혜를 베풀 줄 아는 사람이다."

자서子西에 대해서 물어보자, 공자께서 말씀하셨다.

"그 사람, 그런 사람이지!"

관중管仲에 대해서 물어보자, 공자께서 말씀하셨다.

"인물이다! 그가 백씨伯氏의 변읍騈邑 3백 호를 빼앗았는데, 백씨는 거친 밥을 먹고 지내면서도 평생토록 원망하는 말이 없었다."

或問子産 子曰 惠人也. 問子西 曰 彼哉 彼哉! 問管仲 曰 人
혹 문 자 산 자 왈 혜 인 야 문 자 서 왈 피 재 피 재 문 관 중 왈 인
也. 奪伯氏騈邑三百 飯疏食 沒齒無怨言.
야 탈 백 씨 변 읍 삼 백 반 소 사 몰 치 무 원 언

주석 惠人(혜인): 남에게 은혜를 베풀 줄 아는 사람.

子西(자서): 정鄭나라 대부인 공손하公孫夏로 보기도 하고, 또는 초楚나라의 공자公子인 신申으로 보기도 한다. 공손하의 자字가 자서子西이고, 공자公子 신申의 자도 자서子西여서 혼돈이 되고 있다.

彼哉(피재): 그런 사람이다. 그저 그런 사람이란 뜻.

管仲(관중): 제齊나라 대부. (八佾편 22장 참조)

人也(인야): 인물이다.

伯氏(백씨): 제나라 대부이며, 이름은 언偃이다.

騈邑(변읍): 제나라의 지명地名.

飯疏食(반소사): 거친 밥을 먹다.

沒齒(몰치): 수명이齒 다할 때까지沒. 평생 동안.

11. 공자孔子께서 말씀하셨다.

"가난하면서 원망하지 않기는 어려워도, 부유하면서 교만하지
않기는 쉽다."

子曰 貧而無怨難 富而無驕易.
자 왈 빈 이 무 원 난   부 이 무 교 이

[주석] 無怨難(무원난): 원망하지怨 않기는無 어렵다難.

無驕易(무교이): 교만하지驕 않기는無 쉽다易.

12. 공자孔子께서 말씀하셨다.

"맹공작孟公綽은 조趙씨나 위魏씨의 가신家臣의 우두머리 노릇하기
는 충분하지만, 등滕나라나 설薛나라의 대부감은 되지 못한다."

子曰 孟公綽爲趙魏老則優 不可以爲滕薛大夫.
자 왈 맹 공 작 위 조 위 로 즉 우   불 가 이 위 등 설 대 부

[주석] 孟公綽(맹공작): 노魯나라 대부.

趙魏(조위): 조趙씨와 위魏씨 집안. 조씨와 위씨 집안은 진晉나라의 세도가
집안으로 웬만한 제후국만큼 세력이 컸다.

老(로): 가신家臣의 우두머리.

優(우): 우수하다. 훌륭하다. 능력이 충분하다.

滕薛(등설): 등滕나라와 설薛나라로 노나라 부근에 있던 작은 제후국이다.

大夫(대부): 직접 국정國政을 맡아 처리하는 높은 관직.

242

13. 자로子路가 완성된 인간에 대해서 물어보자, 공자孔子께서 말씀
하셨다.

"만약 장무중臧武仲의 지혜와 맹공작孟公綽의 과욕寡欲과 변장자卞莊
子의 용기와 염구冉求의 재주에다가 예禮와 악樂으로 아름답게 꾸민
다면, 또한 완성된 인간이라고 할 수 있다."

다시 말씀하셨다.

"오늘날의 완성된 인간은 어찌 반드시 그러할 것이 있겠는가?
이익될 것을 보면 의로운가를 생각하고, 나라가 위태로운 것을 보
면 목숨을 바치며, 오래된 약속일지라도 평소에 한 말을 잊지 않는
다면, 또한 완성된 인간이라고 할 수 있다."

子路問成人 子曰 若臧武仲之知 公綽之不欲 卞莊子之勇 冉
자로문성인 자왈 약장무중지지 공작지불욕 변장자지용 염
求之藝 文之以禮樂 亦可以爲成人矣. 曰 今之成人者 何必然?
구지예 문지이례악 역가이위성인의 왈 금지성인자 하필연
見利思義 見危授命 久要不忘平生之言 亦可以爲成人矣.
견리사의 견위수명 구요불망평생지언 역가이위성인의

[주석] 成人(성인): 완성된 인간. 인격이 완성된 인간을 뜻함.

臧武仲(장무중): 노나라 대부인 장손흘臧孫紇.

公綽(공작): 앞 장에 나온 맹공작孟公綽.

不欲(불욕): 욕심을 내지 않는 것. 과욕寡慾.

卞莊子(변장자): 노나라 변읍卞邑에 살던 대부.

文之(문지): 그것을之 아름답게 꾸미다文. 그것을 문식文飾하다.

授命(수명): 목숨을 내놓다. 목숨을 바치다.

久要(구요): 오래된 약속.

平生(평생): 평소. 평상시.

14. 공자孔子께서 공명가公明賈에게 공숙문자公叔文子에 대해서 물어 보셨다.

"정말입니까? 그분은 말하지도 않고 웃지도 않고 재물을 취하지 도 않습니까?"

공명가公明賈가 대답했다.

"말을 전한 사람이 지나쳤습니다. 그분은 말해야 할 때가 된 뒤 에 말하므로 사람들이 그의 말을 싫어하지 않고, 즐거운 뒤에 웃으 므로 사람들이 그의 웃음을 싫어하지 않으며, 의義로운 것임을 확인 한 뒤에 재물을 취하므로 사람들이 그가 취한 것을 싫어하지 않는 것입니다."

공자께서 말씀하셨다.

"그렇습니까? 어찌 그럴 수 있습니까?"

子問公叔文子於公明賈曰 信乎? 夫子不言 不笑 不取乎? 公明
자문공숙문자어공명가왈 신호 부자불언 불소 불취호 공명
賈對曰 以告者過也. 夫子時然後言 人不厭其言 樂然後笑 人
가대왈 이고자과야 부자시연후언 인불염기언 낙연후소 인
不厭其笑 義然後取 人不厭其取. 子曰 其然? 豈其然乎?
불염기소 의연후취 인불염기취 자왈 기연 기기연호

주석 公叔文子(공숙문자): 위衛나라 대부인 공손발公孫拔이며, 시호가 문文이다.
公明賈(공명가): 위나라 대부. 성은 공명公明이고, 이름이 가賈이다.
夫子(부자): 그분. 공숙문자를 말함. 대부大夫 이상을 부자夫子라 불렀다.
不取(불취): 취하지 않다. 재물을 취하지 않다.
時(시): 말을 해야 할 때를 뜻함.

15. 공자孔子께서 말씀하셨다.

"장무중臧武仲이 방防 고을을 근거로 해서 노魯나라에 자기의 후계자를 세워 주기를 요구하였으니, 비록 임금에게 강요하지 않았다고 하더라도 나는 그것을 믿지 않는다."

子曰 臧武仲以防求爲後於魯 雖曰不要君 吾不信也.
자왈 장무중이방구위후어노 수왈불요군 오불신야

주석 防(방): 장무중의 봉읍封邑 지명.

求爲後(구위후): 후사後嗣를 세워 줄 것을 요구하다.

要(요): 강요하다. 강제로 요구하다.

16. 공자孔子께서 말씀하셨다.

"진晋나라 문공文公은 속임수를 쓰고 바르지 못했지만, 제齊나라의 환공桓公은 바르고 속임수를 쓰지 않았다."

子曰 晋文公譎而不正 齊桓公正而不譎.
자왈 진문공휼이부정 제환공정이불휼

주석 晋文公(진문공): 진晋나라 헌공獻公의 둘째 아들로 이름은 중이重耳이며, 춘추시대 제후국의 패자覇者가 되었던 춘추오패春秋五覇의 한 사람이다.

譎(휼): 속임수를 쓰다. 권모술수를 쓰다.

齊桓公(제환공): 제齊나라 희공僖公의 아들로 이름은 소백小白이며, 관중管仲을 임용하여 패업覇業을 이룬 춘추오패의 한 사람이다.

17. 자로子路가 말했다.

"환공桓公이 공자公子 규糾를 죽였을 때, 소홀召忽은 규를 위해서 죽었으나 관중管仲은 죽지 않았습니다. 인仁하지 않다고 해야겠지요?"

공자孔子께서 말씀하셨다.

"환공이 제후를 규합하는 데 무력을 쓰지 않은 것은 관중의 힘이었다. 누가 그의 인仁만 하겠는가, 누가 그의 인仁만 하겠는가!"

子路曰 桓公殺公子糾 召忽死之 管仲不死. 曰未仁乎? 子曰
자로왈 환공살공자규 소홀사지 관중불사　왈미인호　자왈

桓公九合諸侯 不以兵車 管仲之力也. 如其仁 如其仁!
환공구합제후 불이병거 관중지력야　여기인 여기인

(주석) 公子糾(공자규): 제齊나라 양공襄公의 아우 환공桓公과 이복형제다. 양공이 죽은 후 환공과 왕권 다툼에서 패하여 죽음을 당했다. 이때 관중管仲과 함께 공자公子 규糾를 따랐던 소홀召忽은 자결하고, 살아남은 관중은 환공을 따랐던 포숙아鮑叔牙의 추천으로 환공의 재상이 되었다.

召忽(소홀): 제나라 대부.

九合(구합): 九는 糾(규)와 통하여, 규합하다.

兵車(병거): 옛날의 전차戰車. 무력을 뜻함.

如其仁(여기인): '誰如其仁'에서 '誰(수)'의 생략으로 보고 '누가 그의 인仁만 하겠는가'로 해석한다.

18. 자공子貢이 말했다.

"관중管仲은 인仁한 사람이 아닐 것입니다. 환공桓公이 공자公子 규糾를 죽였을 때 따라 죽지 못하고, 또 환공을 도와주기까지 했습니다."

공자孔子께서 말씀하셨다.

"관중이 환공을 도와 제후들의 패주霸主가 되게 하였고, 천하를 크게 바로잡아 백성들은 지금까지 그 혜택을 입고 있다. 관중이 아니었다면 나는 머리를 풀고 옷섶을 왼쪽으로 여미는 오랑캐가 되어 있을 것이다. 어찌 보통 사람들처럼 작은 신의信義를 위하여 개천에서 스스로 목매어 죽어도 알아주는 사람이 없는 것과 같겠는가?"

子貢曰 管仲非仁者與! 桓公殺公子糾 不能死 又相之. 子曰
자공왈 관중비인자여 환공살공자규 불능사 우상지 자왈

管仲相桓公 霸諸侯 一匡天下 民到于今受其賜. 微管仲 吾
관중상환공 패제후 일광천하 민도우금수기사 미관중 오

其被髮左衽矣. 豈若匹夫匹婦之爲諒也 自經於溝瀆而莫之
기피발좌임의 기약필부필부지위량야 자경어구독이막지

知也?
지 야

[주석] 相之(상지): 그를 돕다. 환공을 돕다.

霸(패): 패권을 잡다. 패주霸主가 되다.

一匡(일광): 한 번 바로잡다. 크게 바로잡다.

受其賜(수기사): 그 혜택을 받다. 그 은덕을 입다.

微(미): 無와 통하여, 아니라면, 아니었다면.

被髮左衽(피발좌임): 머리를 풀고被髮 옷섶을 왼쪽으로 여미다左衽. 즉, 미
개한 오랑캐의 풍속을 따른다는 뜻임.

匹夫匹婦(필부필부): 평범한 남자와 여자. 보통 사람.

諒(량): 작은 신의信義.

經(경): 목을 매다. 목매어 죽다.

溝瀆(구독): 도랑. 개천.

19. 공숙문자公叔文子의 가신인 대부 선僎은 문자文子와 함께 조정에
나아가 벼슬을 했다. 공자孔子께서 그 말을 들으시고 말씀하셨다.
"시호諡號를 문文이라고 할 만하다."

公叔文子之臣大夫僎 與文子同升諸公. 子聞之曰 可以爲文矣.
공 숙 문 자 지 신 대 부 선 여 문 자 동 승 제 공 자 문 지 왈 가 이 위 문 의

[주석] 公叔文子(공숙문자): 위衛나라의 대부 공손발公孫拔. (앞의 14장 참조)

臣大夫僎(신대부선): 가신家臣인 대부 선僎.

諸(저): 之於(지어)와 같은 뜻. '…에'.

公(공): 공조公朝. 나라의 조정.

升(승): 벼슬에 오르다. 벼슬을 하다.

可以爲文(가이위문): 문文이 될 만하다. 시호諡號를 문文이라고 할 만하다.

20. 공자孔子께서 위衛나라 영공靈公의 무도함을 말하자, 계강자季康子가 말했다.

"그러한데 어찌하여 망하지 않았나요?"

공자께서 말씀하셨다.

"중숙어仲叔圉가 빈객에 관한 일을 맡아보고, 축타祝鮀가 종묘의 일을 맡아보고, 왕손가王孫賈가 군사를 맡고 있습니다. 이같이 하는데 어찌 망하겠습니까?"

子言衛靈公之無道也 康子曰 夫如是 奚而不喪? 孔子曰 仲叔
자언위영공지무도야 강자왈 부여시 해이불상 공자왈 중숙

圉治賓客 祝鮀治宗廟 王孫賈治軍旅 夫如是 奚其喪?
어 치빈객 축타치종묘 왕손가치군려 부여시 해기상

[주석] 衛靈公(위영공): 위나라 임금. 이름은 원元이며, 헌공獻公의 손자이다.

康子(강자): 노나라의 대부 계강자季康子.

奚而(해이): '何爲'와 같은 뜻으로, 어째서.

仲叔圉(중숙어): 위나라의 대부 공문자公文子. (公冶長편 15장 참조)

祝鮀(축타): 위나라의 대부. (雍也편 14장 참조)

王孫賈(왕손가): 위나라의 대부. (八佾편 13장 참조)

喪(상): 잃다. 군주君主의 자리를 잃다. 망하다.

治賓客(치빈객): 나라 손님을 접대하는 일을 맡다.

治宗廟(치종묘): 종묘의 일을 맡다. 종묘의 관리와 제사를 담당하다.

21. 공자孔子께서 말씀하셨다.

"자기가 한 말에 대해 부끄러움이 없으면, 그것을 실천하기가 어렵다."

> **子曰 其言之不怍 則爲之也難.**
> 자 왈 기 언 지 부 작 즉 위 지 야 난

주석 其言(기언): 그 말. 자기가 한 말.

怍(작): 부끄러워하다.

爲之(위지): 그것을 실천하다. 자기가 말한 것을 실천하다.

22. 진성자陳成子가 제齊나라 간공簡公을 시해弑害하자, 공자孔子께서 목욕재계하고 조정에 나아가 노나라 애공哀公에게 말씀하셨다.

"진항陳恒(진성자)이 그의 임금을 시해했으니, 그를 토벌하십시오."

애공哀公이 말했다.

"그것을 저 세 대부들에게 말하시오."

공자孔子께서 말씀하셨다.

"내가 대부大夫의 말석末席에 있기 때문에 감히 말씀드리지 않을 수가 없었는데, 임금께서는 '저 세 대부들에게 말하라'고 하시는군요."

공자께서 세 대부들에게 가서 말하였으나 안 된다고 하였다. 공자께서 말씀하셨다.

"나는 대부大夫의 말석末席에 있었기 때문에 감히 말씀드리지 않을 수가 없었습니다."

> **陳成子弑簡公 孔子沐浴而朝 告於哀公曰 陳恒弑其君 請討**
> 진 성 자 시 간 공 공 자 목 욕 이 조 고 어 애 공 왈 진 항 시 기 군 청 토

之. 公曰 告夫三子. 孔子曰 以吾從大夫之後 不敢不告也 君
지 공왈 고부삼자 공자왈 이오종대부지후 불감불고야 군

曰 告夫三子者. 之三子告 不可. 孔子曰 以吾從大夫之後 不
왈 고부삼자자 지삼자고 불가 공자왈 이오종대부지후 불

敢不告也.
감불고야

주석 陳成子(진성자): 제齊나라 대부이며, 이름은 항恒이다. 노魯나라 애공哀公
　　　14년에 제나라 임금 간공簡公을 죽였다.

　　　簡公(간공): 제나라 임금. 이름은 임壬이며, 도공悼公의 아들이다.

　　　哀公(애공): 노나라의 임금.

　　　三子(삼자): 노나라의 세도가였던 세 집안의 대부 맹손씨孟孫氏, 숙손씨叔
　　　孫氏, 계손씨季孫氏를 말한다.

　　　不敢不告(불감불고): 감히 고하지 않을 수 없다.

　　　之(지): 가다.

23. 자로子路가 임금을 섬기는 데 대해서 물어보자, 공자孔子께서
말씀하셨다.

　“속이지 말고 임금에게 바른 말을 하라.”

子路問事君 子曰 勿欺也 而犯之.
자로문사군 자왈 물기야 이범지

주석 欺(기): 기만하다. 속이다.

　　　而犯之(이범지): 임금에게之 바른 말을 할 수 있어야 한다而犯. 而는 能(능)
　　　과 통용된다. 즉 '임금 앞에서 바른 말을 하라'는 뜻.

24. 공자孔子께서 말씀하셨다.

　“군자는 높은 경지에 통달하고, 소인은 세속적인 데에 통달한다.”

250

子曰 君子上達 小人下達.
자 왈 군 자 상 달 소 인 하 달

(주석) 達(달): 통달하다. 이루다成就.
上達(상달): 위로 통달하다. 높은 경지에 통달하다. 군자는 올바른 도리道
理에 따라 살아가므로 날로 향상하여 높은 경지에 도달한다는 뜻임.
下達(하달): 아래로 통달하다. 세속적인 데에 통달하다. 소인은 이익과 사
욕私慾에 좌우되어 살아가므로 세속적인 데로 빠져 들어간다는 뜻임.

25. 공자孔子께서 말씀하셨다.

"옛날에 공부하는 사람들은 자기 수양을 위해서 했는데, 요즘 공
부하는 사람들은 남에게 인정받기 위해서 한다."

子曰 古之學者爲己 今之學者爲人.
자 왈 고 지 학 자 위 기 금 지 학 자 위 인

(주석) 爲己(위기): 자기의 수양修養을 위해 공부한다는 뜻.
爲人(위인): 남에게 인정받기 위해 공부한다는 뜻.

26. 거백옥蘧伯玉이 공자孔子께 사람을 보냈다. 공자께서는 그와 함
께 앉아서 물으셨다.

"선생님께서는 무엇을 하고 계시오?"

심부름꾼이 대답했다.

"저희 선생께서는 자기의 허물을 적게 하려고 하시지만 잘 안 되
는 것 같습니다."

심부름 온 사람이 나가자, 공자께서 말씀하셨다.

"훌륭한 심부름꾼이다, 훌륭한 심부름꾼이다!"

蘧伯玉使人於孔子. 孔子與之坐而問焉曰 夫子何爲? 對曰 夫子
거 백 옥 시 인 어 공 자　공 자 여 지 좌 이 문 언 왈　부 자 하 위　　대 왈　부 자

欲寡其過 而未能也. 使者出 子曰 使乎 使乎!
욕 과 기 과　이 미 능 야　　시 자 출　자 왈　시 호　사 호

주석 蘧伯玉(거백옥): 衛나라 대부로 성은 거蘧이고, 이름은 원瑗이며, 자가
　　　백옥伯玉이다. 공자가 위나라에 갔을 때 그의 집에서 묵은 일이 있었다.

　　　何爲(하위): 무엇을 하나. 무엇을 하고 지내다.

　　　使乎(시호): 심부름꾼답다. 훌륭한 심부름꾼이다. 使가 '심부름하다'의 뜻
　　　일 때는 '시'로 읽는다.

27. 공자孔子께서 말씀하셨다.

"그 지위에 있지 않다면 그 정사政事를 거론해서는 안 된다."

子曰 不在其位 不謀其政.
자 왈　부 재 기 위　불 모 기 정

주석 태백泰伯편 14장과 중복.

28. 증자曾子가 말했다.

"군자는 생각하는 것이 자기 지위의 범위를 벗어나지 않는다."

曾子曰 君子思不出其位.
증 자 왈　군 자 사 불 출 기 위

주석 不出其位(불출기위): 자기其 지위의 범위를位 벗어나지出 않는다不.

29. 공자孔子께서 말씀하셨다.

"군자는 자신의 말이 자신의 행동보다 지나치는 것을 부끄러워
한다."

子曰 君子恥其言而過其行.
자 왈 군 자 치 기 언 이 과 기 행

주석 過其行(과기행): 자신의 행동을 넘어서는 것. 자신의 행동보다 지나치는 것.

30. 공자孔子께서 말씀하셨다.

"군자의 도道는 세 가지가 있는데, 나는 그것을 실천하지 못하고
있다. 인仁한 사람은 근심하지 않고, 지혜로운 사람은 미혹되지 않
고, 용감한 사람은 두려워하지 않는다."

자공子貢이 말했다.

"선생님께서 스스로 겸손하게 하신 말씀이다."

子曰 君子道者三 我無能焉. 仁者不憂 知者不惑 勇者不懼.
자 왈 군 자 도 자 삼 아 무 능 언   인 자 불 우 지 자 불 혹 용 자 불 구
子貢曰 夫子自道也.
자 공 왈 부 자 자 도 야

주석 無能(무능): 할 수 있는 능력이 없다. 실천하지 못하다.
　　道(도): 말하다.
　　自道(자도): 스스로를 말하다. 스스로 겸손하게 한 말이다.

31. 자공子貢이 사람들을 비교하자, 공자孔子께서 말씀하셨다.

"사賜(자공)는 현명한가 보구나? 나는 그럴 여가가 없는데."

子貢方人 子曰 賜也賢乎哉? 夫我則不暇.
자 공 방 인 자 왈 사 야 현 호 재 부 아 즉 불 가

[주석] 方人(방인): 사람들을 비교하다. 남을 견주어 비교하다.
不暇(불가): 그럴 여가餘暇가 없다. 그럴 겨를이 없다.

32. 공자孔子께서 말씀하셨다.

"남이 자기를 알아주지 않는 것을 걱정하지 말고, 자기가 능력이 없음을 걱정하라."

子曰 不患人之不己知 患其不能也.
자 왈 불 환 인 지 불 기 지 환 기 불 능 야

[주석] 不己知(불기지): 자기를 알아주지 않다.
其不能(기불능): 자기가 능력이 없다.

33. 공자孔子께서 말씀하셨다.

"남이 나를 속일 것이라고 미리 짐작하지 않고, 남이 나를 믿지 않을 것이라고 미리 추측하지 않으면서도, 도리어 그런 것을 먼저 깨닫는 사람이 바로 현명한 사람이다!"

子曰 不逆詐 不億不信 抑亦先覺者 是賢乎!
자 왈 불 역 사 불 억 불 신 억 역 선 각 자 시 현 호

[주석] 逆(역): 미리 짐작하다. 미리 넘겨짚다.
不逆詐(불역사): 속일 것이라고 미리 짐작하지 않다.
億(억): 억측하다. 미리 추측하다.
抑(억): 그러면서도. 그러고도. 도리어.
先覺(선각): 먼저 깨닫다. 미리 깨닫다.

34. 미생무微生畝가 공자孔子에게 말했다.

"구丘(공자)는 무엇 때문에 여기저기 황급히 돌아다니는 거요? 말재주나 부리려는 것 아닌가요?"

공자孔子께서 말씀하셨다.

"감히 말재주 부리려는 것이 아니라, 세상이 고루함을 괴로워하기 때문입니다."

微生畝謂孔子曰 丘何爲是栖栖者與? 無乃爲佞乎? 孔子曰 非
미 생 무 위 공 자 왈 구 하 위 시 서 서 자 여   무 내 위 녕 호   공 자 왈 비

敢爲佞也 疾固也.
감 위 녕 야 질 고 야

주석 微生畝(미생무): 성이 미생微生이고 이름이 무畝이다. 공자의 이름을 부른
  것으로 보아 그는 공자보다 나이가 많고 덕이 있는 은자였을 것으로
  본다.

  丘(구): 공자의 이름.

  栖栖(서서): 불안하게 서성이는 것. 또는 황급히 돌아다니는 것.

  無乃(무내): …이 아닌가.

  爲佞(위녕): 말재주를 부리다.

  疾固(질고): 세상이 고루함을 괴로워하다. 또는 '고집 피우는 것을 미워하
    다'로 해석하기도 한다.

35. 공자孔子께서 말씀하셨다.

"천리마는 그 힘 때문에 그렇게 일컫는 것이 아니고, 그 덕성德性 때문에 그렇게 일컫는 것이다."

子曰 驥不稱其力 稱其德也.
자 왈 기 불 칭 기 력 칭 기 덕 야

驥(기): 천리마千里馬. 좋은 말.

德(덕): 덕성. 잘 조련된 모습과 품성을 뜻함.

36. 어떤 사람이 말했다.

"덕德으로써 원망을 갚으면 어떻겠습니까?"

공자孔子께서 말씀하셨다.

"그러면 무엇으로 덕을 갚겠느냐? 정직함으로써 원망을 갚고, 덕으로써 덕을 갚는 것이다."

或曰 以德報怨 何如? 子曰 何以報德? 以直報怨 以德報德.
혹 왈 이 덕 보 원 하 여   자 왈 하 이 보 덕   이 직 보 원 이 덕 보 덕

以直報怨(이직보원): 정직함直으로써以 원망을怨 갚다報.

37. 공자孔子께서 말씀하셨다.

"나를 알아주는 사람이 없구나!"

자공子貢이 말했다.

"어찌하여 선생님을 알아주는 사람이 없다고 하십니까?"

공자께서 말씀하셨다.

"나는 하늘을 원망하지도 않고, 사람들을 탓하지도 않는다. 아래 것부터 배워서 위의 높은 경지에까지 도달했으니, 나를 알아주는 자는 저 하늘일 것이다."

子曰 莫我知也夫! 子貢曰 何爲其莫知子也? 子曰 不怨天 不
자 왈 막 아 지 야 부   자 공 왈 하 위 기 막 지 자 야   자 왈 불 원 천 불

尤人. 下學而上達 知我者其天乎!
우 인   하 학 이 상 달 지 아 자 기 천 호

尤(우): 탓하다. 허물하다.

下學而上達(하학이상달): 아래 것부터 배워서 위의 높은 경지에까지 도달하다.

38. 공백료公伯寮가 계손씨季孫氏에게 자로子路를 참소했다. 자복경백子服景伯이 그 일을 공자孔子께 아뢰었다.

"그분(계손씨)은 틀림없이 공백료公伯寮에게 마음이 미혹되어 있습니다. 제힘으로도 공백료를 죽여서 시체를 저자나 조정에 내걸 수 있습니다."

공자께서 말씀하셨다.

"바른 도道가 장차 행해지는 것도 천명이고, 바른 도가 장차 무너지게 되는 것도 천명이다. 공백료가 천명을 어찌하겠느냐!"

公伯寮愬子路於季孫. 子服景伯以告曰 夫子固有惑志於公
공 백 료 소 자 로 어 계 손　자 복 경 백 이 고 왈　부 자 고 유 혹 지 어 공
伯寮. 吾力猶能肆諸市朝. 子曰 道之將行也與 命也 道之將
백 료　오 력 유 능 사 저 시 조　자 왈 도 지 장 행 야 여　명 야 도 지 장
廢也與 命也. 公伯寮其如命何?
폐 야 여　명 야　공 백 료 기 여 명 하

주석 公伯寮(공백료): 노나라 사람으로 성이 공백公伯이고, 이름이 료寮이다. 계손씨季孫氏의 가신家臣을 지냈다.

愬(소): 참소하다. 모함하다.

子服景伯(자복경백): 노나라 대부로 성이 자복子服이고, 시호가 경景이며, 자가 백伯이고, 이름은 하何이다.

夫子(부자): 윗사람에 대한 경칭. 여기서는 계손씨를 말함.

固(고): 진실로. 확실히. 틀림없이.

肆(사): 내걸다. 사형을 하여 그 시체를 내거는 것.

市朝(시조): 시장과 조정.

諸(저): 之於와 같은 뜻.

肆諸市朝(사저시조): 그를 죽여서 시장과 조정에 내걸다.

命(명): 천명. 하늘의 뜻.

廢(폐): 폐기되다. 무너지다.

39. 공자孔子께서 말씀하셨다.

"현명한 사람은 어지러운 세상을 피하고, 그다음은 혼란한 나라를 피하고, 그다음은 무례한 사람을 피하고, 그다음은 그릇된 말을 피한다."

子曰 賢者辟世 其次辟地 其次辟色 其次辟言.
자 왈 현 자 피 세 기 차 피 지 기 차 피 색 기 차 피 언

주석 辟(피): 避(피)와 통함. 피하다.

世(세): 세상. 어지러운 세상을 뜻함.

地(지): 지역. 나라. 혼란한 나라를 뜻함.

色(색): 안색. 무례한 사람을 뜻함. 또는 '임금의 쇠한 예모禮貌'로 풀이하기도 한다.

言(언): 말. 그릇된 말을 뜻함.

40. 공자孔子께서 말씀하셨다.

"세상을 피해서 숨어 산 사람이 일곱 사람이다."

子曰 作者七人矣.
자 왈 작 자 칠 인 의

주석 作者(작자): 그렇게 한 사람. 즉 세상을 피해서 숨어 산 사람을 뜻함.

七人(칠인): 일곱 사람. 이설異說이 많아 정확히 알 수 없다. 포함包咸은 장저長沮, 걸익桀溺, 장인丈人, 석문石門, 하궤荷蕢, 의봉인儀封人, 초광 접여楚狂接輿라 하였고 또 왕필王弼, 황간皇侃은 백이伯夷, 숙제叔齊, 우중虞仲, 이일夷逸, 주장朱張, 유하혜柳下惠, 소련少連이라 하였다.

41. 자로子路가 석문石門에서 묵게 되었는데, 문지기가 물었다.

"어디에서 오셨습니까?"

자로子路가 말했다.

"공씨孔氏 문중에서 왔소이다."

문지기가 말했다.

"그 안 되는 것을 알면서도 그 일을 하는 사람 말인가요?"

子路宿於石門 晨門曰 奚自? 子路曰 自孔氏. 曰 是知其不可
자 로 숙 어 석 문 신 문 왈 해 자   자 로 왈 자 공 씨   왈 시 지 기 불 가

而爲之者與?
이 위 지 자 여

주석 石門(석문): 노나라 성문의 하나.

晨門(신문): 문지기. 아침저녁 성문을 여닫는 사람.

奚自(해자): 어디로부터. 어디에서 왔는가.

孔氏(공씨): 공씨 문중. 공자孔子의 문하門下.

42. 공자孔子께서 위衛나라에서 경쇠를 치고 계셨는데, 삼태기를 지고 공자의 문 앞을 지나가던 사람이 말했다.

"마음속에 딴 생각이 있나 보다, 경쇠를 치는 모습이!"

조금 있다가 다시 말했다.

"비루하구나, 땡땡거리는 소리가! 자기를 알아주지 않으면 거기에서 그만두어야지! 물이 깊으면 옷을 벗고 건너면 되고, 물이 얕으면 옷을 걷어 올리고 건너면 될 것이다."

이에 공자께서 말씀하셨다.

"과감하구나, 그렇게 산다면 어려울 게 없겠다!"

子擊磬於衛 有荷蕢而過孔氏之門者 曰 有心哉 擊磬乎. 旣而曰
자 격 경 어 위 유 하 궤 이 과 공 씨 지 문 자 왈 유 심 재 격 경 호 기 이 왈

鄙哉 硜硜乎! 莫己知也 斯已而已矣. 深則厲 淺則揭. 子曰
비 재 갱 갱 호 막 기 지 야 사 이 이 이 의 심 즉 려 천 즉 게 자 왈

果哉 未之難矣!
과 재 미 지 난 의

주석
擊磬(격경): 경쇠를 치다.

荷蕢(하궤): 삼태기蕢를 지다荷. 삼태기를 메다.

旣而(기이): 조금 있다가. 조금 뒤에.

硜硜(경경): 경쇠를 치는 땡땡거리는 소리.

斯已(사이): 거기에서 그치다. 바로 그만두다.

厲(려): 옷을 벗고 건너다.

揭(게): 옷을 걷어 올리고 건너다.

末之難(말지난): 여기서 末(말)은 부정을 나타내는 뜻으로 쓰여, '그것은 어려울 게 없다'. 즉 '그렇게 산다면 어려울 게 없다'는 뜻.

43. 자장子張이 말했다.

"《서경書經》에 말하기를 고종高宗이 묘막墓幕에서 3년 동안 말을 하지 않았다고 하였는데, 무슨 뜻입니까?"

공자孔子께서 말씀하셨다.

"어찌 반드시 고종뿐이겠느냐? 옛사람들은 모두 그러했다. 임금

이 돌아가시면 모든 관리들은 자기의 직무를 총괄하여 3년 동안 재상의 지휘를 따랐다."

子張曰 書云 高宗諒陰 三年不言. 何謂也? 子曰 何必高宗? 古之
자장왈 서운 고종양음 삼년불언 하위야 자왈 하필고종 고지

人皆然. 君薨 百官總己 以聽於冢宰三年.
인개연 군흥 백관총기 이청어총재삼년

주석 書(서):《서경書經》을 뜻함.

　　高宗(고종): 은殷나라를 중흥시켰던 왕 무정武丁.

　　諒陰(양음): 상을 당했을 때 부모 무덤 곁의 묘막墓幕에서 지내는 것.

　　薨(흥): 임금이 죽는 것을 일컫는 말.

　　百官(백관): 모든 관리.

　　總己(총기): 자기의 직무를 총괄하다.

　　聽(청): 명령을 듣다. 지휘를 따르다.

　　冢宰(총재): 재상宰相에 해당하는 관직.

44. 공자孔子께서 말씀하셨다.

"윗자리에 있는 사람이 예禮를 좋아하면 백성들은 부리기가 쉬워진다."

子曰 上好禮 則民易使也.
자왈 상호례 즉민이사야

주석 上(상): 윗자리에 있는 사람. 위정자爲政者를 가리킴.

45. 자로子路가 군자에 대해서 물어보자, 공자孔子께서 말씀하셨다.

"자기를 수양해서 공경스러워져야 한다."

자로가 물었다.

"그와 같이 하면 됩니까?"

공자께서 말씀하셨다.

"자기 수양을 해서 남을 편안하게 해 주어야 한다."

"그와 같이 하면 됩니까?"

공자께서 말씀하셨다.

"자기 수양을 해서 백성을 편안하게 해 주어야 한다. 자기 수양을 해서 백성을 편안하게 해 주는 일은, 요堯임금과 순舜임금도 오히려 어려워하였다."

子路問君子 子曰 修己以敬. 曰 如斯而已乎? 曰 修己以安人.
자 로 문 군 자　자 왈　수 기 이 경.　왈　여 사 이 이 호　왈　수 기 이 안 인

曰 如斯而已乎? 曰 修己以安百姓. 修己以安百姓 堯舜其猶病諸.
왈　여 사 이 이 호　왈　수 기 이 안 백 성　수 기 이 안 백 성　요 순 기 유 병 저

주석 以(이): 여기서는 而와 같은 접속사로 쓰임.

如斯而已乎(여사이이호): 그와 같이 하면如斯 그뿐인가而已乎. 그와 같이 하면 됩니까?

病(병): 병이 되다. 힘들어하다. 어려워하다.

46. 원양原壤이 다리를 뻗고 앉아서 기다리고 있는데, 공자께서 "어려서는 공손하지 못하고, 자라서는 남에게 일컬어질 것이 없고, 늙어서 죽지도 않고 있으면, 이는 도둑이다"라고 말씀하시며, 지팡이로 그의 정강이를 툭툭 치셨다.

原壤夷俟 子曰 幼而不孫弟 長而無述焉 老而不死 是爲賊. 以
원 양 이 사　자 왈　유 이 불 손 제　장 이 무 술 언　노 이 불 사　시 위 적.　이

杖叩其脛.
장 고 기 경

주석 原壤(원양): 노나라 사람. 공자의 친구로 그의 어머니가 죽었을 때도 노래
를 불렀다고 한다.

夷(이): 두 다리를 뻗고 앉아 있는 것.

俟(사): 기다리다.

孫(손): 孫은 遜(손)과 통하여, 공손하다.

弟(제): 弟는 悌(제)와 통하여, 윗사람을 잘 모시다.

述(술): 일컬어지다. 칭송되다.

賊(적): 도둑. 남을 해치는 사람.

叩(고): 두드리다. 툭툭 치다.

脛(경): 정강이.

47. 궐당闕黨 마을의 동자가 손님 시중을 하고 있었다. 어떤 사람
이 그 아이에 대해서 물어보았다.

"더 배우고자 하는 아이입니까?"

공자孔子께서 말씀하셨다.

"나는 그 아이가 어른들 자리에 버젓이 앉아 있는 것을 보았고,
손윗사람들과 나란히 걸어다니는 것을 보았습니다. 더 배우고자
추구하는 아이가 아니라 빠른 성취를 바라는 아이 같습니다."

闕黨童子將命 或問之曰 益者與? 子曰 吾見其居於位也 見其
궐 당 동 자 장 명   혹 문 지 왈   익 자 여   자 왈   오 견 기 거 어 위 야   견 기

與先生竝行也. 非求益者也 欲速成者也.
여 선 생 병 행 야   비 구 익 자 야   욕 속 성 자 야

주석 闕黨(궐당): 고을 이름으로, 공자가 살았던 궐리闕里라고도 한다.

將命(장명): 어른들의 명을 받아 손님 시중을 하는 것.

益者(익자): 더 배우려는 사람.

居於位(거어위): 어른 자리에 앉다.

先生(선생): 먼저 난 사람. 손윗사람.

求益者(구익자): 더 배우고자 추구하는 사람.

速成(속성): 빠른 성취.

제15편

위령공衛靈公

1. 위衛나라 영공靈公이 공자孔子께 군대의 진법陣法에 대하여 물어보자, 공자께서 대답하셨다.

"제사에 관한 일은 일찌기 들어서 알고 있지만, 군대에 관한 일은 배우지 못했습니다."

그리고 다음 날 드디어 위나라를 떠나셨다.

진陳나라에 있을 때 식량은 떨어지고, 따르던 사람들은 병이 나서 일어나지도 못하였다. 자로子路가 성이 나서 공자를 찾아뵙고 말씀드렸다.

"군자도 곤궁할 때가 있습니까?"

공자께서 말씀하셨다.

"군자는 곤궁해도 굳게 견디어 내지만, 소인은 곤궁하게 되면 곧 함부로 행동한다."

衛靈公問陳於孔子 孔子對曰 俎豆之事 則嘗聞之矣 軍旅之事
위 영 공 문 진 어 공 자 공 자 대 왈 조 두 지 사 즉 상 문 지 의 군 려 지 사

未之學也. 明日遂行. 在陳絶糧 從者病 莫能興. 子路慍見曰
미 지 학 야 명 일 수 행 재 진 절 량 종 자 병 막 능 흥 자 로 온 현 왈

君子亦有窮乎? 子曰 君子固窮, 小人窮斯濫矣.
군 자 역 유 궁 호   자 왈 군 자 고 궁   소 인 궁 사 람 의

주석 陳(진): 陣(진)은 陳의 속자俗字이다. 군대의 진법陣法. 작전 방법.

　　俎豆之事(조두지사): 제사에 관한 일. 俎와 豆는 모두 제기祭器의 이름.

　　軍旅之事(군려지사): 군대에 관한 일. 옛날 군대는 일만 이천 오백 명이
　　　군軍이고, 오백 명이 려旅이다.

　　遂(수): 드디어. 마침내.

　　遂行(수행): 드디어 떠나다. 드디어 위나라를 떠나다.

　　莫能興(막능흥): 일어나지 못하다. 기동起動하지 못하다.

　　慍見(온견): 성이 나서 찾아뵙다.

　　固窮(고궁): 곤궁을窮 견디어 내다固. '곤궁함을 참고 견디다' 또는 '진실
　　　로 곤궁할 때가 있다'라고 해석하기도 한다.

　　濫(람): 함부로 행동하다. 자기 멋대로 행동하다.

2. 공자孔子께서 말씀하셨다.

　"사賜(자공)야! 너는 내가 많이 배워서 그것들을 모두 기억하고
있는 사람이라고 생각하느냐?"

　자공子貢이 대답했다.

　"그렇습니다. 아니십니까?"

　공자께서 말씀하셨다.

　"그렇지 않다. 나는 하나의 이치로 모든 것을 꿰뚫고 있다."

子曰 賜也. 女以予爲多學而識之者與? 對曰 然. 非與? 曰 非也.
자 왈 사 야 여 이 여 위 다 학 이 지 지 자 여 대 왈 연 비 여 왈 비 야
予一以貫之.
여 일 이 관 지

주석 賜(사): 자공子貢의 이름.

266

女(여): 汝와 통하여, 너 또는 당신.

識(지): 기억하다. 외우다. 識은 '기억하다'의 뜻일 때는 '지'로 읽는다.

一以貫之(일이관지): 하나의 이치로 모든 것을 꿰뚫고 있다는 뜻.

3. 공자孔子께서 말씀하셨다.

"유由(자로)야! 덕德을 아는 사람이 드물구나."

子曰 由. 知德者鮮矣.
자 왈 유 지 덕 자 선 의

(주석) 由(유): 자로子路의 이름. 즉 중유仲由를 말함. (爲政편 17장 참조)

鮮(선): 드물다. 적다.

4. 공자孔子께서 말씀하셨다.

"아무 일도 하지 않고도 나라를 잘 다스린 사람은 순舜임금일 것이다. 대체 어떻게 하였을까? 자기 몸가짐을 공손히 하고, 바르게 임금의 자리를 지키고 있었을 뿐이다."

子曰 無爲而治者 其舜也與. 夫何爲哉. 恭己正南面而已矣.
자 왈 무 위 이 치 자 기 순 야 여 부 하 위 재 공 기 정 남 면 이 이 의

(주석) 無爲(무위): 저절로. 아무 일도 하지 않다. 여기서 '無爲'는 임금 자신이 직접 나서서 크고 작은 모든 일을 챙기며 간여하지 않았다는 뜻.

恭己(공기): 자기 몸가짐을 공손히 하다.

南面(남면): 얼굴을 남쪽으로 향하여 앉다. 옛날 임금은 남쪽을 향하여 앉아 정사를 논의하였으므로, 南面은 '임금의 자리'를 뜻한다.

5. 자장子張이 행해질 수 있는 것에 대해서 물어보자, 공자孔子께서 말씀하셨다.

"말이 성실하고 신의가 있으며, 행동이 돈독하고 공경스러우면 비록 오랑캐의 나라에서라도 행해질 수 있을 것이다. 말에 성실성과 신의가 없고, 행동이 돈독하고 공경스럽지 않으면 비록 제 마을에서인들 행해지겠느냐? 서 있을 때에는 이러한 말들이 눈 앞에 늘어서 있는 것같이 보이고, 수레에 타고 있을 때에는 이러한 말들이 멍에에 걸려 있는 것같이 보여야 할 것이니, 그런 뒤에야 어디서나 행해질 수 있다."

자장子張은 이 말씀을 예복의 띠 자락에다 적어 두었다.

子張問行 子曰 言忠信 行篤敬 雖蠻貊之邦行矣. 言不忠信
자 장 문 행　자 왈　언 충 신　행 독 경　수 만 맥 지 방 행 의　　언 불 충 신

行不篤敬 雖州里行乎哉? 立則見其參於前也 在輿則見其倚
행 불 독 경　수 주 리 행 호 재　　입 즉 견 기 참 어 전 야　재 여 즉 견 기 의

於衡也 夫然後行. 子張書諸紳.
어 형 야　부 연 후 행　　자 장 서 저 신

[주석] 行(행): 행해질 수 있는 것. 여기서는 도道나 덕德이 행해질 수 있는 것. 즉
　　　　통할 수 있는 것을 의미한다.

　　蠻貊(만맥): 蠻은 남쪽 오랑캐. 貊은 북쪽 오랑캐.

　　州里(주리): 큰 고을과 작은 마을. 州는 이천 오백 가구로 된 고을이고,
　　　　里는 이십 오 가구로 된 마을이다.

　　參(참): 늘어서 있다.

　　輿(여): 수레.

　　倚於衡(의어형): 멍에에於衡 기대다倚. 멍에에 걸려 있다.

　　紳(신): 예복의 큰 띠. 띠의 늘어진 자락.

6. 공자孔子께서 말씀하셨다.

"곧도다. 사어史魚여! 나라에 바른 도道가 행해지고 있을 때에도 화살처럼 곧았고, 나라에 바른 도가 행해지지 않을 때도 화살처럼 곧았다. 군자로다, 거백옥蘧伯玉이여! 나라에 바른 도가 행해지면 벼슬을 하고, 나라에 바른 도가 행해지지 않으면 자신을 거두어 숨을 수가 있었으니."

子曰 直哉史魚! 邦有道 如矢 邦無道 如矢. 君子哉蘧伯玉!
자 왈 직 재 사 어   방 유 도   여 시 방 무 도   여 시   군 자 재 거 백 옥
邦有道則仕 邦無道 則可卷而懷之.
방 유 도 즉 사 방 무 도   즉 가 권 이 회 지

주석 史魚(사어): 위나라 대부. 성은 사史이고, 이름은 추鰍이며, 자는 자어子魚이다.

如矢(여시): 화살과 같다. 화살처럼 곧다는 뜻임.

蘧伯玉(거백옥): 위나라 대부. (憲問편 26장 참조)

仕(사): 벼슬하다. 관직에 나아가다.

卷(권): 捲(권)과 통하여, 거두어 들이다.

懷(회): 숨다. 숨어 지내다.

7. 공자孔子께서 말씀하셨다.

"더불어 말할 만한 데도 그와 더불어 말하지 않으면 사람을 잃게 되고, 더불어 말할 만하지 못한 데도 그와 더불어 말하면 실언하게 된다. 지혜로운 사람은 사람을 잃지도 않고, 또한 실언하지도 않는다."

子曰 可與言而不與之言 失人 不可與言而與之言 失言. 知者
자왈 가여언이불여지언 실인 불가여언이여지언 실언 지자
不失人 亦不失言.
불실인 역불실언

(주석) 可與言(가여언): '可與之言'에서 '之'가 생략되었음. 그와 더불어 말할 만하다.
　　　 失言(실언): 말을 잃다. 실언하다. 말을 실수하다.

8. 공자孔子께서 말씀하셨다.

"뜻이 있는 선비와 인仁한 사람은 삶을 추구하기 위해 인仁을 해
치는 일이 없고, 자신을 희생해서라도 인仁을 이루는 경우는 있다."

子曰 志士仁人 無求生以害仁 有殺身以成仁.
자왈 지사인인 무구생이해인 유살신이성인

(주석) 志士(지사): 뜻 있는 선비. 옳다고 생각하는 일에는 뜻을 굽히지 않는 사람.
　　　 仁人(인인): 인仁한 사람. 공자가 추구하는 이상理想으로 정치적·윤리적
　　　 인 모든 덕德의 기초인 인仁을 실천하는 사람.
　　　 殺身(살신): 자기 몸을 죽이다. 자신을 희생하다.

9. 자공子貢이 인仁을 실천하는 방법에 대해 물어보자, 공자孔子께서
말씀하셨다.

"공인工人이 그 일을 잘하려고 하면 반드시 먼저 그의 연장을 날
카롭게 다듬어야 한다. 어떤 나라에 살든지 그 나라의 대부大夫 중
에서 현명한 사람을 섬기고, 그 나라의 선비 중에서 인한 사람을 벗
으로 사귀어야 한다."

子貢問爲仁 子曰 工欲善其事 必先利其器. 居是邦也 事其大
자공문위인 자왈 공욕선기사 필선리기기 거시방야 사기대
夫之賢者 友其士之仁者.
부지현자 우기사지인자

주석 工(공): 공인工人. 기술자.

利其器(리기기): 그 연장을 예리하게 다듬다. 그의 연장을 날카롭게 손질
하다.

居是邦(거시방): 어떤 나라에 살다. 여기서 是는 '어떤'을 뜻함.

10. 안연顏淵이 나라를 다스리는 일에 대해서 물어보자, 공자孔子께
서 말씀하셨다.

"하夏나라의 역법曆法을 사용하고, 은殷나라의 수레를 타고, 주周
나라의 예관禮冠을 쓰고, 음악은 순임금의 소무韶舞로 하고, 정鄭나
라의 노래를 추방하고, 간사한 사람을 멀리해야 한다. 정나라의 음
악은 음탕하고, 간사한 사람은 위태롭기 때문이다."

顏淵問爲邦 子曰 行夏之時 乘殷之輅 服周之冕 樂則韶舞
안연문위방 자왈 행하지시 승은지로 복주지면 악즉소무
放鄭聲 遠佞人. 鄭聲淫 佞人殆.
방정성 원녕인 정성음 영인태

주석 夏之時(하지시): 하夏나라의 역법曆法.

輅(로): 수레. 천자天子가 타던 큰 수레.

冕(면): 예관禮冠.

韶舞(소무): 순舜임금의 음악과 춤.

放鄭聲(방정성): 정鄭나라의 노래를 추방하다.

佞人(영인): 간사하고 아첨 잘하는 사람. 간사한 사람.

11. 공자孔子께서 말씀하셨다.

"사람이 멀리 생각하는 바가 없으면, 반드시 가까운 근심이 있게 된다."

> 子曰 人無遠慮 必有近憂.
> 자 왈 인 무 원 려 필 유 근 우

(주석) 遠慮(원려): 멀리 내다보고 생각하다.

12. 공자孔子께서 말씀하셨다.

"다 되었구나! 나는 아직 덕德을 좋아하기를 여색女色을 좋아하듯 하는 사람을 보지 못하였다."

> 子曰 已矣乎. 吾未見好德 如好色者也.
> 자 왈 이 의 호 오 미 견 호 덕 여 호 색 자 야

(주석) 已矣乎(이의호): 다 끝났구나. 다 되었구나.
　　　好色(호색): 여색女色을 좋아하다.

13. 공자孔子께서 말씀하셨다.

"장문중臧文仲은 그 벼슬자리를 도둑질한 사람이다. 유하혜柳下惠의 현명함을 알면서도 그를 천거하여 함께 조정에 서지 않았다."

> 子曰 臧文仲其竊位者與. 知柳下惠之賢而不與立也.
> 자 왈 장 문 중 기 절 위 자 여 지 유 하 혜 지 현 이 불 여 립 야

(주석) 臧文仲(장문중): 노나라의 대부. (公冶長편 18장 참조)
　　　竊位(절위): 벼슬자리를 도둑질하다. 자기 직분을 다하지 못하고 녹봉만

받아먹으므로 도둑질하는 것과 다름없다는 뜻임.

柳下惠(유하혜): 노나라의 대부로 성은 전展이고, 이름은 확獲이며, 자는 금禽이다. 그의 식읍食邑이 유하柳下이고, 시호가 혜惠이다.

與立(여립): 함께 조정에 서다. 그를 천거하여 함께 벼슬을 하는 것을 말한다.

14. 공자孔子께서 말씀하셨다.

"자신에 대해서는 스스로 엄중하게 책망하고, 남에 대해서는 가볍게 책망한다면, 곧 원망으로부터 멀어질 것이다."

子曰 躬自厚 而薄責於人 則遠怨矣.
자 왈 궁 자 후 이 박 책 어 인 즉 원 원 의

(주석) 躬自厚(궁자후): '躬自厚責'에서 '責(책)'이 생략되었음. 자신에 대해서 스스로 엄중하게 책망하다.

薄責(박책): 잘못을 가볍게 책망하다.

15. 공자孔子께서 말씀하셨다.

"'어떻게 하면 좋을까, 어떻게 하면 좋을까'라고 말하지 않는 사람은 나도 그를 어떻게 할 수가 없다."

子曰 不曰 '如之何 如之何'者 吾末如之何也已矣.
자 왈 불 왈 여 지 하 여 지 하 자 오 말 여 지 하 야 이 의

(주석) 如之何(여지하): 그것을之 어떻게 하나如何. 어떻게 하면 좋을까. '如何之'의 도치이다.

末(말): 여기서는 부정사로 불능不能의 뜻.

16. 공자孔子께서 말씀하셨다.

"여럿이 모여 온종일 지내면서 의로운 것에 대해서는 말이 없고, 잔재주나 부리기 좋아한다면 곤란한 일이다!"

子曰 羣居終日 言不及義 好行小慧 難矣哉!
자 왈 군 거 종 일 언 불 급 의 호 행 소 혜 난 의 재

[주석] 羣居(군거): 여럿이 모여 지내다.

小慧(소혜): 작은 지혜. 잔재주. 자기만 이롭게 하는 꾀(재주)를 뜻함.

難矣哉(난의재): 곤란한 일이다. 또는 '올바른 사람이 되기 어렵다'라고 해석하기도 한다.

17. 공자孔子께서 말씀하셨다.

"군자는 의로움으로 바탕을 삼고, 예의에 따라 행동하며, 겸손하게 태도를 보이며, 신의信義로써 이루어 내야 한다. 그래야 군자이다!"

子曰 君子義以爲質 禮以行之 孫以出之 信以成之. 君子哉!
자 왈 군 자 의 이 위 질 예 이 행 지 손 이 출 지 신 이 성 지 군 자 재

[주석] 孫(손): 遜(손)과 통하여, 겸손함을 뜻함.

出(출): 드러내다. 보이다見. 또는 '말로 표현하다'로 해석하기도 한다.

18. 공자孔子께서 말씀하셨다.

"군자는 자기가 능력이 없는 것을 괴로워하지, 남이 자기를 알아주지 않는 것을 괴로워하지 않는다."

子曰 君子病無能焉 不病人之不己知也.
자 왈 군 자 병 무 능 언 불 병 인 지 불 기 지 야

주석 病(병): 걱정하다. 괴로워하다.
　不己知(불기지): 자기를 알아주지 않다.

19. 공자孔子께서 말씀하셨다.

"군자는 죽은 뒤에 이름이 일컬어지지 않는 것을 걱정한다."

　　子曰 君子疾沒世而名不稱焉.
　　자 왈　군 자 질 몰 세 이 명 불 칭 언

주석 疾(질): 고민하다. 걱정하다.
　沒世(몰세): 세상을 떠나다. 죽다.
　名不稱(명불칭): 이름이 일컬어지지 않다.

20. 공자孔子께서 말씀하셨다.

"군자는 잘못의 원인을 자기에게서 찾고, 소인은 그것을 남에게 찾는다."

　　子曰 君子求諸己 小人求諸人.
　　자 왈　군 자 구 제 기　소 인 구 제 인

주석 求諸己(구제기): 諸는 之於와 같음. 자기에게서於己 잘못의 원인之 찾다求.

21. 공자孔子께서 말씀하셨다.

"군자는 긍지를 가졌지만 다투지 않고, 여럿이 어울려도 편당偏黨을 짓지 않는다."

　　子曰 君子矜而不爭 羣而不黨.
　　자 왈　군 자 긍 이 부 쟁　군 이 부 당

矜(긍): 긍지를 갖다. 자긍심을 가지다.

群(군): 여럿이 어울리다. 무리를 이루다.

不黨(부당): 편당偏黨을 짓지 않다.

22. 공자孔子께서 말씀하셨다.

"군자는 말만 가지고서 그 사람을 등용하지 않고, 사람만 보고서 그의 말까지 버리지 않는다."

子曰 君子不以言擧人 不以人廢言.
자 왈 군 자 불 이 언 거 인   불 이 인 폐 언

以言擧人(이언거인): 말로써以言 사람을人 천거하다擧. 그 사람의 말만 듣고서 등용하다.

以人廢言(이인폐언): 사람으로써以人 말을言 폐기하다廢. 그 사람의 신분이나 외모만 보고서 그의 말까지 무시하다.

23. 자공子貢이 물었다.

"평생토록 그것을 실천할 만한 한마디 말이 있습니까?"

공자孔子께서 말씀하셨다.

"그것은 서恕이다! 자기가 원하지 않는 것은 남에게도 하지 않는 것이다."

子貢問曰 有一言而可以終身行之者乎! 子曰 其恕乎! 己所不
자 공 문 왈 유 일 언 이 가 이 종 신 행 지 자 호   자 왈 기 서 호   기 소 불
欲 勿施於人.
욕 물 시 어 인

終身(종신): 목숨을 다하기까지. 평생 동안.

276

恕(서): 여기서 공자는 서恕를 '자기가 원하지 않는 것은 남에게도 하지 마라'라고 대답하고 있다. 공자가 말하는 서恕의 정신과 실천은 곧 인仁의 정신과 실천인 것이다. (里仁편 15장과 雍也편 28장 참조)

24. 공자孔子께서 말씀하셨다.

"내가 사람들에 대해서 누구를 비난하고 누구를 칭찬하더냐? 만약 칭찬해 준 사람이 있다면, 그것은 시험해 본 바가 있어서이다. 이 백성들은 삼대(하夏·은殷·주周)에 걸쳐 바른 도道로 다스려졌기 때문에 비난하거나 칭찬할 수가 없다."

子曰 吾之於人也 誰毀誰譽? 如有所譽者 其有所試矣. 斯民也
자 왈 오 지 어 인 야 수 훼 수 예   여 유 소 예 자 기 유 소 시 의   사 민 야
三代之所以直道而行也.
삼 대 지 소 이 직 도 이 행 야

[주석] 毀(훼): 비난하다. 비방하다. 헐뜯다.
譽(예): 기리다. 칭찬하다.
有所試(유소시): 시험한 바가 있다. 칭찬할 만한가를 시험해 본 바가 있다는 뜻.
三代(삼대): 하夏·은殷·주周의 세 왕조.
所以(소이): 근거. 까닭.
直道而行(직도이행): 바른 도가 행해지다. 바른 도로 다스려지다.

25. 공자孔子께서 말씀하셨다.

"나는 그래도 사관史官이 의심스러운 일은 빼놓고 기록하는 글과 말馬을 가진 사람이 남에게 빌려주어 타게 하는 것을 볼 수가 있었는데, 지금은 이런 것들이 없어졌다."

子曰 吾猶及史之闕文也 有馬者借人乘之 今亡矣夫.
자왈 오유급사지궐문야 유마자차인승지 금무의부

(주석) 猶及(유급): 그래도 …에 이르다. 그래도 …을 볼 수 있었다.
史之闕文(사지궐문): 사관이 의심스러운 일은 빼놓고 기록하는 글.
借人乘之(차인승지): 남에게 빌려주어 타게 하다.
亡(무): 無와 통하여, 없다. 없어지다.

26. 공자孔子께서 말씀하셨다.

"교묘한 말은 덕德을 어지럽히고, 작은 일을 참지 못하면 큰 계획
을 그르친다."

子曰 巧言亂德 小不忍則亂大謀.
자왈 교언난덕 소불인즉난대모

(주석) 巧言(교언): 교묘하게 꾸며 대는 말. 교묘한 말.
亂大謀(난대모): 큰 계획을 어지럽히다. 큰 계획을 그르치다.

27. 공자孔子께서 말씀하셨다.

"많은 사람들이 그를 미워하더라도 반드시 살펴보아야 하고, 많
은 사람들이 그를 좋아하더라도 반드시 살펴보아야 한다."

子曰 衆惡之 必察焉 衆好之 必察焉.
자왈 중오지 필찰언 중호지 필찰언

(주석) 惡之(오지): 그를 미워하다. 그를 싫어하다.
察(찰): 살피다. 살펴보다.

28. 공자孔子께서 말씀하셨다.

"사람이 도道를 넓힐 수 있는 것이지, 도道가 사람을 넓히는 것이 아니다."

子曰 人能弘道 非道弘人.
자 왈 인 능 홍 도 비 도 홍 인

(주석) 非道弘人(비도홍인): '사람이 스스로 노력함이 없는데, 도道가 저절로 사람을 바르게 만들어 주는 것이 아니다'라는 뜻임.

29. 공자孔子께서 말씀하셨다.

"잘못을 하고도 고치지 않는 것, 이것이 바로 잘못이다."

子曰 過而不改 是謂過矣.
자 왈 과 이 불 개 시 위 과 의

30. 공자孔子께서 말씀하셨다.

"나는 일찍이 온종일 먹지도 않고 밤새도록 자지도 않고 사색해 보았으나, 유익함이 없었고 공부하는 것만 못했다."

子曰 吾嘗終日不食 終夜不寢 以思 無益 不如學也.
자 왈 오 상 종 일 불 식 종 야 불 침 이 사 무 익 불 여 학 야

(주석) 嘗(상): 일찍이.

　　　終夜(종야): 밤새도록.

　　　不如學(불여학): 공부하는 것만 못하다.

31. 공자孔子께서 말씀하셨다.

"군자는 도道를 추구하지 먹을 것을 추구하지 않는다. 농사를 지어도 굶주림이 그 가운데 있을 수 있지만, 공부를 하면 녹봉이 그 가운데 있다. 군자는 도를 얻지 못할까 걱정하지, 가난을 걱정하지 않는다."

> 子曰 君子謀道 不謀食. 耕也 餒在其中矣 學也 祿在其中矣.
> 자왈 군자모도 불모식   경야 뇌재기중의 학야 녹재기중의
> 君子憂道不憂貧.
> 군자우도불우빈

[주석] 謀(모): 꾀하다. 도모하다. 추구하다.
　　　　耕(경): 밭 갈다. 농사짓는 것을 뜻함.
　　　　餒(뇌): 굶주림.
　　　　祿(녹): 녹봉.

32. 공자孔子께서 말씀하셨다.

"지혜가 그 지위에 미친다 하더라도 인仁이 그것을 지킬 수 없으면, 비록 그것을 얻었다 해도 반드시 잃을 것이다. 지혜가 그 지위에 미치고 인仁이 그것을 지킬 수 있다 하더라도, 장중한 태도로 백성들에 임하지 않으면 백성들은 존경하지 않을 것이다. 지혜가 그 지위에 미치고 인仁이 그것을 지킬 수 있고 장중한 태도로 백성들에 임한다 하더라도, 백성들을 동원하는 데 예禮로써 하지 않으면 잘한 것이 아니다."

> 子曰 知及之 仁不能守之 雖得之 必失之. 知及之 仁能守之 不
> 자왈 지급지 인불능수지 수득지 필실지   지급지 인능수지 부

莊以涖之 則民不敬. 知及之 仁能守之 莊以涖之 動之不以禮
장 이 리 지　즉 민 불 경　지 급 지　인 능 수 지　장 이 리 지　동 지 불 이 례

未善也.
미 선 야

주석 及之(급지): 거기에 미치다. 그 지위에 미치다.

莊(장): 장중함. 장중한 태도.

涖之(리지): 그것에 임하다. 백성들에 임하다.

動之(동지): 그것을 움직이다. 백성들을 동원하다.

33. 공자孔子께서 말씀하셨다.

"군자는 작은 일로 알 수 없어도 큰일은 받을 수 있으며, 소인은
큰일은 받을 수 없어도 작은 일로 알 수 있다."

子曰 君子不可小知 而可大受也. 小人不可大受 而可小知也.
자 왈　군 자 불 가 소 지　이 가 대 수 야　소 인 불 가 대 수　이 가 소 지 야

주석 不可小知(불가소지): 작은 일로 알 수 없다.

可大受(가대수): 큰일은 받을 수 있다.

34. 공자孔子께서 말씀하셨다.

"백성들에게 인仁에 대한 필요성 물과 불보다 더 중요하다. 나는 물
과 불을 밟아서 죽는 사람은 보았으나, 인仁을 밟아서 죽는 사람은 보
지 못했다."

子曰 民之於仁也 甚於水火. 水火 吾見蹈而死者矣 未見蹈仁
자 왈　민 지 어 인 야　심 어 수 화　수 화　오 견 도 이 사 자 의　미 견 도 인

而死者也.
이 사 자 야

民之於仁(민지어인): 백성들에게 인에 대한 필요성.

    甚於水火(심어수화): 물과 불보다 심하다. 물과 불보다 중요하다.

    蹈而死(도이사): 밟아서 죽다. 또는 '빠져 죽다'로 해석하기도 한다.

35. 공자孔子께서 말씀하셨다.

"인仁을 실천해야 할 경우는 스승에게도 양보하지 않아야 한다."

子曰 當仁 不讓於師.
자왈 당인 불양어사

當仁(당인): 인을 당해서. 인을 실천해야 할 경우.

    不讓(불양): 양보하지 않다.

36. 공자孔子께서 말씀하셨다.

"군자는 바른 길을 따르지만, 무조건 신뢰하지는 않는다."

子曰 君子貞而不諒.
자왈 군자정이불량

貞(정): 바르다. 바른 길을 따르다.

    諒(량): 믿다. 무조건 신뢰하는 것을 뜻함.

37. 공자孔子께서 말씀하셨다.

"임금을 섬기는 데는 그의 직무를 공경히 수행하고 봉록俸祿을 받는 것은 뒤로해야 한다."

子曰 事君 敬其事 而後其食.
자왈 사군 경기사 이후기식

其事(기사): 그의 일. 그의 직무.

食(식): 녹봉禄俸. 녹봉을 받는 것.

後其食(후기식): 그 녹봉은 뒤로한다. 녹봉을 받는 것은 뒤로해야 한다.

38. 공자孔子께서 말씀하셨다.

"가르침에 있어서는 차별을 두지 않는다."

子曰 有教無類.
자왈 유교무류

無類(무류): 유별類別이 없다. 가르침에는 신분이나 능력에 차별을 두지
않는다는 뜻.

39. 공자孔子께서 말씀하셨다.

"지향하는 도道가 같지 않으면, 함께 일을 도모하지 않는다."

子曰 道不同 不相爲謀.
자왈 도부동 불상위모

道不同(도부동): 가는 길이 같지 않다. 지향하는 도道가 같지 않다.

不相爲謀(불상위모): 서로 일을 의논하지 않는다. 함께 일을 도모할 수 없
다는 뜻이다.

40. 공자孔子께서 말씀하셨다.

"말은 뜻이 전달되기만 하면 그만이다."

子曰 辭達而已矣.
자왈 사 달 이 이 의

辭達而已矣(사달이이의): 말은辭 전달되면達 그뿐이다已矣. 말은 뜻이 통
하기만 하면 된다는 뜻이다.

41. 장님인 악사樂士 면冕이 뵈러 왔을 때, 그가 계단에 이르자 공자
孔子께서 "계단이오" 하고 말씀하시고, 자리에 이르자 공자께서 "자
리요" 하고 말씀하시고, 모두가 앉자 공자께서 "아무개는 여기에 있
고, 아무개는 저기에 있습니다" 하고 일러주셨다.

악사 면冕이 나가자, 자장子張이 물었다.

"그렇게 하는 것이 장님 악사와 말할 때의 도리입니까?"

공자께서 말씀하셨다.

"그렇다. 그것이 본래 장님 악사를 도와주는 도리이다."

師冕見 及階 子曰 階也 及席 子曰 席也 皆坐 子告之曰 某在
사 면 현 급 계 자왈 계 야 급 석 자왈 석 야 개 좌 자 고 지 왈 모 재
斯 某在斯. 師冕出 子張問曰 與師言之道與? 子曰 然. 固相
사 모 재 사 사 면 출 자 장 문 왈 여 사 언 지 도 여 자 왈 연 고 상
師之道也.
사 지 도 야

師(사): 악사樂師. 옛날의 악사는 거의 장님이었다고 한다.
冕(면): 악사의 이름.
見(현): 뵙다. 찾아뵙다.
及階(급계): 섬돌에 이르다. 계단에 이르다.
固(고): 본래. 본시.
相(상): 돕다. 도와주다.

제16편

계 씨季氏

1. 계씨季氏가 전유顓臾를 정벌하려고 하자, 염유冉有와 계로季路(자로)가 공자孔子를 찾아뵈옵고 말했다.

"계씨가 전유에 대하여 군사를 일으키려고 합니다."

공자께서 말씀하셨다.

"구求(염유)야, 그것은 너의 잘못이 아니겠느냐? 전유는 옛날 선왕先王이 동몽산東蒙山의 제주祭主로 삼았고, 또한 노魯나라의 영역 안內에 있다. 그는 사직社稷의 신하인데, 어찌하여 정벌하려고 하는가?"

염유가 말했다.

"그분(계씨)이 그렇게 하시려는 것이지, 저희 두 신하는 모두 원하지 않습니다."

공자께서 말씀하셨다.

"구求야, 옛날 주임周任이 말하기를 '힘껏 노력하여 관직에 나아가되, 능력이 되지 않는 사람은 그만두어야 한다'고 하였다. 위험한 데도 잡아 주지 못하고, 넘어지는 데도 붙잡아 주지 못한다면, 장차 그러한 신하를 어디에 쓰겠느냐? 그리고 또한 너의 말도 잘못이다. 범과 코뿔소가 우리에서 뛰어나오고, 점치는 구갑龜甲과 보옥宝玉이 궤 속에서 깨졌다면, 그것은 누구의 잘못이겠느냐?"

염유가 말했다.

"지금 전유는 성곽이 견고하고 비읍費邑 가까이에 있습니다. 지금 빼앗지 않으면 후세에 반드시 자손들의 근심거리가 될 것입니다."

공자께서 말씀하셨다.

"구求야, 군자는 자기가 원하는 것을 말하지 않고, 그것을 위해 핑계를 대는 것을 싫어한다. 내가 듣기로는 '나라를 가진 사람과 가문家門을 가진 사람은 백성이나 토지가 적은 것을 걱정하지 않고 균등하지 않은 것을 걱정하며, 가난한 것을 걱정하지 않고 편안하지 않은 것을 걱정한다'고 했다. 대체로 균등하게 되면 가난함이 없을 것이고, 화합하면 백성이 적어질 일이 없을 것이며, 편안하면 나라가 기울어지는 일이 없을 것이다. 그러므로 먼 곳의 사람들이 복종하지 않으면 문화와 덕망을 닦아서 따라오도록 할 것이고, 그들이 따라온 뒤에는 그들을 편안하게 해 줄 것이다. 지금 유由와 구求는 계씨를 돕고 있으면서, 먼 곳의 사람들이 복종치 않는 데도 따라오게 하지 못하고, 나라가 갈라져 무너지고 있는 데도 지키지를 못하며, 나라 안에서 군사를 동원하려 꾀하고 있다. 내가 두려워하는 것은 계손季孫의 근심이 전유顓臾 땅에 있지 않고 그의 집안에 있다는 것이다."

季氏將伐顓臾 冉有季路見於孔子曰 季氏將有事於顓臾. 孔
계 씨 장 벌 전 유 염 유 계 로 현 어 공 자 왈 계 씨 장 유 사 어 전 유 공

子曰 求! 無乃爾是過與? 夫顓臾 昔者先王以爲東蒙主 且在
자 왈 구 무 내 이 시 과 여 부 전 유 석 자 선 왕 이 위 동 몽 주 차 재

邦域之中矣. 是社稷之臣也 何以伐爲? 冉有曰 夫子欲之 吾
방 역 지 중 의　시 사 직 지 신 야　하 이 벌 위　염 유 왈 부 자 욕 지 오

二臣者 皆不欲也. 孔子曰 求! 周任有言曰 陳力就列 不能者
이 신 자 개 불 욕 야　공 자 왈 구　주 임 유 언 왈 진 력 취 열 불 능 자

止. 危而不持 顚而不扶 則將焉用彼相矣? 且爾言過矣. 虎兕
지　위 이 부 지　전 이 불 부　즉 장 언 용 피 상 의　차 이 언 과 의　호 시

出於柙 龜玉毀於櫝中 是誰之過與? 冉有曰 今夫顓臾固而近
출 어 합　귀 옥 훼 어 독 중　시 수 지 과 여　염 유 왈 금 부 전 유 고 이 근

於費. 今不取 後世必爲子孫憂. 孔子曰 求! 君子疾夫舍曰欲
어 비　금 불 취　후 세 필 위 자 손 우　공 자 왈 구　군 자 질 부 사 왈 욕

之 而必爲之辭. 丘也聞 有國有家者 不患寡而患不均 不患
지　이 필 위 지 사　구 야 문　유 국 유 가 자　불 환 과 이 환 불 균　불 환

貧而患不安. 蓋均無貧 和無寡 安無傾. 夫如是 故遠人不服
빈 이 환 불 안　개 균 무 빈　화 무 과　안 무 경　부 여 시　고 원 인 불 복

則修文德以來之 旣來之 則安之. 今由與求也 相夫子 遠人不
즉 수 문 덕 이 래 지　기 래 지　즉 안 지　금 유 여 구 야　상 부 자　원 인 불

服 而不能來也 邦分崩離析 而不能守也 而謀動干戈於邦內.
복　이 불 능 래 야　방 분 붕 리 석　이 불 능 수 야　이 모 동 간 과 어 방 내

吾恐季孫之憂 不在顓臾 而在蕭牆之内也.
오 공 계 손 지 우　부 재 전 유　이 재 소 장 지 내 야

주석 **季氏**(계씨): 노나라의 세도가인 계손씨季孫氏인 계강자季康子. 염유와 계
로(자로)는 계씨의 가신家臣이었다.

顓臾(전유): 노나라의 작은 속국.

季路(계로): 자로子路의 또 다른 자字가 계로이고, 이름은 중유仲由이다.

有事(유사): 일을 벌이다. 군사를 일으키다.

無乃…與(무내…여): …이 아닌가. …이 아니겠느냐.

東蒙主(동몽주): 동몽산의 제주祭主.

邦域之中(방역지중): 나라의 영역 안. 여기서는 노나라의 영역 안을 말함.

社稷之臣(사직지신): 사직社稷은 나라를 상징하므로, 나라의 신하를 뜻함.

夫子(부자): 여기서는 계손씨季孫氏를 가리킨다.

周任(주임): 주나라 사관史官의 이름.

陳力就列(진력취열): 능력을 펼쳐서 벼슬자리에 나아가다. 힘껏 노력하여
관직에 나아가다.

不能者止(불능자지): 능력이 없는 사람은 그만두어야 한다.

顚而不扶(전이불부): 넘어져도顚而 붙잡아 주지 못한다不扶.

相(상): 도와주는 사람. 신하를 말함.

兕(시): 외뿔소. 코뿔소.

柙(합): 짐승 우리.

龜玉(귀옥): 점칠 때 쓰는 큰 거북龜 껍질과 옥玉으로 만든 보물. 즉 보옥寶玉.

櫝(독): 궤. 함.

固(고): 견고함. 성城이 견고함.

疾(질): 미워하다. 싫어하다.

舍曰欲之(사왈욕지): 舍는 捨(사)와 통하여, 그것을之 하고 싶다고欲 말하지曰 않는다舍.

辭(사): 변명하다. 핑계 대다.

有國有家者(유국유가자): 나라를 가진 사람과 가문을 가진 사람. 즉 군주와 경대부를 뜻함.

寡(과): 백성이나 땅이 적다는 뜻.

均(균): 수입 또는 분배의 혜택이 균등한 것.

來(내): 오게 하다. 따라오게 하다.

傾(경): 기울어지다. 나라가 기울어지다.

相夫子(상부자): 계손씨를夫子 돕다相. 계손씨를 보좌하다.

分崩離析(분붕이석): 갈라져 무너지고 흩어져 쪼개지다.

動干戈(동간과): 창과 방패를 동원하다. 군사를 동원하다.

簫牆之內(소장지내): 문 앞을 가리는 담장 안. 집 안을 뜻함.

2. 공자孔子께서 말씀하셨다.

"천하天下에 바른 도道가 행해지고 있으면 예악禮樂과 정벌征伐이 천자天子로부터 나오지만, 천하에 바른 도가 행해지지 않고 있으면

예악과 정벌이 제후로부터 나온다. 제후로부터 나오면 대체로 10대
代 안에 정권을 잃지 않는 일이 드물고, 대부大夫로부터 나오면 5대
안에 정권을 잃지 않는 일이 드물며, 가신家臣이 정권을 잡으면 3대
안에 그 권력을 잃지 않는 일이 드물다. 천하에 바른 도道가 행해지
고 있으면 정권이 대부에게 있지 않게 된다. 천하에 바른 도가 행해
지고 있으면 서민들이 정치에 대하여 논하지 않는다."

孔子曰 天下有道 則禮樂征伐自天子出 天下無道 則禮樂征
공자왈 천하유도 즉예악정벌자천자출 천하무도 즉예악정
伐自諸侯出. 自諸侯出 蓋十世希不失矣 自大夫出 五世希不
벌자제후출 자제후출 개십세희불실의 자대부출 오세희불
失矣 陪臣執國命 三世希不失矣. 天下有道 則政不在大夫.
실의 배신집국명 삼세희불실의 천하유도 즉정부재대부
天下有道 則庶人不議.
천하유도 즉서인불의

주석 禮樂(예악): 예법과 음악. 나라의 제도와 문화를 뜻함.

征伐(정벌): 적이나 잘못된 것을 무력으로 치는 것.

希不失(희불실): 希는 稀와 통하여, 정권을 잃지 않는 일이 드물다.

陪臣(배신): 신하의 신하. 가신家臣.

執國命(집국명): 나라의 명령권을 잡다. 정권을 잡다.

不議(불의): 정치에 대하여 논하지 않는다.

3. 공자孔子께서 말씀하셨다.

"관리의 임명권이 노魯나라의 조정을 떠난 지 5대代가 되었고, 정
권이 대부大夫의 손에 들어간 지 4대가 되었다. 그래서 삼환三桓의
자손들도 세력이 쇠약해지는 것이다."

孔子曰 祿之去公室五世矣 政逮於大夫四世矣 故夫三桓之子
공 자 왈 녹 지 거 공 실 오 세 의 정 체 어 대 부 사 세 의 고 부 삼 환 지 자

孫微矣.
손 미 의

祿(녹): 녹봉祿俸. 여기서는 관리를 임명하는 권한을 뜻함.

　　公室(공실): 노나라의 왕실. 노나라의 조정.

　　五世(오세): 5대는 노나라의 선공宣公으로부터 성공成公, 양공襄公, 소공昭

　　公, 정공定公까지 말한다.

　　逮(체): 미치다. 들어가다.

　　四世(사세): 4대는 계문자季文子에서 무자武子, 평자平子, 환자桓子까지 말

　　한다.

　　三桓(삼환): 환공桓公의 후손으로 노나라의 세도가였던 중손(仲孫, 뒤에 孟

　　孫으로 바뀜), 숙손叔孫, 계손季孫 세 집안을 말하며, 환공桓公의 후손이

　　기 때문에 삼환三桓이라 불렀다.

　　微(미): 쇠약해지다. 세력이 쇠약해지다.

4. 공자孔子께서 말씀하셨다.

"유익한 벗이 셋이 있고, 해로운 벗이 셋이 있다. 정직한 사람을
벗하고, 신의가 있는 사람을 벗하고, 견문이 많은 사람을 벗하면 유
익하다. 아첨을 잘하는 사람을 벗하고, 마음만 착하여 줏대 없는 사
람을 벗하고, 말만 그럴듯하게 잘하는 사람을 벗하면 해롭다."

孔子曰 益者三友 損者三友. 友直 友諒 友多聞 益矣. 友便辟
공 자 왈 익 자 삼 우 손 자 삼 우 우 직 우 량 우 다 문 익 의 우 편 벽

友善柔 友便佞 損矣.
우 선 유 우 편 녕 손 의

諒(량): 신의가 있다.

　　多聞(다문): 들은 것이 많다. 견문이 많다.

便辟(편벽): 남의 비위를 맞추어 아첨하는 것.

善柔(선유): 마음만 착하여 줏대가 없는 것.

便佞(편녕): 말만 그럴듯하게 잘하는 것.

5. 공자孔子께서 말씀하셨다.

"유익한 세 가지 좋아함이 있고, 해로운 세 가지 좋아함이 있다. 예악禮樂의 절도를 따르기를 좋아하고, 남의 좋은 점을 말하기를 좋아하고, 현명한 벗을 많이 사귀기를 좋아하면 유익하다. 교만하게 굴기를 좋아하고, 방탕하게 놀기를 좋아하고, 주색에 싸여 놀기를 좋아하면 해롭다."

孔子曰 益者三樂 損者三樂. 樂節禮樂 樂道人之善 樂多賢友
공 자 왈 익 자 삼 요 손 자 삼 요   요 절 예 악 요 도 인 지 선 요 다 현 우

益矣. 樂驕樂 樂佚遊 樂宴樂 損矣.
익 의   요 교 락 요 일 유 요 연 락 손 의

주석) 樂(요): 좋아하다. '좋아하다'의 뜻일 때는 '요'로 읽는다.

節禮樂(절예악): 예악의 절도를 따르다.

道人之善(도인지선): 여기서 道는 '말하다'의 뜻으로, 남의 좋은 점을 말하다.

多賢友(다현우): 현명한 벗을 많이 사귀다.

驕樂(교락): 교만을 즐기는 것. 교만하게 굴기.

佚遊(일유): 멋대로 노는 것. 방탕하게 놀기.

宴樂(연락): 잔치를 즐기는 것. 주색酒色에 싸여 놀기.

6. 공자孔子께서 말씀하셨다.

"군자君子를 모실 때 저지르기 쉬운 세 가지 잘못이 있다. 자기

가 말할 때가 되지 않았는 데도 말하는 것을 조급하다고 하고, 자기
가 말해야 할 때가 되었는 데도 말하지 않은 것을 속내를 숨긴다고
하고, 얼굴빛도 살펴보지 않고 말하는 것을 눈치가 없다고 한다."

孔子曰 侍於君子有三愆. 言未及之而言 謂之躁, 言及之而
공자왈 시어군자유삼건   언미급지이언 위지조   언급지이
不言 謂之隱, 未見顏色而言 謂之瞽.
불언 위지은 미견안색이언 위지고

[주석] 愆(건): 잘못. 허물.
　　言未及之(언미급지): 말이를 자기에之 미치지及 않다未. 자기가 말할 때가
　　　되지 않았다는 뜻.
　　躁(조): 조급하다. 경망하다.
　　隱(은): 감추다. 숨기다. 엉큼하다.
　　瞽(고): 장님. 눈치 없다는 뜻.

7. 공자孔子께서 말씀하셨다.

"군자에게는 세 가지 경계해야 할 일이 있다. 젊을 때는 혈기가
안정되어 있지 않으므로 경계해야 할 것은 여색女色이다. 장년이 되
어서는 혈기가 한창 왕성하므로 경계해야 할 것은 싸움이며, 노년이
되어서는 혈기가 이미 쇠약해졌으므로 경계해야 할 것은 탐욕이다."

孔子曰 君子有三戒. 少之時 血氣未定 戒之在色. 及其壯也
공자왈 군자유삼계 소지시 혈기미정 계지재색 급기장야
血氣方剛 戒之在鬪. 及其老也 血氣旣衰 戒之在得.
혈기방강 계지재투 급기로야 혈기기쇠 계지재득

[주석] 色(색): 색욕色慾. 여색女色.
　　戒之在色(계지재색): 경계해야 할 것은 여색이다.

292

方剛(방강): 막 강성剛盛하다. 한창 왕성하다.

得(득): 이득을 보려는 것. 즉 탐욕을 뜻함.

8. 공자孔子께서 말씀하셨다.

"군자에게는 세 가지 두려워해야 할 일이 있다. 천명天命을 두려
워해야 하고, 큰 인물을 두려워해야 하고, 성인聖人의 말씀을 두려
워해야 한다. 소인小人은 천명을 알지 못해서 두려워하지 않고, 큰
인물에게 함부로 대하며, 성인의 말씀을 업신여긴다."

孔子曰 君子有三畏. 畏天命 畏大人 畏聖人之言. 小人 不知
공 자 왈 군 자 유 삼 외   외 천 명 외 대 인 외 성 인 지 언   소 인 부 지
天命而不畏也 狎大人 侮聖人之言.
천 명 이 불 외 야 압 대 인 모 성 인 지 언

주석 畏(외): 두려워하다.

天命(천명): 하늘의 뜻. 하늘이 정해 놓은 올바른 이치.

大人(대인): 큰 인물.

狎(압): 함부로 굴다. 함부로 대하다.

侮(모): 얕보다. 업신여기다.

9. 공자孔子께서 말씀하셨다.

"날 때부터 아는 사람은 상등上等이고, 배워서 아는 사람은 그다
음이고, 곤경에 처해서야 배우는 사람은 또 그다음이고, 곤경에 처
해서도 배우지 않으면, 이런 백성은 곧 하등下等이 된다."

孔子曰 生而知之者 上也 學而知之者 次也 困而學之 又其次
공 자 왈 생 이 지 지 자 상 야 학 이 지 지 자 차 야 곤 이 학 지 우 기 차

也 困而不學 民斯爲下矣.
야 곤 이 불 학 민 사 위 하 의

주석 生而知之(생이지지): 날 때부터 알다.

困(곤): 곤란한 경우를 당하다. 곤경에 처하다.

民斯爲下(민사위하): 이런 백성은 곧 하등下等이다.

10. 공자孔子께서 말씀하셨다.

"군자에게는 아홉 가지 생각해야 하는 것이 있다. 볼 때에는 분명하게 볼 것을 생각하고, 들을 때에는 똑똑하게 들을 것을 생각하고, 안색은 온화하게 할 것을 생각하고, 태도는 공손하게 할 것을 생각하고, 말은 성실하게 할 것을 생각하고, 일을 함에는 경건하게 할 것을 생각하고, 의문이 나는 것은 물어볼 것을 생각하고, 성이 날 때에는 뒤에 어려움을 겪을 것을 생각하고, 이득될 것을 보면 의로운 것인가를 생각해야 한다."

孔子曰 君子有九思. 視思明 聽思聰 色思溫 貌思恭 言思忠 事
공 자 왈 군 자 유 구 사   시 사 명 청 사 총 색 사 온 모 사 공 언 사 충 사
思敬 疑思問 忿思難 見得思義.
사 경 의 사 문 분 사 난 견 득 사 의

주석 明(명): 분명하게 보는 것. 똑똑히 보는 것.

聰(총): 똑똑하게 듣는 것. 분명히 듣는 것.

貌(모): 몸가짐. 태도. 모습.

忠(충): 성실한 것. 진실된 것.

忿(분): 분노하다. 성나다. 憤(분)과 통함.

難(난): 뒤에 겪을 어려움. 후환後患을 뜻함.

見得(견득): 이득될 것을 보다.

11. 공자孔子께서 말씀하셨다.

"'선善한 것을 보면 거기에 미치지 못해 애태우는 것처럼 하고, 선하지 않은 것을 보면 끓는 물을 더듬은 것처럼 해야 한다' 하였는데, 나는 그런 사람을 보았고, 그런 말을 들었다. '숨어 살아가며 자기의 뜻을 추구하고, 의로움을 행하여 자기의 도道를 달성해야 한다' 하는데, 나는 그런 말은 들었으나 그런 사람은 아직 보지 못했다."

孔子曰 見善如不及 見不善如探湯. 吾見其人矣 吾聞其語矣.
공자왈 견선여불급 견불선여탐탕 오견기인의 오문기어의

隱居以求其志 行義以達其道. 吾聞其語矣 未見其人也.
은거이구기지 행의이달기도 오문기어의 미견기인야

주석 如不及(여불급): 미치지 못한 것처럼 하다. 거기에 미치지 못해 애태우는 것처럼 하다.

如探湯(여탐탕): 끓는 물을 더듬은 것처럼 하다.

求其志(구기지): 자기의 뜻을 추구하다.

達其道(달기도): 자기의 도를 달성하다.

12. 제齊나라 경공景公은 말을 사천 필이나 가지고 있었으나, 그가 죽은 날에는 백성들이 그에 대하여 칭송할 만한 덕德이 없었다. 백이伯夷와 숙제叔齊는 수양산首陽山 아래서 굶어 죽었으나, 사람들은 지금까지도 그를 칭송하고 있다. 이것이 바로 덕德을 말함일 것이다.

齊景公有馬千駟 死之日 民無德而稱焉. 伯夷叔齊餓于首陽
제경공유마천사 사지일 민무덕이칭언 백이숙제아우수양

之下 民到于今稱之. 其斯之謂與?
지 하 민 도 우 금 칭 지   기 사 지 위 여

주석 千駟(천사): 駟는 수레를 끄는 네 필의 말이므로, 말 사천 필.

無德而稱焉(무덕이칭언): 焉은 於是의 뜻으로, 그에륜 대하여於 칭송할稱
덕이德 없다無.

餓(아): 굶주리다. 굶어 죽다.

其斯之謂與(기사지위여): '이것이 바로 덕을 말함일 것이다.' 이 구절을 '이
것이 바로 덕德으로써 칭송받는다는 것인가'라고 해석하기도 한다. 그
러나 이 구절은 앞의 글과 잘 연결되지 않고, 누구의 말인지도 밝혀져
있지 않아 학자들 사이에 논란이 많다.

13. 진항陳亢이 백어伯魚에게 물었다.

"당신은 (선생님한테) 특별히 다른 가르침을 들은 것이 있겠지
요?"

백어가 대답하였다.

"없습니다. 전에 혼자 서 계실 적에 제가 종종걸음으로 마당을
지나가는데, '시詩를 배웠느냐?'고 물으셨습니다. '아직 못했습니
다'라고 대답하였더니, '시를 배우지 않으면 남과 말을 할 수가 없
느니라' 하셨습니다. 저는 물러 나와 시를 배웠습니다. 다른 날 또
혼자 서 계실 적에 종종걸음으로 마당을 지나가는데, '예禮를 배웠
느냐?'고 하셨습니다. '아직 못했습니다'라고 대답했더니, '예를 배
우지 않으면 남 앞에 설 수가 없느니라' 말씀하셨습니다. 저는 물러
나와 예를 배웠습니다. 제가 들은 것은 이 두 가지입니다."

진항陳亢이 물러 나와 기뻐하며 말했다.

"한 가지를 물었다가 세 가지를 알게 되었다. 시에 대해서 들었고, 예에 대해서 들었으며, 또 군자는 자기 자식을 멀리한다는 것도 들어서 알게 되었다."

陳亢問於伯魚曰 子亦有異聞乎? 對曰 未也. 嘗獨立 鯉趨而
진항문어백어왈 자역유이문호 대왈 미야 상독립 리추이

過庭 曰 學詩乎? 對曰 未也. 不學詩 無以言. 鯉退而學詩. 他
과정 왈 학시호 대왈 미야 불학시 무이언 리퇴이학시 타

日 又獨立 鯉趨而過庭 曰 學禮乎? 對曰 未也. 不學禮 無以
일 우독립 리추이과정 왈 학례호 대왈 미야 불학례 무이

立. 鯉退而學禮. 聞斯二者. 陳亢退而喜曰 問一得三. 聞詩 聞
립 리퇴이학례 문사이자 진항퇴이희왈 문일득삼 문시 문

禮 又聞君子之遠其子也.
례 우문군자지원기자야

주석 陳亢(진항): 공자의 제자. 성은 진陳이고, 이름은 항亢이며, 자는 자금子禽
이다. 또는 자공子貢의 제자라고도 한다.

伯魚(백어): 공자의 아들. 이름은 리鯉이며, 자가 백어伯魚이다. (學而편 10장
참조)

異聞(이문): 다른 것을 듣다. 다른 가르침을 듣다.

獨立(독립): 혼자 서 있다. 홀로 서 있다.

鯉(리): 공자의 아들 백어伯魚의 이름.

趨(추): 종종걸음 하다.

趨而過庭(추이가정): 종종걸음으로 마당을 지나다.

遠其子(원기자): 자기 자식을 멀리하다.

14. 나라 군주의 아내를 군주가 일컬을 때에는 '부인夫人'이라 하고, 부인이 자신을 일컬을 때에는 '소동小童'이라고 하며, 그 나라 사람들이 일컬을 때에는 '군부인君夫人'이라고 하고, 다른 나라 사람들에게 말할 때에는 '과소군寡小君'이라고 하며, 다른 나라 사람들이

일컬을 때에도 '군부인君夫人'이라고 한다.

邦君之妻 君稱之曰夫人 夫人自稱曰小童 邦人稱之曰君夫人
방 군 지 처 군 칭 지 왈 부 인   부 인 자 칭 왈 소 동   방 인 칭 지 왈 군 부 인

稱諸異邦曰寡小君 異邦人稱之亦曰君夫人.
칭 저 이 방 왈 과 소 군   이 방 인 칭 지 역 왈 군 부 인

주석 邦君(방군): 나라의 군주.

稱諸異邦(칭저이방): 다른 나라 사람들에게 군주의 아내를 일컫다.

寡小君(과소군): 다른 나라 사람들에게 자기 나라의 임금을 '과군寡君'이
라 일컫고, 임금의 부인은 小자를 붙여 '과소군寡小君'이라 하였다.

298

제17편

양 화陽貨

1. 양화陽貨가 공자孔子를 만나려고 했으나 공자께서 그를 만나 주지 않자, 공자께 삶은 돼지를 선물로 보냈다. 공자께서는 양화가 없는 틈을 타서 그의 집으로 인사를 하러 갔다가 길에서 양화를 만났다. 양화가 공자께 말했다.

"이리 오십시오. 내 당신과 할 말이 있습니다" 하고, 이어서 말했다.

"보배로운 재능을 지니고 있으면서도 자기의 나라를 어지럽게 놓아둔다면 인仁하다고 할 수가 있겠습니까?"

공자께서 말씀하셨다. "그렇다고 할 수 없지요."

"정치에 종사하기를 좋아하면서도 자주 그 기회를 놓친다면 지혜롭다고 할 수가 있겠습니까?"

공자께서 말씀하셨다. "그렇다고 할 수 없지요."

"날과 달은 지나가고, 세월은 나를 위해 머물러 있지를 않습니다."

공자께서 말씀하셨다. "그렇습니다. 나도 장차 벼슬살이를 할 겁니다."

陽貨欲見孔子 孔子不見 歸孔子豚. 孔子時其亡也 而往拜之
양 화 욕 현 공 자 공 자 불 현 귀 공 자 돈 공 자 시 기 무 야 이 왕 배 지

遇諸塗. 謂孔子曰 來! 予與爾言. 曰 懷其寶而迷其邦 可謂仁
우 저 도 위 공 자 왈 래 여 여 이 언 왈 회 기 보 이 미 기 방 가 위 인

乎? 曰 不可. 好從事而亟失時 可謂知乎? 曰 不可. 日月逝矣
호 왈 불 가 호 종 사 이 기 실 시 가 위 지 호 왈 불 가 일 월 서 의

歲不我與. 孔子曰 諾. 吾將仕矣.
세 불 아 여 공 자 왈 낙 오 장 사 의

주석 陽貨(양화): 양호陽虎라고도 하며, 노나라 계씨季氏의 가신家臣으로 노나
라의 국정을 좌지우지했다.

歸(귀): 饋(궤)와 통함. 선물을 보내다.

歸孔子豚(귀공자돈): 공자에게 삶은 돼지를 선물로 보내다.

時其亡(시기무): 여기서 時는 동사로 '때를 엿보다'의 뜻으로, '그가 집에
없을 때를 엿보다'.

往拜之(왕배지): 가서 그에게 인사하다. 윗사람으로부터 선물이 보내졌을
때 마침 없어서 직접 받지 못할 경우, 보낸 사람 집으로 찾아가서 인사
하는 당시 예법이다.

遇諸塗(우저도): 塗는 途(도)와 통하여, 길에서 그를諸塗 만나다遇.

寶(보): 보배. 보배와 같은 재능을 가리킴.

迷其邦(미기방): 그 나라를 어지럽히다. 자기 나라를 어지럽도록 놓아두다.

好從事(호종사): 정치에 종사하기를 좋아하다.

亟(기): 자주. 번번이.

逝(서): 흘러가다. 지나가다.

不我與(불아여): '不與我'가 도치된 형태. 나와 함께 하지 않다. 나를 위
해 머물러 있지 않다.

仕(사): 벼슬살이를 하다. 관직에 나가다.

2. 공자孔子께서 말씀하셨다.

"타고난 본성本性은 서로 비슷하지만, 습관에 의해 서로 멀어

300

지게 된다."

子曰 性相近也 習相遠也.
자 왈 성 상 근 야 습 상 원 야

(주석) 性相近(성상근): 본성은 서로 가깝다. 타고난 본성은 서로 비슷하다.
習相遠(습상원): 습관이 서로를 멀어지게 한다. 습관에 의해 서로 달라
진다.

3. 공자孔子께서 말씀하셨다.
"오직 가장 지혜로운 사람과 가장 어리석은 사람만은 바뀌지 않
는다."

子曰 唯上知與下愚不移.
자 왈 유 상 지 여 하 우 불 이

(주석) 上知(상지): 가장(지극히) 지혜로운 사람. 知는 智(지)와 통함.
下愚(하우): 가장 어리석은 사람.
不移(불이): 옮겨 가지 않다. 바뀌지 않다. 본성과 재능이 바뀌어지지 않는
것을 뜻함.

4. 공자孔子께서 무성武城에 가셨을 때, 현악기에 맞추어 부르는 노
래 소리를 들으셨다. 선생님께서 빙그레 웃으시면서 말씀하셨다.
"닭을 잡는 데, 어찌하여 소 잡는 칼을 쓰는가?"
자유子游가 대답했다.
"전에 저가 선생님께 들은 말씀인데, '군자가 도道를 배우면 남을
사랑하게 되고, 소인이 도를 배우면 부리기가 쉬워진다'라고 하셨

습니다."

공자께서 말씀하셨다.

"애들아! 언偃(자유)의 말이 옳다. 내가 먼저 한 말은 농담이었다."

子之武城 聞弦歌之聲. 夫子莞爾而笑曰 割雞焉用牛刀? 子游
자 지 무 성 문 현 가 지 성 부 자 완 이 이 소 왈 할 계 언 용 우 도   자 유

對曰 昔者 偃也聞諸夫子曰 君子學道則愛人 小人學道則易
대 왈 석 자 언 야 문 저 부 자 왈 군 자 학 도 즉 애 인 소 인 학 도 즉 이

使也. 子曰 二三子. 偃之言是也. 前言戲之耳.
사 야 자 왈 이 삼 자 언 지 언 시 야   전 언 희 지 이

[주석] 子之武城(자지무성): 공자가 子 무성에 武城 가다 之.

武城(무성): 노나라의 작은 고을 이름. 그 당시 자유子游가 무성의 읍재邑宰로 있었다.

弦歌(현가): 현악기를 연주하며 부르는 노래.

莞爾(완이): 빙그레 웃는 모습.

割雞(할계): 닭을 배 가르다. 닭을 잡다.

偃(언): 자유子游의 이름. 성은 언言.

戲(희): 장난. 농담.

5. 공산불요公山弗擾가 비읍費邑을 거점으로 반란을 일으키고 공자孔子를 부르자, 공자께서 가려고 하셨다. 자로子路가 이를 언짢아하며 말씀드렸다.

"가실 곳이 없으시면 그만이시지! 하필 공산씨公山氏한테 가려고 하십니까?"

공자께서 말씀하셨다.

"나를 부르는 사람이 어찌 공연히 부르겠는가? 나를 써 주는 사

람이 있다면, 나는 그 나라를 동쪽의 주周나라로 만들 것이다."

公山弗擾以費畔 召 子欲往. 子路不說曰 末之也已! 何必公山
공 산 불 요 이 비 반 소 자 욕 왕   자 로 불 열 왈 말 지 야 이 하 필 공 산

氏之之也? 子曰 夫召我者 而豈徒哉? 如有用我者 吾其爲東
씨 지 지 야   자 왈 부 소 아 자 이 기 도 재   여 유 용 아 자 오 기 위 동

周乎!
주 호

[주석] 公山弗擾(공산불요): 공산公山은 성이고, 불요弗擾가 이름이며, 불뉴不狃
라고도 한다. 그 당시 계환자季桓子의 비費 읍재邑宰였는데, 양호陽虎와
함께 계환자를 잡아 가두고 비費 지역을 거점으로 반란을 일으키고 공
자를 초빙했다고 한다.

畔(반): 반叛과 통함. 반란을 일으키다.

末之(말지): 末은 無와 같은 뜻. 갈 데가 없다.

何必公山氏之之(하필공산씨지지): '何必之公山氏'의 도치형으로 之가 덧
붙여졌음. 어찌 반드시 공산씨에게 가시려 합니까.

徒(도): 공연히. 부질없이.

豈徒哉(기도재): 어찌 공연히 부르겠느냐.

爲東周(위동주): 동쪽의 주周나라로 만들다. 노나라의 동쪽에 있었던 주나
라 초기의 흥성했던 때와 같이 만들겠다는 뜻.

6. 자장子張이 인仁에 대해서 물어보자, 공자孔子께서 말씀하셨다.
"천하에서 다섯 가지를 행할 수 있다면 인仁하다 할 것이다."
자장이 그것에 대하여 묻자,
"공손함·관대함·믿음·민첩함·은혜로움이다. 공손하면 모욕
을 당하지 아니하고, 관대하면 사람들의 지지를 받고, 믿음이 있으
면 사람들이 신임하게 되고, 민첩하면 공적을 이루게 되고, 은혜로

우면 사람을 충분히 부릴 수 있다"고 말씀하셨다.

子張問仁於孔子 孔子曰 能行五者於天下 爲仁矣. 請問之. 曰
자 장 문 인 어 공 자 공 자 왈 능 행 오 자 어 천 하 위 인 의   청 문 지   왈
恭寬信敏惠. 恭則不侮 寬則得衆 信則人任焉 敏則有功 惠則
공 관 신 민 혜   공 즉 불 모 관 즉 득 중 신 즉 인 임 언 민 즉 유 공 혜 즉
足以使人.
족 이 사 인

주석 不侮(불모): 업신여기지 않다. 모욕당하지 않다.

得衆(득중): 많은 사람들의 지지를 얻다.

人任(인임): 남들이 신임하다. 또는 '남들이 믿고 의지한다'로 해석하기도
한다.

足以使人(족이사인): 사람을 부리기에 족하다. 사람을 충분히 부릴 수 있다.

7. 필힐佛肸이 부르자, 공자孔子께서 가려고 하셨다. 이에 자로子路가
말씀드렸다.

"전에 제가 선생님께 듣기로는, '직접 자신이 좋지 않은 짓을 하
는 사람 무리에 군자는 들어가지 않는다'고 말씀하셨습니다. 필
힐佛肸은 중모읍中牟邑을 거점으로 반란을 일으켰는데, 선생님께서
가시려 하니 어찌 된 일입니까?"

공자孔子께서 말씀하셨다.

"그렇다. 이런 말이 있다. '굳다고 말하지 않겠느냐, 갈아도 얇아
지지 않는다면! 희다고 말하지 않겠느냐, 검은 물을 들여도 검어지
지 않는다면!' 내 어찌 조롱박일 수 있겠느냐? 어찌 조롱박처럼 매
달려 있기만 하고 쓰이지 못하는 것과 같겠느냐?"

佛肸召 子欲往. 子路曰 昔者 由也聞諸夫子曰 親於其身爲
필힐소 자욕왕   자로왈 석자 유야문저부자왈 친어기신위

不善者 君子不入也. 佛肸以中牟畔 子之往也 如之何? 子曰
불선자 군자불입야 필힐이중모반 자지왕야 여지하 자왈

然 有是言也. 不曰堅乎 磨而不磷! 不曰白乎 涅而不緇! 吾豈
연 유시언야 불왈견호 마이불린 불왈백호 날이불치 오기

匏瓜也哉? 焉能繫而不食?
포과야재   언능계이불식

주석 佛肸(필힐): 진나라 대부 범중행范中行의 식읍食邑인 중모中牟의 읍재. 조
간자趙簡子가 범중행을 공격했을 때 필힐은 중모를 거점으로 반란을
일으켰다.

親於其身(친어기신): 친히 그 자신이. 직접 그 자신이.

中牟(중모): 진나라의 고을 이름.

磨而不磷(마이불린): 갈아도磨而 얇아지지磷 않는다不.

涅而不緇(열이불치): 검은 물을 들여도涅而 검어지지緇 않는다不.

匏瓜(포과): 박. 조롱박.

繫而不食(계이불식): 매달려 있기만 하고 먹히지 않는다. 매달려 있기만
하고 쓰이지 못한다는 뜻.

8. 공자孔子께서 말씀하셨다.

"유由(자로)야, 너는 여섯 가지 말에 따르는 여섯 가지 병폐를 아
느냐?"

유가 대답했다.

"모릅니다."

"앉아라. 내가 너에게 말해 주겠다. 인仁한 것을 좋아하되 배우기
를 좋아하지 않으면 그 병폐는 어리석게 되며, 지혜로움을 좋아하
되 배우기를 좋아하지 않으면 그 병폐는 방탕하게 되며, 신의를 좋

아하되 배우기를 좋아하지 않으면 그 병폐는 남을 해치게 되며, 정직함을 좋아하되 배우기를 좋아하지 않으면 그 병폐는 박절하게 되며, 용기 있는 것을 좋아하되 배우기를 좋아하지 않으면 그 병폐는 난폭하게 되며, 굳센 것을 좋아하되 배우기를 좋아하지 않으면 그 병폐는 과격하게 된다."

子曰 由也! 女聞六言六蔽矣乎? 對曰 未也. 居! 吾語女. 好仁
자왈 유야   여문육언육폐의호   대왈 미야 거 오어여 호인
不好學 其蔽也愚. 好知不好學 其蔽也蕩. 好信不好學 其蔽
불호학 기폐야우   호지불호학   기폐야탕   호신불호학   기폐
也賊. 好直不好學 其蔽也絞. 好勇不好學 其蔽也亂. 好剛不
야적   호직불호학   기폐야교   호용불호학   기폐야란   호강불
好學 其蔽也狂.
호학   기폐야광

주석 六言(육언): 여섯 가지 말. 인仁·지혜知·신의信·곧음直·용기勇·굳셈剛
     여섯 가지 덕을 뜻함.
     六蔽(육폐): 여섯 가지 폐단. 어리석음愚·방탕함蕩·남을 해치는 것賊·각
     박함絞·난폭함亂·과격함狂 여섯 가지를 말함.
     居(거): 앉아라.
     蕩(탕): 방탕하다. 분수를 모르고 멋대로 구는 것.
     賊(적): 남을 해치다.
     絞(교): 박절하다. 각박하다.
     狂(광): 과격하다. 경망하게 굴다.

9. 공자孔子께서 말씀하셨다.

"너희들은 어째서 시詩를 배우지 않느냐? 시는 사람의 감흥感興을 불러일으킬 수 있고, 사물을 바로 볼 수 있게 하고, 무리지어 어

울릴 수 있게 하고, 원망도 할 수 있게 하고, 가까이는 아버지를 섬기게 하고, 멀리는 임금을 섬기게 하고, 새와 짐승 그리고 풀과 나무의 이름을 많이 알게 한다."

子曰 小子何莫學夫詩? 詩可以興 可以觀 可以羣 可以怨 邇之
자 왈 소 자 하 막 학 부 시 시 가 이 흥 가 이 관 가 이 군 가 이 원 이 지
事父 遠之事君 多識於鳥獸草木之名.
사 부 원 지 사 군 다 식 어 조 수 초 목 지 명

[주석] 小子(소자): 너희들. 제자 또는 문인門人을 부르는 호칭.
夫(부): 어조사語助辭. 저. 그.
興(흥): 감흥을 불러일으키다.
觀(관): 사물을 바로 보다. 제대로 보고 판단하다.
羣(군): 무리지어 어울리다. 사람들과 잘 어울리다.
怨(원): 원망하다. 잘못을 원망하다.
邇(이): 가까이.

10. 공자孔子께서 백어伯魚에게 말씀하셨다.

"너는 주남周南과 소남召南을 배웠느냐? 사람이 주남과 소남을 배우지 않으면, 그것은 마치 담벽을 마주하고 서 있는 것과 같은 것이다."

子謂伯魚曰 女爲周南召南矣乎? 人而不爲周南召南 其猶正牆
자 위 백 어 왈 여 위 주 남 소 남 의 호 인 이 불 위 주 남 소 남 기 유 정 장
面而立也與!
면 이 립 야 여

[주석] 伯魚(백어): 공자의 아들 리鯉.
爲(위): 여기서는 學의 뜻으로, 공부하다. 배우다.

周南·召南(주남·소남): 《시경》 국풍國風 첫머리 두 편의 이름.

正牆面而立(정담면이립): 정면으로 담벽을 마주하고 서 있다.

11. 공자孔子께서 말씀하셨다.

"예禮이다, 예이다 말하지만, 그것이 옥玉이나 비단만을 말하겠는가? 음악이다, 음악이다 말하지만, 그것이 종鐘이나 북만을 말하겠는가?"

> 子曰 禮云禮云 玉帛云乎哉? 樂云樂云 鐘鼓云乎哉?
> 자 왈 예 운 예 운 옥 백 운 호 재   악 운 악 운 종 고 운 호 재

[주석] 云(운): 말하다.

玉帛(옥백): 옥과 비단. 옛날 예법에 따라 주고받던 귀한 예물.

鐘鼓(종고): 종과 북.

12. 공자孔子께서 말씀하셨다.

"얼굴빛은 위엄 있게 가지면서 속마음이 유약한 것을 소인小人에게 비유하면, 마치 벽을 뚫고 담을 넘는 도둑과 같을 것이다."

> 子曰 色厲而內荏 譬諸小人 其猶穿窬之盜也與.
> 자 왈 색 려 이 내 임 비 제 소 인 기 유 천 유 지 도 야 여

[주석] 色厲(색려): 얼굴빛이 위엄이 있다. 얼굴빛이 사납다.

荏(임): 유약하다. 나약하다.

譬(비): 비유하다.

穿窬(천유): 벽을 뚫고穿 담을 넘다窬.

13. 공자孔子께서 말씀하셨다.

"마을에서 겉으로만 성실한 척 행동하는 사람은 덕德을 해치는 사람이다."

子曰 鄕原 德之賊也.
자 왈 향 원 덕 지 적 야

주석 鄕原(향원): 마을에서 겉으로만 성실한 척 행동하는 사람. 말과 행동이 다르고 겉으로만 바르고 성실한 척 행세하여 순박한 마을 사람들로부터 인정을 받고 있는 사람을 가리킨다. 原은 愿과 통한다.

14. 공자孔子께서 말씀하셨다.

"길에서 듣고 그 말을 그대로 길에서 남에게 말하는 것은 덕德을 버리는 짓이다."

子曰 道聽而塗說 德之棄也.
자 왈 도 청 이 도 설 덕 지 기 야

주석 道聽而塗說(도청이도설): 길에서道 듣고聽而 길에서塗 말하다說. 길에서 들은 말을 그대로 길에서 남에게 말하다.
棄(기): 버리다. 내버리다.

15. 공자孔子께서 말씀하셨다.

"비루한 사람과 함께 임금을 섬길 수 있겠는가? 그런 자들은 바라는 것을 얻지 못했을 때에는 그것을 얻으려고 걱정하고, 이미 그것을 얻고 나서는 그것을 잃을까 걱정한다. 만일 그것을 잃을 것을 걱정한다면 못하는 짓이 없을 것이다."

子曰 鄙夫可與事君也與哉? 其未得之也 患得之 旣得之 患失
자왈 비부가여사군야여재　기미득지야　환득지 기득지 환실

之. 苟患失之 無所不至矣!
지　구환실지 무소부지의

【주석】 鄙夫(비부): 비열한 사내. 비루한 사람.

　　　與事君(여사군): 함께與 임금을君 섬기다事.

　　　其未得之(기미득지): 그는 그것을 얻지 못하다. 그런 자들은 바라는 것을
　　　　얻지 못하면.

　　　患得之(환득지): 그것을 얻으려고 걱정하다. 또는 患不得之로 보고 '그것
　　　　을 얻지 못해 걱정하다'로 해석할 수도 있다.

　　　無所不至(무소부지): 이르지 않는 데가 없다. 못하는 짓이 없을 것이다.

16. 공자孔子께서 말씀하셨다.

　"옛날 백성들에게는 세 가지 병폐가 있었는데, 지금은 그것조차
없어진 것 같다. 옛날의 뜻이 큰 사람은 작은 일에 구애받지 않았
는데, 지금의 뜻이 큰 사람은 함부로 행동한다. 옛날의 긍지가 강
한 사람은 행동이 엄격하였는데, 지금의 긍지가 강한 사람은 성내
고 남과 다툰다. 옛날의 어리석은 사람은 정직하였는데, 지금의 어
리석은 사람은 남을 속이기만 할 뿐이다."

子曰 古者民有三疾 今也或是之亡也. 古之狂也肆 今之狂也
자왈 고자민유삼질 금야혹시지무야　고지광야사 금지광야

蕩. 古之矜也廉 今之矜也忿戾. 古之愚也直 今之愚也詐而
탕　고지긍야렴 금지긍야분려　고지우야직 금지우야사이

已矣.
이 의

【주석】 三疾(삼질): 세 가지 병폐. 세 가지 폐단.

　　　亡(무): 無와 같은 뜻임. 없다.

310

狂(광): 뜻이 지나치게 큰 사람.

肆(사): 작은 일에 구애받지 않다.

蕩(탕): 함부로 행동하다. 멋대로 행동하다.

矜(긍): 긍지가 있는 사람. 자긍심이 강한 사람.

廉(렴): 엄격하다. 깨끗하고 결백하다.

忿戾(분려): 성내고 남과 다투다.

愚(우): 어리석은 사람.

詐(사): 남을 속이다. 거짓말하다.

17. 공자孔子께서 말씀하셨다.

"말을 듣기 좋게 하고 얼굴빛을 보기 좋게 꾸미는 사람에게는 인仁한 사람이 드물다."

子曰 巧言令色 鮮矣仁.
자 왈 교 언 영 색 선 의 인

[주석] 學而편 3장과 중복.

18. 공자孔子께서 말씀하셨다.

"자주색이 붉은색을 빼앗는 것을 미워하고, 정鄭나라의 음악이 아악雅樂을 어지럽히는 것을 미워하며, 예리한 입놀림이 나라를 뒤엎는 것을 미워한다."

子曰 惡紫之奪朱也 惡鄭聲之亂雅樂也 惡利口之覆邦家者.
자 왈 오 자 지 탈 주 야 오 정 성 지 란 아 악 야 오 리 구 지 복 방 가 자

[주석] 惡(오): 미워하다. 싫어하다.
　　　 紫(자): 자주색.

奪朱(탈주): 자주색을 탈취하다. 자주색을 빼앗다.

鄭聲(정성): 정鄭나라의 음악. 정나라의 음악은 음탕한 것으로 알려져 있다.

雅樂(아악): 정악正樂.

利口(이구): 예리한 입놀림. 예리한 말재주.

覆(복): 뒤엎다. 무너뜨리다.

邦家(방가): 나라. 국가.

19. 공자孔子께서 말씀하셨다.

"나는 말하지 않으려 한다."

자공子貢이 말했다.

"선생님께서 만약 말씀하시지 않으면 저희들은 무엇을 배워 전하겠습니까?"

공자께서 말씀하셨다.

"하늘이 무슨 말을 하더냐? 그래도 사계절이 운행하고 만물이 생겨나고 있지만, 하늘이 무슨 말을 하더냐?"

子曰 予欲無言. 子貢曰 子如不言 則小子何述焉? 子曰 天下
자 왈 여 욕 무 언   자 공 왈 자 여 불 언   즉 소 자 하 술 언   자 왈 천 하

言哉? 四時行焉 百物生焉 天下言哉?
언 재   사 시 행 언 백 물 생 언 천 하 언 재

주석 小子(소자): 저희들. 부모나 선생님께 자신을 낮추어 일컫는 말.

述(술): 전술傳述하다. 배워서 전하다.

行(행): 운행運行하다. 돌아가다.

百物(백물): 온갖 것들. 만물.

20. 유비儒悲가 공자孔子를 뵙고자 했으나, 공자께서는 병을 핑계로 거절하였다. 말을 전하러 온 사람이 문을 나가자, 거문고를 타면서 노래를 불러 그로 하여금 노랫소리를 듣도록 하였다.

儒悲欲見孔子 孔子辭以疾. 將命者出戶 取瑟而歌 使之聞之.
유 비 욕 현 공 자　공 자 사 이 질　장 명 자 출 호　취 슬 이 가　사 지 문 지

[주석] 儒悲(유비): 노나라 사람. 공자에게서 예禮를 배웠다고 한다.

　　辭以疾 (사이질): 병을 핑계로 사양하다.

　　將命者(장명자): 명령을命 전하는將 사람者.

　　使之聞之(사지문지): 그로 하여금 노랫소리를 듣게 하다. 일부러 거절한 것임을 알리기 위해 노래를 불러 듣도록 한 것이다. 공자께서 왜 그랬 는지 알 수가 없다.

21. 재아宰我가 물었다.

"3년 상喪을 치르는 것은 기간이 너무 깁니다. 군자가 3년 동안 예禮를 행하지 않으면 예는 반드시 파괴될 것이고, 3년 동안 음악을 다루지 않으면 음악은 반드시 무너질 것입니다. 1년이면 묵은 곡식 이 다 없어지고 새 곡식이 상에 오르며, 불씨를 얻는 나무도 다시 이전의 것으로 바뀌게 되니, 1년이면 될 듯합니다."

공자孔子께서 말씀하셨다.

"(3년이 되기 전에) 쌀밥을 먹고 비단옷을 입는 것이 너는 마음이 편하겠느냐?"

(재아가) 말했다.

"편합니다."

(이에 공자께서 말씀하셨다.)

"네가 편하다면 그렇게 하거라! 대체로 군자는 상喪을 치를 적에는 맛있는 음식을 먹어도 달지 않고, 음악을 들어도 즐겁지 않고, 잘 거처하고 있어도 마음이 편치가 않기 때문에 그렇게 하지 않는 것이다. 지금 네가 편하다면 그렇게 하거라."

재아가 밖으로 나가자, 공자께서 말씀하셨다.

"여(재아)는 인仁하지 못하구나! 자식은 태어나서 3년이 된 뒤라야 부모의 품을 겨우 벗어난다. 대체로 3년 상喪은 천하에 통용되고 있는 상례喪禮이다. 여(재아)도 자기 부모한테서 3년 동안의 사랑을 받았겠지?"

宰我問 三年之喪 期已久矣. 君子三年不爲禮 禮必壞 三年不
재 아 문 삼 년 지 상 기 이 구 의   군 자 삼 년 불 위 례   예 필 괴   삼 년 불

爲樂 樂必崩. 舊穀旣沒 新穀旣升 鑽燧改火 期可已矣. 子曰
위 악   악 필 붕   구 곡 기 몰   신 곡 기 승   찬 수 개 화   기 가 이 의   자 왈

食夫稻 衣夫錦 於女安乎? 曰 安. 女安則爲之! 夫君子之居喪
식 부 도   의 부 금   어 여 안 호   왈 안   여 안 즉 위 지   부 군 자 지 거 상

食旨不甘 聞樂不樂 居處不安 故不爲也. 今女安則爲之! 宰
식 지 불 감   문 악 불 락   거 처 불 안   고 불 위 야   금 여 안 즉 위 지   재

我出 子曰 予之不仁也! 子生三年 然後免於父母之懷. 夫三
아 출   자 왈   여 지 불 인 야   자 생 삼 년   연 후 면 어 부 모 지 회   부 삼

年之喪 天下之通喪也. 予也有三年之愛於其父母乎?
년 지 상   천 하 지 통 상 야   여 야 유 삼 년 지 애 어 기 부 모 호

주석 期已久(기이구): 기간이期 너무已 오래다久.

舊穀旣沒(구곡기몰): 묵은舊 곡식은穀 이미旣 없어지다沒.

旣升(기승): 이미旣 밥상 위에 오르다升.

鑽燧(찬수): 불씨를 얻기 위해 나무를 마찰시키는 것.

改火(개화): 사철에 따라 나무를 바꾸어 써서 불씨를 얻는 것. 옛날에는
나무를 마찰하여 불씨를 얻기 위해 사철에 따라 나무를 바꾸어 썼는데

314

1년이면 다시 처음에 쓰던 나무로 되돌아온다는 것이다.

食夫稻(식부도): 쌀밥을 먹다.

旨(지): 맛있는 음식.

予(여): 재아宰我의 이름.

懷(회): 가슴. 품.

通喪(통상): 통용되는 상례喪禮. 공통된 상례.

22. 공자孔子께서 말씀하셨다.

"온종일 배불리 먹고 마음 쓸 데가 없다면 곤란한 일이다. 장기나 바둑이라도 있지 않은가? 그것이라도 하는 것이 않는 것보다 낫다."

> 子曰 飽食終日 無所用心 難矣哉. 不有博弈者乎? 爲之猶賢乎己.
> 자 왈 포 식 종 일 무 소 용 심 난 의 재   불 유 박 혁 자 호   위 지 유 현 호 이

주석 無所用心(무소용심): 마음을 쓸 데가 없다. 아무 생각도 하지 않는다는 뜻.

難(난): 곤란하다. 딱하다.

博(박): 장기 놀이의 일종.

奕(혁): 바둑 놀이.

猶賢乎己(유현호이): 오히려猶 그만두는 것己 보다는乎 현명하다賢. 하는 것이 않는 것보다 낫다는 뜻.

23. 자로子路가 물었다.

"군자는 용기를 숭상합니까?"

공자孔子께서 말씀하셨다.

"군자는 의로움을 으뜸으로 여긴다. 군자가 용기만 있고 의로움

이 없으면 난亂을 일으키고, 소인이 용기만 있고 의로움이 없으면
도둑질을 하게 된다."

子路曰 君子尙勇乎. 子曰 君子義以爲上. 君子有勇而無義
자 로 왈 군 자 상 용 호   자 왈 군 자 의 이 위 상   군 자 유 용 이 무 의
爲亂 小人有勇而無義 爲盜.
위 란 소 인 유 용 이 무 의 위 도

주석 尙勇(상용): 용기를勇 숭상하다 尙.
　　義以爲上(의이위상): 의로움을義 최상으로上 여기다 以爲.

24. 자공子貢이 물었다.

"군자도 미워하는 것이 있습니까?"

공자孔子께서 말씀하셨다.

"미워하는 것이 있다. 남의 나쁜 점을 말을 내는 것을 미워하고,
낮은 지위에 있으면서 윗사람을 헐뜯는 것을 미워하고, 용감하기만
하고 예의가 없는 것을 미워하고, 과감하기만 하고 꽉 막힌 것을
미워한다."

공자께서 말씀하셨다.

"사賜(자공)야, 너도 미워하는 것이 있느냐?"

(자공이 대답했다.)

"남의 생각을 가로채서 아는 체하는 것을 미워하고, 불손한 것을
용감하다고 여기는 것을 미워하고, 남의 단점을 들추어내면서 정직
하다고 여기는 것을 미워합니다."

子貢曰 君子亦有惡乎? 子曰 有惡. 惡稱人之惡者 惡居下流而
자공왈 군자역유오호 자왈 유오 오칭인지악자 오거하류이

訕上者 惡勇而無禮者 惡果敢而窒者. 曰賜也 亦有惡乎? 惡徼
산상자 오용이무례자 오과감이질자 왈 사야 역유오호 오요

以爲知者 惡不孫以爲勇者 惡訐以爲直者.
이위지자 오불손이위용자 오알이위직자

[주석] 稱(칭): 말하다. 말을 내다.

惡(악): 나쁜 점. 잘못.

居下流(거하류): 낮은 지위에 있다.

訕上(산상): 윗사람을 비방하다. 윗사람을 헐뜯다.

窒(질): 막히다. 통하지 않다.

賜(사): 자공子貢의 이름.

徼(요): 훔치다. 가로채다. 또는 '남의 생각을 알아내서 자기 생각처럼 내
세우다'로 해석하기도 한다.

不孫(불손): 공손치 못하다. 孫은 遜(손)과 통함.

訐(알): 들추어내다. 남의 단점을 들추어내어 폭로하다.

25. 공자孔子께서 말씀하셨다.

"여자와 소인小人은 상대하기가 어렵다. 가까이하면 불손해지고,
멀리하면 원망한다."

子曰 唯女子與小人 爲難養也. 近之則不孫 遠之則怨.
자왈 유여자여소인 위난양야 근지즉불손 원지즉원

[주석] 養(양): 기르다. 가르치다. 여기서는 '다루다', '상대하다'의 뜻.

近之(근지): 가까이 하다.

怨(원): 원망하다.

26. 공자孔子께서 말씀하셨다.

"나이가 사십이 되어서도 남의 미움을 받는다면, 그런 사람은
끝난 것이다."

子曰 年四十而見惡焉 其終也已.
자 왈 연 사 십 이 견 오 언 기 종 야 이

[주석] 見惡(견오): 밉게 보이다. 미움을 받다. 여기서 見은 피동을 나타낸다.
終(종): 끝이다. 마지막이다. '더 이상 기대할 것이 없다'는 뜻.

제18편

미 자微子

1. 미자微子는 떠나갔고, 기자箕子는 종이 되었고, 비간比干은 간諫하다가 죽었다.

　공자孔子께서 말씀하셨다.

　"은殷나라에는 이 세 사람의 인仁한 사람이 있었다."

微子去之 箕子爲之奴 比干諫而死. 孔子曰 殷有三仁焉.
미 자 거 지　기 자 위 지 노　비 간 간 이 사　공 자 왈　은 유 삼 인 언

(주석) 微子(미자): 은殷나라의 마지막 임금이었던 폭군 주왕紂王의 서형庶兄이
　　　며, 미微는 봉국封國 이름이고, 자子는 작위이다. 주왕의 무도함을 보고
　　　여러 번 간諫해도 듣지 않자 은나라를 떠났다.

　　　去之(거지): 그를之 떠나다去. 주왕紂王을 떠나다. 여기에서 之는 주왕을
　　　가르킨다.

　　　箕子(기자): 은나라 주왕의 숙부叔父이며, 기箕는 봉국의 이름이고, 자子
　　　는 작위이다. 주왕의 무도함을 여러 번 간하다가 잡혀 죄수가 되어 종
　　　노릇을 하였다. 옛날에는 전쟁 포로나 죄수를 노예(종)로 삼았다.

　　　比干(비간): 역시 주왕의 숙부. 주왕의 광포狂暴에 대하여 여러 번 간하자
　　　주왕은 "성인聖人의 심장에는 일곱 개의 구멍이 있다 하던데 정말인가
　　　보자"하며, 비간을 죽여 그의 심장을 꺼내어 보았다고 한다.

2. 유하혜柳下惠는 사사士師 벼슬을 하다가 세 번이나 쫓겨났다.

어떤 사람이 말했다.

"선생은 다른 나라로 갈 수가 없던가요?"

유하혜가 대답했다.

"도리를 곧게 지켜 남을 섬기다 보면, 어디를 간들 세 번은 쫓겨 나지 않겠소? 도리를 굽혀 남을 섬긴다면 무엇하러 굳이 부모의 나 라를 떠나야 하겠소?"

柳下惠爲士師 三黜. 人曰 子未可以去乎? 曰 直道而事人 焉
유 하 혜 위 사 사 삼 출 인 왈 자 미 가 이 거 호 왈 직 도 이 사 인 언
往而不三黜? 枉道而事人 何必去父母之邦.
왕 이 불 삼 출 왕 도 이 사 인 하 필 거 부 모 지 방

[주석] 柳下惠(유하혜): 노나라의 현인. (衛靈公편 13장 참조)

士師(사사): 법과 형벌을 관장하는 관직 이름.

黜(출): 쫓겨나다. 벼슬에서 쫓겨나다.

直道(직도): 도리를 곧게 지키다.

焉往(언왕): 어디에 간다 해도. 어디에 간들.

枉道(왕도): 올바른 도리를 굽히다.

3. 제齊나라의 경공景公이 공자孔子의 대우待遇에 관하여 말했다.

"계씨季氏와 같이 나는 대우할 수는 없지만, 계씨와 맹씨孟氏의 중 간으로 대우하겠다."

다시 말했다.

"나는 늙어서 그를 쓸 수가 없다."

(이 말을 듣고) 공자께서는 제나라를 떠나셨다.

齊景公待孔子曰 若季氏則吾不能, 以季孟之間待之. 曰 吾老
제경공대공자왈 약계씨즉오불능 이계맹지간대지 왈 오로

矣 不能用也. 孔子行.
의 불능용야 공자행

(주석) 待(대): 대우하다.

若季氏(약계씨): 계씨와 같이 하다. 계씨와 같이 대우한다는 뜻.

季孟之間(계맹지간): 계씨季氏와 맹씨孟氏의 중간. 노나라의 세 경상卿相
중에 계씨가 상경上卿이고 맹씨가 하경下卿이다.

4. 제齊나라 사람들이 여자 악사樂士들을 (노魯나라에) 보내왔다. 계
환자季桓子가 이들을 받고서는 사흘이나 조회를 열지 않자, 공자孔子
께서는 노魯나라를 떠나셨다.

齊人歸女樂. 季桓子受之 三日不朝 孔子行.
제 인 귀 녀 악 계 환 자 수 지 삼 일 부 조 공 자 행

(주석) 歸(귀): 보내다. 선물을 보내다. 饋(궤)와 통함.

女樂(여악): 여자 가무단. 여자 악인들.

季桓子(계환자): 노나라의 대부인 계손사季孫斯. 노나라 상경上卿으로 정
공定公에서 애공哀公에 이르기까지 실권자였다.

不朝(부조): 조회를 하지 않다. 조정에 나와서 정사를 처리하지 않다.

5. 초楚나라의 미치광이 접여接輿가 노래를 부르면서 공자孔子의 수
레 곁을 지나갔다.

"봉황이여, 봉황이여!

어찌 덕德이 그리 쇠衰하였는가?

지나간 일은 바로잡을 수 없지만,

앞으로 다가오는 일은 그래도 따라잡을 수 있겠지.

그만두소, 그만두소!

지금 정치에 종사하는 자는 위태롭다네!"

공자께서 수레에서 내려 그와 얘기를 해 보고자 했으나, 빠른 걸음으로 공자를 피해 버려 그와 더불어 얘기하지 못했다.

楚狂接輿歌而過孔子曰 '鳳兮鳳兮! 何德之衰? 往者不可諫 來
초 광 접 여 가 이 과 공 자 왈   봉 혜 봉 혜   하 덕 지 쇠   왕 자 불 가 간 내

者猶可追. 已而已而! 今之從政者殆而'. 孔子下 欲與之言 趨
자 유 가 추   이 이 이 이   금 지 종 정 자 태 이   공 자 하 욕 여 지 언 추

而辟之 不得與之言.
이 피 지 부 득 여 지 언

주석 楚狂接輿(초광접여): 초나라의 미치광이 접여. 그는 미친 체하며 세상을
       피해 숨어 살던 은자隱者이다.

     鳳(봉): 봉황. 태평성대에 나타난다는 전설 속의 상서로운 새. 여기서는
       공자에 비유하였음.

     何德之衰(하덕지쇠): 어찌 덕이 쇠하였는가.

     諫(간): 잘못을 고치도록 말하다.

     可追(가추): 쫓을 수 있다. 따라잡을 수 있다.

     已而(이이): 그만두어라. 아서라.

     下(하): 수레에서 내리다.

     趨(추): 빠른 걸음으로 걷다.

     辟(피): 피하다. 避(피)와 통함.

6. 장저長沮와 걸익桀溺이 함께 밭을 갈고 있었다. 공자孔子께서 그곳을 지나가시다가 자로子路를 시켜서 그들에게 나루터를 물어보도록 하였다.

장저長沮가 말했다.

"저 수레의 말고삐를 잡고 있는 사람은 누구인가요?"

자로가 말했다.

"공구孔丘(공자)이십니다."

이에 장저가 물었다.

"바로 노魯나라의 공구이신가요?"

자로가 답했다.

"그렇습니다."

장저가 말했다.

"그렇다면 나루터가 있는 곳을 알 거요."

다시 걸익에게 물으니, 걸익이 말했다.

"선생은 누구시오?"

자로가 답했다.

"중유仲由(자로)입니다."

걸익이 말했다.

"바로 노나라 공구의 제자란 말이요?"

자로가 답했다.

"그렇습니다."

이에 걸익이 말했다.

"큰 물이 도도하게 흘러가듯 천하가 모두 그러한데, 누가 그것을 바꾸겠소? 또한 그대는 사람을 피해 다니는 선비를 따르는 것보다는 차라리 세상을 피해 사는 선비를 따르는 게 낫지 않겠소?"

그는 뿌린 씨를 흙으로 덮는 일을 멈추지 않았다. 자로가 가서

이 일을 아뢰자, 공자께서 실망하면서 말씀하셨다.

"새나 짐승과는 같은 무리로 어울릴 수가 없다. 내가 이 세상 사람들과 어울리지 않는다면 누구와 함께 하겠느냐? 천하에 바른 도道가 행해지고 있다면, 내가 세상을 개혁하려 하지 않을 것이다."

長沮·桀溺 耦而耕. 孔子過之 使子路問津焉. 長沮曰 夫執輿
장 저 걸 익 우 이 경 공 자 과 지 사 자 로 문 진 언 장 저 왈 부 집 여

者爲誰? 子路曰 爲孔丘. 曰 是魯孔丘與? 曰 是也. 曰 是知
자 위 수 자 로 왈 위 공 구 왈 시 노 공 구 여 왈 시 야 왈 시 지

津矣. 問於桀溺 桀溺曰 子爲誰? 曰 爲仲由. 曰 是魯孔丘之
진 의 문 어 걸 익 걸 익 왈 자 위 수 왈 위 중 유 왈 시 노 공 구 지

徒與? 對曰 然. 曰 滔滔者天下皆是也 而誰以易之? 且而與
도 여 대 왈 연 왈 도 도 자 천 하 개 시 야 이 수 이 역 지 차 이 여

其從辟人之士也 豈若從辟世之士哉? 耰而不輟. 子路行以告
기 종 피 인 지 사 야 기 약 종 피 세 지 사 재 우 이 불 철 자 로 행 이 고

夫子憮然曰 鳥獸不可與同羣. 吾非斯人之徒與而誰與? 天下
부 자 무 연 왈 조 수 불 가 여 동 군 오 비 사 인 지 도 여 이 수 여 천 하

有道 丘不與易也.
유 도 구 불 여 역 야

주석 長沮·桀溺(장저·걸익): 세상을 등지고 숨어 살던 초나라의 두 은자隱者.

耦而耕(우이경): 짝지어 밭을 갈다. 함께 밭을 갈다.

津(진): 나루. 나루터.

執輿者(집여자): 수레에서 고삐를 잡고 있는 사람.

徒(도): 문도門徒. 제자.

滔滔(도도): 큰 물이 흘러가는 모습.

易之(역지): 그것을 바꾸다. 물의 흐름을 바꾸다.

而(이): 너. 爾(이)와 같음.

辟(피): 피하다. 避(피)와 통함.

與其…豈若(여기…기약): …하는 것이 어찌 …만 하겠는가? …하는 것보다는 …하는 게 낫지 않겠는가?

耰(우): 뿌린 씨를 흙으로 덮다.

輟(철): 멈추다. 하던 일을 멈추다.

憮然(무연): 실망하는 모습.

與同羣(여동군): 같은 무리로 어울리다. 함께 어울려 살다.

非斯人之徒與(비사인지도여): 이 세상 사람들의 무리와 함께 어울리지 않
    으면. '非與斯人之徒'가 도치된 형식.

易(역): 바꾸다. 세상을 개혁하다.

7. 자로子路가 공자孔子를 따라가다가 뒤처졌는데, 지팡이에 대바구
니를 걸어 메고 있는 노인을 만났다.

자로子路가 말했다.

"어르신! 저희 선생님을 보셨습니까?"

노인이 말했다.

"팔다리로 부지런히 일하지도 않고, 오곡五穀도 분간하지 못하는
데, 누가 선생님이란 말이오?"

노인은 지팡이를 꽂아 놓고 김을 맸다. 자로子路가 두 손을 모으
고 서 있자, 노인은 자로를 붙잡아 머물도록 하고, 닭을 잡고 기장
밥을 지어 먹이고, 자기의 두 아들을 만나게 했다.

다음날 자로가 공자에게 가서 이 사실을 아뢰었다. 공자께서는
"은자隱者로구나" 하고 말씀하셨다.

자로로 하여금 되돌아가서 그를 만나 보도록 했으나, 그 집에 이
르니 노인은 떠나 버렸다.

자로가 말했다.

"벼슬길에 나가지 않는 것은 의롭지 않은 일입니다. 어른과 아이
사이의 예절禮節도 없앨 수 없는데, 임금과 신하 사이의 의리를 어

떻게 없앨 수 있겠습니까? 자기의 몸만 깨끗하게 하고자 하는 것
은 큰 인륜을 어지럽히는 일입니다. 군자가 벼슬길에 나가는 것은
의리를 행하는 것입니다. 바른 도道가 행해지지 않고 있는 것은 이
미 알고 있는 일입니다."

子路從而後 遇丈人以杖荷蓧. 子路問曰 子見夫子乎? 丈人曰
자로종이후 우장인이장하조　자로문왈 자견부자호　장인왈

四體不勤 五穀不分 孰爲夫子? 植其杖而芸. 子路拱而立 止
사체불근 오곡불분 숙위부자　식기장이운　자로공이립 지

子路宿 殺雞爲黍而食之 見其二子焉. 明日子路行以告. 子曰
자로숙 살계위서이식지 견기이자언　명일자로행이고　자왈

隱者也. 使子路反見之 至則行矣. 子路曰 不仕無義. 長幼之
은자야　사자로반견지 지즉행의　자로왈 불사무의　장유지

節 不可廢也, 君臣之義 如之何其廢之? 欲潔其身 而亂大倫.
절 불가폐야　군신지의 여지하기폐지　욕결기신 이란대륜

君子之仕也 行其義也. 道之不行 已知之矣.
군자지사야 행기의야　도지불행 이지지의

[주석] 從而後(종이후): 따라가다가 뒤처지다. 수행하다가 뒤처지다.

丈人(장인): 노인. 또는 은자隱者라고도 한다.

以杖荷蓧(이장하조): 지팡이에以杖 대바구니蓧를 걸어 메다荷.

四體(사체): 사지四肢. 팔과 다리.

勤(근): 부지런하다. 부지런히 일하다.

植(식): 세우다. 꽂아 세우다.

芸(운): 풀을 뽑다. 김매다. 耘(운)과 통함.

拱(공): 두 손을 모아 잡다.

止子路宿(지자로숙): 자로를子路 붙잡아止 머물게 하다宿.

爲黍(위서): 기장黍으로 밥을 짓다爲.

反(반): 되돌아가다. 返(반)과 통함.

至則行(지즉행): 그 집에 이르니 떠나 버렸다.

潔(결): 깨끗하다. 깨끗이 하다.

8. 세상을 숨어 사는 현자賢者로는 백이伯夷·숙제叔齊·우중虞仲·이일夷逸·주장朱張·유하혜柳下惠 및 소련少連이 있다. 공자孔子께서 말씀하셨다.

"자기의 뜻을 굽히지 않고, 자기의 몸을 욕되게 하지 않은 사람은 백이伯夷와 숙제叔齊일 것이다. 유하혜柳下惠와 소련少連은 뜻을 굽히고 몸을 욕되게 했으나, 말이 도리에 맞고 행동이 생각과 일치하였으며, 그들은 그렇게 지냈을 따름이다. 우중虞仲과 이일夷逸은 숨어 살면서 거리낌 없이 말하였으나, 몸가짐이 깨끗했고 세상을 버리고 사는 것이 시의에 맞았다. 나는 이들과 달라서, 꼭 그래야만 한다는 것도 없고, 그래서는 안 된다는 것도 없다."

逸民 伯夷·叔齊·虞仲·夷逸·朱張·柳下惠·少連. 子曰 不降其
일민 백이 숙제 우중 이일 주장 유하혜 소련 자왈 불항기

志 不辱其身 伯夷·叔齊與. 謂柳下惠·少連 降志辱身矣 言中倫
지 불욕기신 백이 숙제여 위유하혜 소련 강지욕신의 언중륜

行中慮 其斯而已矣. 謂虞仲·夷逸 隱居放言 身中清 廢中權.
행중려 기사이이의 위우중 이일 은거방언 신중청 폐중권

我則異於是 無可無不可.
아 즉 이 어 시 무 가 무 불 가

주석 逸民(일민): 학문과 덕행이 있으면서도 세상에 나서지 않고 숨어서 사는 사람. 세상을 숨어 사는 현자賢者.

虞仲(우중): 주나라 태왕太王의 아들로 형인 태백泰伯과 함께 왕위를 동생에게 양보하고 형제가 오랑캐의 땅에 가서 숨어 살았다.

夷逸(이일): 누구인지 알 수 없다.

朱張(주장): 역시 누구인지 알 수 없다.

少連(소련): 동이東夷 사람이라고 전해진다.

降其志(강기지): 자신의 뜻을 낮추다. 자신의 뜻을 굽히다.

言中倫(언중륜): 말이 윤리에 들어맞다. 말이 도리에 맞다.

行中慮(행중려): 행동이 생각에 들어맞다. 행동이 생각과 일치하다.

其斯而已矣(기사이이의): 그들은 그렇게 했을 뿐이다. 그들은 그렇게 지냈을 따름이다.

放言(방언): 마음대로 말을 하다. 거리낌없이 말하다.

身中淸(신중청): 처신이 청렴하다. 몸가짐이 깨끗하다.

廢中權(폐중권): 세상을 버린 것이 권도權度에 들어맞다. 세상에서 버리고 사는 것이 시의時宜에 맞다.

無可無不可(무가무불가): 꼭 그래야만 한다는 것도 없고 꼭 그래서는 안 된다는 것도 없다.

9. 태사大師 지摯는 제齊나라로 가고, 아반亞飯 간干은 초楚나라로 가고, 삼반三飯 료繚는 채蔡나라로 가고, 사반四飯 결缺은 진秦나라로 가고, 북 치는 사람 방숙方叔은 황하黃河로 가고, 작은 북을 흔들던 무武는 한수漢水 가로 가고, 소사少師 양陽과 경쇠를 치던 양襄은 바닷가로 갔다.

大師摯適齊 亞飯干適楚 三飯繚適蔡 四飯缺適秦 鼓方叔入
태 사 지 적 제 아 반 간 적 초 삼 반 료 적 채 사 반 결 적 진 고 방 숙 입

於河 播鼗武入於漢 少師陽 · 擊磬襄 入於海.
어 하 파 도 무 입 어 한 소 사 양 격 경 양 입 어 해

[주석] 大師摯(태사지): 大師는 악사樂師의 우두머리를 말하고, 摯는 이름이다.

亞飯(아반) · 三飯(삼반) · 四飯(사반): 옛날 임금의 식사 순서에 따라 주악奏樂을 맡은 악사의 호칭.

干(간) · 繚(료) · 缺(결): 모두 악사의 이름이다.

鼓(고): 북치는 사람. 方叔(방숙)은 이름이다.

播鼗(파도): 작은 북鼗을 흔들다播. 武(무)는 이름이다.

漢(한): 한수漢水 지역.

少師(소사): 차장次長 악사. 陽(양)은 이름이다.

擊磬(격경): 경쇠를 치는 사람. 襄(양)은 이름이다.

10. 주공周公이 노공魯公에게 말했다.

"군자는 그의 친척을 소홀히 하지 않으며, 대신大臣들로 하여금 써 주지 않는 것을 원망하지 않게 하며, 오래 함께 일해 온 사람은 큰 잘못이 없으면 버리지 않으며, 한 사람에게 모든 능력이 갖추어 져 있기를 바라지 않는다."

周公謂魯公曰 君子不施其親 不使大臣怨乎不以 故舊無大
주공위노공왈　군자불시기친　불사대신원호불이　　고구무대

故則不棄也 無求備於一人.
고즉불기야　무구비어일인

주석 魯公(노공): 주공周公의 아들 백금伯禽으로 노魯나라에 봉하여 노공魯公이 라 불렀다. 이 장은 백금이 노나라에 봉해졌을 때 주공이 훈계한 말로, 노나라 사람들에게 전해진 것을 기록한 것이라고 한다.

施(시): 捨(사) 또는 弛(이)와 통함. 버리다. 소홀히 하다. 또는 '편애하다' 로 풀이하기도 한다.

不以(불이): 쓰지 않다. 등용하지 않다. 以는 用(용)과 통함.

故舊(고구): 옛 친구. 오래 함께 일해 온 사람.

大故(대고): 큰 잘못. 큰 죄를 짓는 것.

求備(구비): 갖추어져 있기를 바라다. 모든 능력이 갖추어져 있기를 바라 다.

11. 주周나라에 여덟 선비가 있었으니, 그들은 곧 백달伯達 · 백괄伯 适 · 중돌仲突 · 중홀仲忽 · 숙야叔夜 · 숙하叔夏 · 계수季隨 · 계와季騧였다.

周有八士 伯達·伯适·仲突·仲忽·叔夜·叔夏·季隨·季騧.
주 유 팔 사 백 달 백 괄 중 돌 중 홀 숙 야 숙 하 계 수 계 와

(주석) 이 장은 누가 한 말인지도 알 수 없고, 여기에 있는 여덟 사람에 대해서도
어떤 사람인지 확실하게 알려져 있지 않다.

제19편

자 장 子張

1. 자장子張이 말했다.

"선비가 위급한 일을 보면 목숨을 바치고, 이득 될 일을 보면 의義로운 것인가를 생각하며, 제사를 지낼 때는 공경함을 생각하고, 상喪을 당해서는 슬픔을 생각한다면, 그만하면 괜찮다."

> **子張曰 士見危致命 見得思義 祭思敬 喪思哀 其可已矣.**
> 자 장 왈 사 견 위 치 명 견 득 사 의 제 사 경 상 사 애 기 가 이 의

주석 致命(치명): 목숨을 바치다. 목숨을 걸다.
見得(견득): 이득 될 일을 보다.
思義(사의): 의로운 것인가를 생각하다.
其可已矣(기가이의): 그만하면 된다. 그만하면 괜찮다.

2. 자장子張이 말했다.

"덕德을 지키되 넓지 못하고, 도道를 믿되 독실하지 못하다면, 그런 사람은 있어도 그만이고, 없어도 그만이지 않은가?"

子張曰 執德不弘 信道不篤 焉能爲有 焉能爲亡?
자 장 왈 집 덕 불 홍 신 도 부 독 언 능 위 유 언 능 위 무

주석 執德(집덕): 덕을 지키다. 덕을 지니다.

不弘(불홍): 넓지 않다. 넓지 못하다.

焉能爲有 焉能爲亡(언능위유 언능위무): 어찌 있다 할 수 있으며, 어찌 없
다 할 수 있겠는가. 그런 사람은 있어도 그만이고, 없어도 그만이라
는 뜻.

3. 자하子夏의 문인이 자장子張에게 사람 사귀는 법을 물어보자, 자
장이 말했다.

"자하께서는 어떻게 말씀하셨는가?"

문인이 답했다.

"자하께서 말씀하시기를 '좋은 사람과는 함께 사귀고, 좋지 못
한 사람은 거절하라'고 하셨습니다."

자장이 말했다.

"내가 들은 것과는 다르다. 군자는 현명한 사람을 존경하되 뭇
사람을 포용하고, 선善한 사람을 칭찬하되 능력이 없는 사람을 가
엾게 여긴다. 내가 크게 현명하다면 사람들을 어찌 포용하지 못하
겠는가? 내가 현명하지 못하다면 남들이 장차 나를 거절할 것이니,
어찌 남을 거절하겠는가?"

子夏之門人 問交於子張. 子張曰 子夏云何? 對曰 子夏曰 可
자 하 지 문 인 문 교 어 자 장 자 장 왈 자 하 운 하 대 왈 자 하 왈 가
者與之. 其不可者拒之. 子張曰 異乎吾所聞. 君子 尊賢而
자 여 지 기 불 가 자 거 지 자 장 왈 이 호 오 소 문 군 자 존 현 이

容衆 嘉善而矜不能. 我之大賢與 於人何所不容? 我之不賢
용 중 가 선 이 긍 불 능 아 지 대 현 여 어 인 하 소 불 용   아 지 불 현

與 人將拒我 如之何其拒人也?
여 인 장 거 아 여 지 하 기 거 인 야

주석 交(교): 사귀다. 사람을 사귀다.

可者(가자): 좋은 사람. 괜찮은 사람.

與之(여지): 그와 함께 하다. 그와 함께 사귀다.

拒之(거지): 그를 거절하다. 그를 멀리하다.

容衆(용중): 대중을 포용하다. 뭇 사람을 포용하다.

嘉善(가선): 선한 사람을 칭찬하다. 착한 사람을 칭송하다.

矜不能(긍불능): 능력이 없는 사람을 불쌍히 여기다.

4. 자하子夏가 말했다.

"비록 작은 기예技藝라 할지라도 반드시 볼 만한 것이 있지만, 원대한 일을 이루는 데 장애가 될까 두려워서 군자는 그런 것을 하지 않는 것이다."

子夏曰 雖小道 必有可觀者焉 致遠恐泥 是以君子不爲也.
자 하 왈 수 소 도 필 유 가 관 자 언 치 원 공 니 시 이 군 자 불 위 야

주석 小道(소도): 작은 재주. 작은 기예技藝.

致遠(치원): 먼 데 이르다. 원대한 일을 이루다.

泥(니): 본래 진흙이란 뜻으로, 막히다. 장애가 되다.

恐泥(공니): 막힐까 두렵다. 장애가 될까 두렵다.

5. 자하子夏가 말했다.

"날마다 자신이 모르던 것을 알게 되고, 달마다 자신이 할 수

있는 것을 잊지 않는다면, 배우기를 좋아한다고 말할 수 있다."

子夏曰 日知其所亡 月無忘其所能 可謂好學也已矣.
자 하 왈 일 지 기 소 무 월 무 망 기 소 능 가 위 호 학 야 이 의

[주석] 其所亡(기소무): 자신에게 없던 것. 자신이 알지 못하던 것.
其所能(기소능): 자신이 할 수 있는 것.

6. 자하子夏가 말했다.

"널리 배우고 뜻을 돈독히 하며, 절실하게 묻고 가까운 것부터
생각한다면, 인仁은 그 가운데 있다."

子夏曰 博學而篤志 切問而近思 仁在其中矣.
자 하 왈 박 학 이 독 지 절 문 이 근 사 인 재 기 중 의

[주석] 篤志(독지): 뜻을 돈독히 하다. 또는 굳건한 뜻을 지니다.
切問(절문): 절실히 묻다.
近思(근사): 가까운 것부터 생각하다.

7. 자하子夏가 말했다.

"모든 공인工人들은 작업장에 있으므로써 그들의 일을 이루어 내
고, 군자는 배움으로써 그의 도道에 이르게 된다."

子夏曰 百工居肆 以成其事 君子學以致其道.
자 하 왈 백 공 거 사 이 성 기 사 군 자 학 이 치 기 도

[주석] 肆(사): 작업장. 일터.
致其道(치기도): 그의 도에 이르다. 자신의 도를 구현하다.

8. 자하子夏가 말했다.

"소인小人은 잘못을 저지르면 반드시 핑계를 댄다."

子夏曰 小人之過也 必文.
자 하 왈   소 인 지 과 야   필 문

(주석) 文(문): 꾸미다. 분식分飾하다. 핑계를 대다.

9. 자하子夏가 말했다.

"군자에게는 세 가지의 변화가 있다. 그를 멀리서 바라보면 위엄이 있고, 그를 가까이 보면 온화하고, 그의 말을 들어 보면 분명하다."

子夏曰 君子有三變. 望之儼然 卽之也溫 聽其言也厲.
자 하 왈   군 자 유 삼 변   망 지 엄 연   즉 지 야 온   청 기 언 야 려

(주석) 望(망): 멀리서 바라보다.
儼然(엄연): 위엄이 있는 모습. 엄숙해 보이는 모습.
卽之(즉지): 그를 가까이 하다. 그를 가까이 대하다.
厲(려): 엄정嚴正하다. 또는 분명하다.

10. 자하子夏가 말했다.

"군자는 백성들의 신뢰를 얻은 뒤에 그의 백성들에게 노역을 시켜야 한다. 신뢰를 얻지 못하였을 적에는 그들은 자기들을 괴롭히는 것으로 여긴다. 또한 군자는 윗사람의 신임을 얻은 뒤에 간諫해야 한다. 신임을 얻지 못하였을 적에는 윗사람이 자기를 비방하는

것으로 여긴다."

　子夏曰 君子信而後勞其民 未信則以爲厲己也. 信而後諫 未
　자 하 왈 군 자 신 이 후 로 기 민 　미 신 즉 이 위 려 기 야 　　신 이 후 간 미

信則以爲謗己也.
신 즉 이 위 방 기 야

[주석] 勞(로): 수고롭게 하다. 노역을 시키다.

厲己(려기): 자기를 괴롭히다. 자기를 해치다.

諫(간): 간언諫言하다. 윗사람의 잘못을 고치도록 말하다.

謗己(방기): 자기를 비방하다. 자기를 헐뜯다.

11. 자하子夏가 말했다.

"큰 덕德이 그 한계를 넘지 않는다면, 작은 덕德은 조금 더하고
덜한 것이 있어도 괜찮다."

　子夏曰 大德不踰閑 小德出入可也.
　자 하 왈 대 덕 불 유 한 　소 덕 출 입 가 야

[주석] 大德(대덕): 큰 덕. 큰 도리.

不踰閑(불유한): 문지방閑을 넘지踰 않다不. 한계를 넘지 않다. 또는 경계
　　　　를 넘지 않다.

出入(출입): 나가고 들어감. 더하고 덜한 것. 융통성이 있는 것을 뜻한다.

12. 자유子游가 말했다.

"자하子夏의 제자들은 물 뿌리고 쓸고, 손님을 응대하고, 나아가
고 물러나는 몸가짐은 잘하지만, 그러나 그런 것은 말단의 일이다.
근본이 되는 것은 아무것도 없으니 어찌하겠는가?"

자하가 이 말을 듣고 말했다.

"아아! 언유(자유子游)가 잘못이다. 군자의 도道에 있어서 어느 것을 먼저 전하고, 어느 것을 뒤로 미루어 게을리하겠는가? 풀과 나무에 비유한다면, 그 종류에 따라 구별해서 가꾸는 것과 같다. 군자의 도에 있어서 어떤 것인들 함부로 할 수 있겠는가? 처음과 끝을 다 갖추고 있는 사람은 오직 성인聖人뿐일 것이다."

子游曰 子夏之門人小子 當洒掃應對進退則可矣 抑末也. 本
자유왈 자하지문인소자 당쇄소응대진퇴즉가의 억말야 본
之則無 如之何? 子夏聞之曰 噫! 言游過矣! 君子之道 孰先傳
지즉무 여지하 자하문지왈 희 언유과의 군자지도 숙선전
焉 孰後倦焉? 譬諸草木 區以別矣. 君子之道 焉可誣也? 有始
언 숙후권언 비저초목 구이별의 군자지도 언가무야 유시
有卒者 其惟聖人乎!
유졸자 기유성인호

주석 洒掃(쇄소): 물 뿌리고 쓰는 일. 청소하는 것.

應對(응대): 손님을 접대하는 일.

進退(진퇴): 윗사람을 뵈러 나아가고 물러나는 몸가짐.

可(가): 괜찮다. 잘하다.

抑末也(억말야): 그러나 그런 것은 말단의 것이다.

本之則無(본지즉무): 근본이 되는 것은 아무것도 없다. 근본이 되는 것은
아무것도 배운 것이 없다는 뜻.

如之何(여지하): 어찌 되겠는가. '如何之'의 도치.

噫(희): 아아. 감탄사이다.

言游(언유): 자유子游의 성이 언言이라서 자유를 언유라고도 불렀다.

孰先傳焉 孰後倦焉(숙선전언 숙후권언): 어떤 것을 먼저 전해 주고, 어떤
것을 뒤로 미루어 게을리하겠는가.

譬諸草木(비저초목): 그것을 풀과 나무에 비유한다면. 諸는 之乎와 같음.

區以別(구이별): 종류에 따라 구별하다. 즉 종류에 따라 구별해서 가꾸다.

焉可誣(언가무): 어떤 것인들 함부로 할 수 있는가. 어떤 것인들 소홀히
    할 수 있는가.
有始有卒(유시유졸): 처음이 있고 끝맺음이 있다. 처음부터 끝까지 일관되
    게 잘하는 것.

13. 자하子夏가 말했다.

"벼슬을 하면서 여유가 있으면 배워야 하고, 배우면서 여유가 있
으면 벼슬을 할 것이다."

子夏曰 仕而優則學 學而優則仕.
자 하 왈 사 이 우 즉 학   학 이 우 즉 사

(주석) 仕(사): 벼슬하다.
    優(우): 넉넉하다. 여유가 있다.

14. 자유子游가 말했다.

"상喪을 당해서는 슬픔을 다하는 데서 그쳐야 한다."

子游曰 喪致乎哀而止.
자 유 왈 상 치 호 애 이 지

(주석) 致(치): 다하다.
    止(지): 그치다. 지나치게 슬퍼하여 몸과 마음을 상하거나 분수에 넘치는
    일은 안 된다는 뜻임.

15. 자유子游가 말했다.

"내 친구 자장子張은 어려운 일은 해낼 수 있지만, 그러나 아직

338

인仁하지는 못하다."

子游曰 吾友張也 爲難能也 然而未仁.
자 유 왈 오 우 장 야 위 난 능 야 연 이 미 인

주석 張(장): 자장子張을 말함.

爲難能也(위난능야): 어려운 일을 잘 해내다.

16. 증자曾子가 말했다.

"당당堂堂하다, 자장子張은! 그러나 함께 인仁을 실천하기는 어렵다."

曾子曰 堂堂乎張也 難與並爲仁矣.
증 자 왈 당 당 호 장 야 난 여 병 위 인 의

주석 堂堂乎(당당호): 당당하다.

並(병): 나란히. 함께.

17. 증자曾子가 말했다.

"내가 선생님에게서 들었는데, '사람은 (평소에) 스스로 정성을 다한 적이 없더라도 어버이의 상喪을 당하면 반드시 정성을 다해야 한다'고 하셨다."

曾子曰 吾聞諸夫子 人未有自致者也 必也親喪乎!
증 자 왈 오 문 저 부 자 인 미 유 자 치 자 야 필 야 친 상 호

주석 自致(자치): 스스로 정성을 다하다. 자신의 성의를 다하다.

18. 증자曾子가 말했다.

"내가 선생님에게서 들었는데, '맹장자孟莊子의 효행 가운데 다른 것은 남들도 그렇게 할 수 있지만, 그가 아버지의 신하와 아버지의 정책을 바꾸지 않은 것만은 그렇게 하기가 어려운 일이다'고 하셨다."

曾子曰 吾聞諸夫子 孟莊子之孝也 其他可能也 其不改父之
증자왈 오문저부자 맹장자지효야 기타가능야 기불개부지
臣與父之政 是難能也.
신여부지정 시난능야

(주석) 孟莊子(맹장자): 노나라의 대부로 성은 중손仲孫이고, 이름은 속速이다. 그의 아버지는 맹헌자孟獻子로 이름은 멸蔑이며, 현명한 대부로 알려져 있다.

19. 맹씨孟氏가 양부陽膚를 사사士師로 삼자, (양부가) 증자曾子에게 할 일을 물었다.

증자가 말했다.

"윗사람이 바른 도道를 잃어 백성들이 흩어진 지가 오래되었다. 만일 죄의 실정實情을 알게 되었더라도, 그들을 슬퍼하고 불상히 여겨야지 기뻐해서는 안 된다."

孟氏使陽膚 爲士師 問於曾子. 曾子曰 上失其道 民散久矣.
맹씨사양부 위사사 문어증자 증자왈 상실기도 민산구의
如得其情 則哀矜而勿喜.
여득기정 즉애긍이물희

(주석) 陽膚(양부): 증자의 제자.

士師(사사): 법과 형벌을 맡아보던 관리.

問(문): 할 일을 묻다. 의논하다.

得其情(득기정): 그 실정을 알다. 범죄의 진상을 알다.

哀矜(애긍): 슬퍼하고 불쌍히 여기다.

20. 자공子貢이 말했다.

"주왕紂王의 못된 것이 그처럼 심하지는 않았다. 그래서 군자는
하류에 처하기를 싫어하는 것이니, 그것은 천하의 악惡이 모두 그에
게 돌아가기 때문이다."

子貢曰 紂之不善 不如是之甚也. 是以君子惡居下流 天下之
자 공 왈　주 지 불 선　불 여 시 지 심 야　　시 이 군 자 오 거 하 류　천 하 지

惡皆歸焉.
악 개 귀 언

[주석] 紂(주): 은나라 마지막 임금인 주왕紂王. 폭군으로 전해지고 있다. 자공子
貢은 주왕이 실제로 포악했던 것보다 훨씬 더 포악하게 알려져 있다고
여기고 있다.

下流(하류): 아래 부류. 낮고 저속한 계층.

21. 자공子貢이 말했다.

"군자의 잘못은 일식이나 월식과 같아서, 잘못을 저지르면 사람
들이 모두 그를 보게 되고, 잘못을 고치면 사람들이 모두 그를 우
러러본다."

子貢曰 君子之過也 如日月之食焉 過也 人皆見之 更也 人皆
자 공 왈　군 자 지 과 야　여 일 월 지 식 언　과 야　인 개 견 지　경 야　인 개

仰之.
앙 지

주석 日月之食(일월지식): 일식과 월식. 食은 蝕(식)과 통함.

更(경): 고치다. 잘못을 고치다. 更이 '고치다'의 뜻일 때는 '경'으로 읽는다.

仰(앙): 우러러보다.

22. 위衛나라의 공손조公孫朝가 자공子貢에게 물었다.

"중니(공자)는 어디에서 배웠나요?"

자공이 말했다.

"문왕文王과 무왕武王의 도道는 아직 땅에 떨어지지 않고 사람들에게 남아 있습니다. 현명한 사람은 그중에서 큰 것을 기억하고 있고, 현명하지 못한 사람은 그중에서 작은 것을 기억하고 있어서 문왕과 무왕의 도가 있지 않은 데가 없습니다. 선생님께서는 어디서든지 배우지 않으셨겠습니까? 그러니 또한 어찌 일정한 스승이 있었겠습니까?"

衛公孫朝問於子貢曰 仲尼焉學? 子貢曰 文武之道 未墜於地
위 공 손 조 문 어 자 공 왈   중 니 언 학   자 공 왈   문 무 지 도   미 추 어 지

在人. 賢者識其大者 不賢者識其小者 莫不有文武之道焉. 夫
재 인.   현 자 지 기 대 자   불 현 자 지 기 소 자   막 불 유 문 무 지 도 언   부

子焉不學? 而亦何常師之有?
자 언 불 학?   이 역 하 상 사 지 유

주석 公孫朝(공손조): 위衛나라의 대부.

仲尼(중니): 공자의 자字.

焉(언): 어디에서.

未墜於地(미추어지): 땅에 떨어지지 않다. 완전히 없어지지 않았다는 뜻.

識(지): 기억하다. 識는 '기억하다'의 뜻일 때는 '지'로 읽는다.

其大者(기대자): 문왕과 무왕의 도道 중에서 큰 것.

常師(상사): 일정한 스승. 정해진 스승.

23. 숙손무숙叔孫武叔이 조정에서 대부大夫들에게 말하기를 "자공子貢은 중니(공자)보다 현명하다"고 하였다.

자복경백子服景伯이 이 말을 자공에게 일러 주자, 자공이 말했다.

"궁궐 담장에 비유한다면 저의 담장은 어깨 정도의 높이여서 집안의 좋은 것들을 들여다볼 수가 있습니다만, 선생님의 담장은 몇 길이나 되어서, 그 문을 찾아서 안에 들어가지 못하면 종묘宗廟의 아름다움이나 모든 벼슬아치의 많음을 볼 수 없습니다. 그 문을 찾아낸 사람은 아마도 적을 것입니다. 그러니 그분(숙손무숙)이 그렇게 말씀하신 것이 또한 당연하지 않습니까?"

> 叔孫武叔語大夫於朝曰 子貢賢於仲尼. 子服景伯以告子貢.
> 숙 손 무 숙 어 대 부 어 조 왈   자 공 현 어 중 니   자 복 경 백 이 고 자 공
> 子貢曰 譬之宮牆 賜之牆也及肩 窺見室家之好 夫子之牆數
> 자 공 왈   비 지 궁 장   사 지 장 야 급 견   규 견 실 가 지 호   부 자 지 장 수
> 仞 不得其門而入 不見宗廟之美 百官之富. 得其門者或寡矣.
> 인   부 득 기 문 이 입   불 견 종 묘 지 미   백 관 지 부   득 기 문 자 혹 과 의
> 夫子之云 不亦宜乎?
> 부 자 지 운   불 역 의 호

[주석] 叔孫武叔(숙손무숙): 노나라의 대부 숙손씨叔孫氏. 이름은 주구州仇이고, 자는 숙叔이며, 시호가 무武이다.

子服景伯(자복경백): 노나라의 대부. 성이 자복子服이고, 시호는 경景이고, 자가 백伯이며, 이름은 하何이다.

牆(장): 담장.

窺(규): 엿보다. 들여다보다.

及肩(급견): 어깨에 미치다. 어깨 정도의 높이가 되다.

仞(인): 한 길. 여덟 자 혹은 열 자.

百官(백관): 모든 벼슬아치.

夫子(부자): 여기서는 숙손무숙叔孫武叔을 가리킴.

24. 숙손무숙叔孫武叔이 공자孔子를 비방하자, 자공子貢이 말했다.

"소용없는 일입니다! 선생님은 비방할 수가 없는 분입니다. 다른 사람이 현명하다는 것은 언덕과 같아서 그래도 넘어갈 수 있지만, 선생님은 해와 달과 같아서 넘어갈 수가 없습니다. 사람들이 비록 스스로 관계를 끊고자 하더라도, 그것이 어찌 해와 달에 손상이 되겠습니까? 다만 자신의 분수를 알지 못함을 드러낼 뿐입니다."

叔孫武叔毀仲尼 子貢曰 無以爲也! 仲尼不可毀也. 他人之賢
숙 손 무 숙 훼 중 니   자 공 왈 무 이 위 야   중 니 불 가 훼 야   타 인 지 현
者 丘陵也 猶可踰也, 仲尼 日月也 無得而踰焉. 人雖欲自絶
자 구 릉 야 유 가 유 야   중 니 일 월 야 무 득 이 유 언   인 수 욕 자 절
其何傷於日月乎? 多見其不知量也.
기 하 상 어 일 월 호   다 현 기 부 지 량 야

주석 毀(훼): 헐뜯다. 비방하다.

無以爲(무이위): 소용없다. 쓸데없다. 以는 用과 통함.

丘陵(구릉): 언덕.

踰(유): 넘다. 넘어가다.

自絶(자절): 스스로 관계를 끊다.

多見(다현): 다만 드러낼 뿐이다. 多는 祇(지)와 통하여, '다만'의 뜻. 見은 現(현)과 통함.

量(량): 분수. 도량度量.

25. 진자금陳子禽이 자공子貢에게 말했다.

"그대가 겸손한 것이지, 공자가 어찌 그대보다 현명하겠습니까?"

자공子貢이 말했다.

"군자는 한마디 말로 지혜롭게 되기도 하고, 한마디 말로 지혜롭

지 않게 될 수도 있으므로, 말은 신중히 하지 않으면 안 됩니다. 저희 선생님께 미칠 수 없는 것은 마치 하늘을 사다리로 올라갈 수 없는 것과 같습니다. 저희 선생님께서 만약 제후나 대부大夫가 되신다면 말 그대로 백성들을 세워 주면 곧 자립하게 되고, 그들을 인도해 주면 그대로 행하게 되고, 그들을 안정되게 해 주면 곧 따르게 되고, 그들을 일에 동원하더라도 곧 화목하게 될 것입니다. 그분이 살아 계시면 모두가 영광스럽게 여기고, 돌아가시면 모든 사람들이 애통해할 터인데, 어떻게 그분에게 미칠 수 있겠습니까?"

陳子禽謂子貢曰 子爲恭也 仲尼豈賢於子乎? 子貢曰 君子一
진 자 금 위 자 공 왈 자 위 공 야 중 니 기 현 어 자 호 자 공 왈 군 자 일
言以爲知 一言以爲不知 言不可不愼也. 夫子之不可及也 猶
언 이 위 지 일 언 이 위 부 지 언 불 가 불 신 야 부 자 지 불 가 급 야 유
天之不可階而升也. 夫子之得邦家者 所謂立之斯立 道之斯行
천 지 불 가 계 이 승 야 부 자 지 득 방 가 자 소 위 입 지 사 립 도 지 사 행
綏之斯來 動之斯和. 其生也榮 其死也哀 如之何其可及也?
수 지 사 래 동 지 사 화 기 생 야 영 기 사 야 애 여 지 하 기 가 급 야

주석 陳子禽(진자금): 성이 진陳이고, 자가 자금子禽이다. 여기서 공자를 중니仲尼라고 이름을 부르는 것으로 보아 앞의 학이學而편 10장과 계씨季氏편 13장에 나오는 공자의 제자 진항陳亢과는 동명이인同名異人으로 보인다.

階而升(계이승): 사다리를 밟고 오르다.

得邦家(득방가): 得邦은 봉지封地를 얻어 제후가 된다는 뜻이고, 得家는 채읍采邑을 얻어 대부가 된다는 뜻이다. 즉 제후나 대부가 된다는 뜻임.

立之斯立(입지사립): 그들을 세워 주면 곧 자립한다.

道之斯行(도지사행): 그들을 바른 길로 인도해 주면 그대로 행한다.

綏之斯來(수지사래): 그들을 안정되게 해 주면 곧 따라온다.

動之斯和(동지사화): 그들을 일에 동원하더라도 곧 화목하게 된다. 動은 '감응感應하다' '고무하다'의 뜻도 있다.

제20편

요 왈堯曰

1. 요堯임금이 말했다.

"아아, 그대 순舜이여! '하늘의 운수가 그대에게 와 있으니, 진실로 그 중도中道를 지켜라. 온 세상이 곤궁해지면 하늘이 내려 준 복록福祿도 영원히 끊어질 것이다.'"

순임금도 또한 같은 말씀으로써 우禹임금에게 자리를 물려주었다.

탕湯왕이 말했다.

"이 소자 이履는 감히 검은 수소를 제물로 바치며, 위대하신 하느님께 소상히 아룁니다. 죄 있는 자는 감히 용서하지 않겠으며, 하느님의 신하는 그 능력을 덮어 두지 않겠으며, 그것을 살펴보는 일은 하느님의 뜻에 달려 있습니다. 제 자신에 죄가 있다면 세상 사람들 때문이 아니며, 세상 사람들에게 죄가 있다면 그 죄는 모두 제 자신에게 책임이 있습니다."

주周나라에서 크게 혜택을 주어 착한 사람들이 부유해졌다.

(무왕武王이 말하기를)

"비록 지극히 가까운 친척이 있다 해도 인仁한 사람만은 못하며, 백성들에게 허물이 있으면 그 죄는 나 한 사람에게 있다."

도량형을 신중하게 다루고, 법도를 잘 살피고, 폐지했던 관서官署를 정비하여 천하의 정치가 잘 행해지게 되었다. 멸망한 나라를 일으켜 주고, 끊어진 가계家系를 이어 주고, 묻혀 있는 인재를 등용해서 천하 백성들의 마음은 그에게로 돌아오게 되었다. 소중하게 여긴 것은 백성과 식량과 상사喪事와 제사였다.

관대하면 많은 사람들의 지지를 받게 되고, 믿음이 있으면 백성들이 신임하게 되고, 민첩하면 공적을 이루게 되고, 공평하면 백성들이 기뻐하게 된다.

堯曰 咨爾舜! 天之曆數在爾躬 允執其中. 四海困窮 天祿永終.
요왈 자이순 천지력수재이궁 윤집기중 사해곤궁 천록영종

舜亦以命禹. 曰 予小子履 敢用玄牡 敢昭告于皇皇后帝. 有
순역이명우 왈 여소자리 감용현모 감소고우황황후제 유

罪不敢赦 帝臣不蔽 簡在帝心. 朕躬有罪 無以萬方 萬方有
죄불감사 제신불폐 간재제심 짐궁유죄 무이만방 만방유

罪 罪在朕躬. 周有大賚 善人是富. 雖有周親 不如仁人. 百姓
죄 죄재짐궁 주유대뢰 선인시부 수유주친 불여인인 백성

有過 在予一人. 謹權量 審法度 脩廢官 四方之政行焉. 興滅
유과 재여일인 근권량 심법도 수폐관 사방지정행언 흥멸

國 繼絶世 擧逸民 天下之民歸心焉. 所重民食喪祭. 寬則得
국 계절세 거일민 천하지민귀심언 소중민식상제 관즉득

衆 信則民任焉. 敏則有功 公則說.
중 신즉민임언 민즉유공 공즉열

주석 堯曰(요왈): 요임금이 말씀하시다. 요임금이 순임금에게 임금의 자리를 물려주며 한 말.

咨(자): 아아. 감탄사.

天之曆數(천지역수): 하늘의 운수. 하늘이 정해 준 왕위 계승의 차례.

爾躬(이궁): 너의 몸. 그대의 몸.

允執其中(윤집기중): 진실로允 그其 중도를中 지켜라執.

四海(사해): 온 천하. 온 세상.

天祿永終(천록영종): 하늘의 복록福祿이 영원히 끊기다. 하늘이 내려 준 천자의 자리를 잃는다는 뜻.

以命禹(이명우): 같은 말씀으로써 우禹임금에게 자리를 물려주었다는 뜻.

曰(왈): '湯'자가 빠진 '湯曰(탕왈)'로 보고 하夏나라의 걸桀왕을 몰아내고 은殷나라를 세운 탕임금의 말로 해석한다.

履(리): 탕湯임금의 이름.

玄牡(현모): 검은 수소.

昭告(소고): 밝게 아뢰다. 소상히 아뢰다.

皇皇(황황): 크고 위대한 모습.

后帝(후제): 천제天帝. 하느님.

有罪(유죄): 죄 있는 사람.

帝臣(제신): 하느님의 신하. 천제天帝의 신하. 현명한 사람들을 가리킴.

蔽(폐): 덮다. 숨기다. 은폐하다.

簡在帝心(간재제심): 살펴보는 것은 하늘의 뜻에 달려 있다.

無以萬方(무이만방): 세상 사람들과는 상관이 없다. 세상 사람들 때문이 아니다.

朕躬(짐궁): 짐 자신. 제 자신. 朕(짐)은 임금의 자칭.

大賚(대뢰): 크게 혜택을 주다.

周親(주친): 지극히 가까운 친척.

權量(권량): 도량형度量衡. 저울과 되 말.

廢官(폐관): 폐지했던 관서官署.

興滅國(흥멸국): 멸망한 나라를 다시 일으켜 주다.

繼絕世(계절세): 대가 끊어진 집안의 대를 이어 주다.

擧逸民(거일민): 숨겨진 현명한 인물을 등용하다.

歸心(귀심): 마음이 돌아오다. 백성들의 마음이 돌아오다.

民食喪祭(민식상제): 백성과 식량과 상사喪事와 제사.

寬(관): 관대하다. 너그럽다.

任(임): 신임하다. 믿고 따르다.

說(열): 기뻐하다. 즐거워하다. 悅(열)과 통함.

2. 자장子張이 공자孔子께 물었다.

"어떻게 하면 정치에 종사할 수가 있습니까?"

공자께서 말씀하셨다.

"다섯 가지 미덕美德을 존중하고, 네 가지 악덕惡德을 물리친다면, 정치에 종사할 수 있을 것이다."

자장이 말했다.

"무엇이 다섯 가지 미덕입니까."

공자께서 말씀하셨다.

"군자는 은혜를 베풀되 낭비하지 않고, 수고를 시키되 원망을 사지 않게 하며, 욕심을 내되 탐욕스럽지 않고, 태연하되 교만하지 않으며, 위엄이 있되 사납지 않은 것이다."

자장이 말했다.

"무엇이 은혜를 베풀되 낭비하지 않는다는 것입니까?"

공자께서 말씀하셨다.

"백성들에게 이익이 되는 바에 따라서 그들을 이롭게 해 주면, 이것이 은혜를 베풀되 낭비하지 않는 것이 아니겠느냐? 수고를 시켜도 될 만한 일을 가려서 그들을 수고하게 한다면 또 누가 원망하겠느냐? 인仁하기를 바라서 인을 얻는다면 또 무엇을 탐하겠느냐? 군자는 사람이 많든 적든, 작은 일이든 큰일이든 감히 소홀히 하지 않는다면, 이것이 태연하되 교만하지 않은 것이 아니겠느냐? 군자는 그의 의관을 바르게 하고 외양을 존엄 있게 하여 사람들이 엄연히 바라보고 그를 두려워하게 된다면, 이것이 위엄이 있으되 사납지 않은 것이 아니겠느냐?"

자장이 말했다.

"무엇이 네 가지 악덕입니까?"

공자께서 말씀하셨다.

"가르쳐 주지도 않고서 죽이는 것을 잔학殘虐하다 하고, 미리 주의를 주지도 않고 일한 성과만 따지는 것을 폭악하다고 하며, 명령을 소홀하게 해 놓고 기한을 대도록 재촉하는 것을 괴롭히는 짓이라 하며, 사람들에게 고루게 나누어 주어야 함에도 내주는 데 인색하게 구는 것을 말단 관리의 근성이라고 한다."

子張問於孔子曰 何如斯可以從政矣? 子曰 尊五美 屛四惡 斯
자장문어공자왈 하여사가이종정의 자왈 존오미 병사악 사
可以從政矣. 子張曰 何謂五美? 子曰 君子惠而不費 勞而不
가이종정의 자장왈 하위오미 자왈 군자혜이불비 노이불
怨 欲而不貪 泰而不驕 威而不猛. 子張曰 何謂惠而不費? 子
원 욕이불탐 태이불교 위이불맹 자장왈 하위혜이불비 자
曰 因民之所利而利之 斯不亦惠而不費乎? 擇可勞而勞之 又誰
왈 인민지소리이리지 사불역혜이불비호 택가로이로지 우수
怨? 欲仁而得仁 又焉貪? 君子無衆寡 無小大 無敢慢 斯不亦
원 욕인이득인 우언탐 군자무중과 무소대 무감만 사불역
泰而不驕乎? 君子正其衣冠 尊其瞻視 儼然人望而畏之 斯不亦
태이불교호 군자정기의관 존기첨시 엄연인망이외지 사불역
威而不猛乎? 子張曰 何謂四惡? 子曰 不敎而殺謂之虐 不戒視
위이불맹호 자장왈 하위사악 자왈 불교이살위지학 불계시
成謂之暴 慢令致期謂之賊 猶之與人也 出納之吝 謂之有司.
성위지폭 만령치기위지적 유지여인야 출납지린 위지유사

350

屛(병): 물리치다. 내치다. 摒(병)과 통함.

不費(불비): 낭비하지 않다. 소비하지 않다.

欲(욕): 바라다. 하고자 하다.

泰(태): 태연하다. 넉넉하다.

驕(교): 교만하다. 무례하다.

因民之所利而利之(인민지소리이리지): 백성들이民 이롭게 여기는利 바에所 근거해서因 그들을之 이롭게 한다利.

敢慢(감만): 감히 소홀히 하다. 감히 태만히 하다.

瞻視(첨시): 바라보이는 것. 용모. 외양.

儼然人望(엄연인망): 사람들이人 그를之 엄연히儼然 바라본다望. '人儼然 望之'에서 '儼然'이 도치된 형식이다.

不戒(불계): 미리 계고戒告하지 않다. 미리 주의를 주지 않다.

視成(시성): 성과를 보려 하다. 성과만 따지다.

慢令(만령): 명령을 내리는 것을 태만히 하다. 명령을 소홀히 하다.

致期(치기): 기한을 재촉하다. 기한에 대도록 재촉하다.

賊(적): 해치다. 괴롭히다.

猶之與人(유지여인): 사람들에게 고르게 나누어 주다. 猶之는 均之(균지)와 같은 뜻임.

出納之吝(출납지린): 출납을 인색하게 하다. 내주는 데 인색하게 굴다.

有司(유사): 낮은 직책의 관리. 각박한 말단 관리를 뜻함.

3. 공자孔子께서 말씀하셨다.

"천명天命을 알지 못하면 군자가 될 수 없고, 예禮를 알지 못하면 세상에 나가 설 수 없고, 말을 알지 못하면 남을 알 수가 없다."

子曰 不知命 無以爲君子也 不知禮 無以立也, 不知言 無以
자 왈 부 지 명 무 이 위 군 자 야 부 지 례 무 이 립 야   부 지 언 무 이

知人也.
지 인 야

[주석] 命(명): 천명天命. 운명.

立(립): 입신立身하다. 세상에 나서다.

不知言(부지언): 말을 알지 못하다.

찾아보기

354

356

| 역주자 | **전병석** 田炳晳

유학자의 집안에서 태어나 유년 시절 한문을 수학하고, 고려대 경제
학과를 졸업했다. 1960년 이후 출판인의 길을 걸어오면서 출판 문화
발전에 기여한 공로로 대한민국 문화훈장, 대한민국 문화예술상을 비
롯하여 서울시 문화상, 간행물윤리대상, 한국번역출판상, 중앙언론문
화상, 한국출판학회상, 한국가톨릭매스컴상 등을 수상했다. 또한 출
판인으로 탁월한 성과를 보여 주고 사회에 공헌한 인물로 선정되어
〈Who's Who in the World〉, 〈2000 Outstanding of the Intellectuals of
the 21st Century〉, 〈Who's Who in Asia〉, 〈500 Great Asians of 21st
Century〉, 〈Great Minds of the 21st Century〉 등의 세계인명사전에 등
재되었고, 영국 케임브리지 IBC로부터 명예문학박사 학위를 받았다.
번역서로는《명심보감》,《논어》가 있다.

알기 쉽게 풀이한

논論**어**語

1판 1쇄 발행 2017년 11월 20일

역주자 | 전병석   펴낸이 | 전준배
펴낸곳 | (주)문예출판사
등록일 | 1966. 12. 2. 제 1-134호
주 소 | 서울특별시 마포구 월드컵북로 6길 30
전 화 | 02-393-5681   팩 스 | 02-393-5685
이메일 | info@moonye.com
블로그 | blog.naver.com/imoonye

ISBN 978-89-310-1071-8 03140